云岭旅游规划丛书

U0636778

彝人圣都主题旅游区开发研究

Research on the Development of theme Tourist area Yirenshengdu

田 里 钟 晖 等著

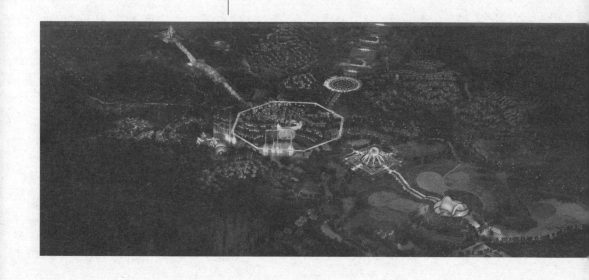

中国旅游出版社

总　序

　　旅游学科是一门典型的应用型学科，大量的理论归纳与升华来自于旅游业的产业实践，而相当多的理论命题又需要在旅游产业实践中加以检验与印证。正是基于此，云南大学旅游学科团体将近5年来承担并完成的10项实践项目成果予以集结出版。这涉及三个层次的旅游规划与开发项目：一是区域旅游发展规划，包括曲靖市乡村旅游发展规划、保山市珠宝旅游发展规划、文山州全域旅游发展规划；二是大型旅游区规划，包括普者黑国家度假公园、彝人圣都主题旅游区、大峡谷野奢温泉旅游区；三是旅游景区规划，包括广南地母文化旅游区、香坪山芳香旅游区、曼飞龙白塔旅游区、林果飘香田园综合体。这些旅游规划在研究方法上采用了应用经济学、工商管理、区域地理学、调查社会、图形分析等的研究方法，反映了旅游学科的综合应用型特征；在内容分析上，以内涵挖掘、主题策划、项目构思、营销整合等特色反映了团队的创意激情与精心构思，体现出旅游学科注重创新与创意的浪漫情怀；在表达方式上，应用了文字描述、表格表达、图形分析、视频表现等方式，使成果更具表现力与传播力；在团队组织上，会聚了旅游、管理、经济、文化、地理、生态、建筑、设计等学科成员，这既需要团队每个成员最大限度地贡献自己的智慧与知识，又需要建立团队紧密的合作机制与高超的协作分工；在研究心理上，当你全力以赴地探索与思考研究对象时，你会找到从事应用型项目研究的乐趣与奉献智慧才华的满足。是的，当你竭尽全力去完成一个研究项目的时候，当你的成果受到认可与肯定的时候，你才会体会到生命的价值与学术的尊严。

田里

2017.11

序　言

　　《彝人圣都旅游区总体规划》完成于 2016 年。该项目是在系统学习与熟悉彝族历史渊源、地域分布、建筑风格、科技文化、民俗风情、节庆活动等资料的基础上，通过与诸多彝族学者、彝族干部、彝族群众等互动访谈，之后才开展规划工作。该项目以展示彝族非物质文化遗产为主线，集中表现彝族的祭祖文化、科技文化、建筑文化、节庆文化等几大板块，对彝族的天文历法、彝族文字、祖先崇拜、建筑形式等进行了重点表现，既反映规划者将其打造为彝族非物质文化遗产公园的理念，又体现将其打造成为中华彝族祭祖圣地的愿望。规划方案先后征求民族学者、彝族干部、彝族企业家、当地群众等多轮意见，最终形成主题定位、空间布局、重点项目等的规划方案。该项目是团队近年来承担的最具挑战性的规划项目，需要在充分研究彝族历史文化基础上开展规划工作，为此团队成员花费三个月时间集中学习与研究彝族历史文化，系统考察了国内云南、四川、贵州等地的彝族文化旅游项目。大量的学习研究与实地考察，为团队的规划带来了策划灵感和丰富素材。尽管规划任务暂时完成了，但对博大精深的彝族历史文化的学习将会延续下去。

田里

2017.12

研究人员

组　长　田　里　云南大学工商管理与旅游管理学院　博导、教授

副组长　钟　晖　昆明理工大学艺术与传媒学院　　　博士、讲师

成　员　陈永涛　云南大学工商管理与旅游管理学院　博士、副教授

　　　　　杨　懿　云南大学工商管理与旅游管理学院　博士、副教授

　　　　　王　桀　云南大学工商管理与旅游管理学院　博士、讲师

　　　　　张鹏杨　云南大学工商管理与旅游管理学院　博士、讲师

　　　　　唐夕汐　云南大学工商管理与旅游管理学院　博士

　　　　　柯又萌　云南大学工商管理与旅游管理学院　博士

　　　　　方佩玉　云南大学工商管理与旅游管理学院　博士

　　　　　卞　芳　云南大学工商管理与旅游管理学院　硕士

　　　　　杨雨潋　云南大学工商管理与旅游管理学院　硕士

　　　　　李　梓　云南大学工商管理与旅游管理学院　硕士

　　　　　席婷婷　云南大学工商管理与旅游管理学院　硕士

　　　　　田　媛　云南大学工商管理与旅游管理学院　硕士

第一部分　主题报告

一、规划背景

（一）规划背景与态势

1. 规划背景

（1）国际旅游持续升温，文化体验游成新宠。从全球视角看，近5年来国际旅游保持着4%以上的增长率，2009年国际旅游总人数为8.80亿人次，2015年为11.84亿人次，年均增长率4.3%；2009年国际旅游收入0.85万亿美元，2015年1.4万亿美元，年均增长率7.4%。国际旅游日益成为各国政府重点打造的重点产业、优势产业甚至是核心产业。文化动机是国际旅游者出行的重要驱动力，随着审美意识和文化素养的不断提高，走马观花式的传统观光游日渐势衰，深度文化游、历史追溯游、寻根探秘游、名人故居游等历史文化旅游形式成为人们出游的普遍动机，以历史题材、文化主题、民族素材、民俗文化等为代表的旅游目的地正成为旅游新宠。彝人圣都民族历史文化型旅游区的开发，恰与国际旅游的发展趋势相契合。

（2）中国旅游逆势增长，全域旅游引领发展。从全国视角看，中国经济下行压力加大，中国经济步入从高速增长转为中高速增长的"新常态"。在巨大的消费市场推动和宏观政策引领下，旅游产业正成为新常态下中国经济增长的新引擎。2015年，中国接待国内外旅游人数超过41亿人次，旅游总收入达4.13万亿元，全国旅游业实际完成投资10072亿元，国内旅游消费、境外旅游消费均列世界第一。旅游业成为中国经济发展的"加速器"、社会和谐的"润滑油"、生态文明建设的"催化剂"、对外合作交流的"压舱石"。2015年国家旅游局提出推进全域旅游发展，随后发布《关于开展"国家全域旅游示范区"创建工作的通知》，并于2016年1月全面提出从景点旅游走向全域旅游，开创中国"十三五"旅游发展新局面。彝人圣都旅游区以全域旅游为发展理念，将成为引领两区及其转龙镇经济社会全面发展的动力引擎。

（3）云南旅游强省建设，滇中旅游需要支撑。从全省视角看，云南旅游强省建设是未来一段时期云南旅游业发展的核心任务。旅游强省建设事关云南旅游转型升级、事关云南跨越发展的大局，需要实现旅游产业建设的"四个更强"，即发展能力更强、贡献能力更强、竞争力更强、支撑能力更强；推动发展方式的"六个大转变"，即变单极突破为融合发展、变分散发展为集群发展、变产品经济为品牌经济、变初级消费为综合消费、变传统促销为专业营销、变单一管理为社会共管；促进旅游"五大融合"，即与城镇建设、文化建设、产业建设、乡村建设、生态建设的融合发展。滇中地区（昆明、玉溪、楚雄、曲靖）旅游经过多年发展，面对游客需求转向、外部竞争激烈、产品业态创新等新形势，亟须提炼挖掘一批全新并富有创意的旅游项目，以推动滇中旅游可持续发展。彝人圣都以文化创意为先导，将彝族历史文化活态化、实体化、情景化，将为滇中地区打造新的旅游吸引物、新的旅游目的地、新的旅游支撑品牌。

（4）昆明旅游遭遇瓶颈，北部崛起成突破口。从全市视角看，昆明旅游业自21世纪以来开始遭遇增长瓶颈。统计数据显示，昆明最近几年接待旅游者的增速仅处于全国平均水平，2011年到2015年，昆明接待海内外旅游者的人数从4102万人次增加到6911万人次，5年间增长168%，略高于中国国内旅游152%的增长幅度，低于同期中国出境旅游增长182%。同时，在西部旅游热点城市中，昆明旅游外汇收入排在重庆、桂林、成都、西安之后。制约昆明旅游快速增长的一个关键因素就在于产品结构，观光旅游产品长期主导昆明乃至整个云南省旅游业发展，在新形势下迫切需要改变昆明市原有的以观光游主导天下的局面。昆明北部地区以良好的自然生态、适宜的养生环境、丰富的乡村物产、改善的设施条件恰好迎合了当代旅游者对休闲游、个性游、体验游的需求。彝人圣都以彝族历史文化体验游、康体养生游、乡村休闲游作为主导产品，可为昆明市北部地区旅游崛起确立重要一极。

2. 规划态势

（1）云南历史文化旅游在崛起。云南旅游"二次创业"实施以来，全省旅游业规模不断扩大，资源开发和项目建设步伐不断加快，旅游市场日趋繁荣，推动了区域经济发展，促进了贫困落后地区脱贫致富。当前云南正处于一个新的历史起点上，在重视开发自然资源和现实自然资源价值的同时，必须大力挖掘历史文化资源，聚合成更强大的推动力，才能实现旅游大省向旅游经济强省的转变。2012年云南省提出建设十大历史文化旅游项目构想，2013年十大历史文化旅游项目正式部署。目前昆明古滇名城、大理古都、普洱茶祖等历史文化旅游项目正稳步推进，由此掀起了云南历史文化旅游项目建设热潮。突破原有旅游发展的局限，大力开发历史文化资源，加大文化与旅游的深度融合，将为云南旅游开辟新路径、增添新亮点。

（2）昆明北部旅游将异军突起。长期以来，由于自然、地理、历史等原因，昆明市北部地区一直处于中心城市辐射的边缘地带。2010年昆明市突破行政区划壁垒成立两区管委会，实行党政合一、经济社会发展合一的实体化管理模式。2012年轿子山旅游专线建成通车，昆明至轿子山时间缩短一半；2013年云南省出台旅游强省意见，转龙镇被确定为全省60个旅游小镇之一；2013年昆明市出台《关于加快建设世界知名旅游城市的决定》，提出建设"大轿子雪山"国家公园旅游区；2015年武定—倘甸—寻甸高速公路开工，建成后将连接昆明周边五县区；2016年云南省提出《云南省旅游产业转型升级三年（2016—2018）行动计划》，对两区的旅游投入将达到318亿元。一系列利好消息袭来，昆明北部地区即将迎来旅游发展的春天，昆明北部地区国际旅游目的地即将成为现实。

（3）两区旅游发展需要新引擎。自2010年昆明两区成立以来，两区政府依托轿子山、红土地两大优势资源，全力打造转龙旅游小镇，旅游经济实力显著增强，项目建设全面突破，基础设施日益完善，品牌形象不断凸显。然而从旅游竞争环境看，两区周边已有北大营草场、凤龙湾、星河温泉、嘉丽泽等一大批自然生态型旅游景区，与两区轿子山、红土地两大品牌形成区域竞争之势。在激烈的竞争格局中，两区若要求得一席之地需要从旅游产品结构上进行调整和完善。彝人圣都项目以彝族源远流长、积淀深厚的历史文化为支撑，南可与古滇名城相呼应，北可与轿子雪山形成互补，填补两区尚属空白的人文主题型旅游景区类型。建成后可形成吸纳周边剩余劳动力、促进乡村绿色经济、增强转龙城镇活力的又一发展引擎。

（二）规划价值与衔接

1. 规划价值

（1）打造彝族历史文化传承地。彝族为我国人口规模居第六位的少数民族，主要分布在西南地区云南、贵州、四川、广西四省区，其中3/5的人口分布于云南。根据文献记载分析，大部分学者认同彝族起源于西南地区的乌蒙山一带，并以此为基点向周围迁徙扩散，形成了独特的"六祖分支"现象。

在 1200 年前，滇西彝族地方政权南诏王仿效唐朝皇帝册封五岳之举，将昆明北部轿子山分封群岳之首东岳，彝语称为"乐尼白"。根据彝族学者估计，全球四成的古彝文献出自昆明北部的禄劝县，禄劝县还是最早发现和研究古彝文化的地区。2014 年至 2016 年连续三年中国彝族祭祖大典在"两区"辖地转龙镇举办。2016 年，国家体育总局举行新年登高健身活动，云南分会场主会场就设在轿子山，7000 余人抵达轿子山峰顶。长期以来，轿子山及其附近区域，被看作彝族族人迁徙、历史寻根、典籍遗存等的历史文化传承之地，也是彝族人寻根问祖、追踪溯源、魂归故里的神山圣地。在彝族分布的地区，轿子山被看作彝族文化的神圣之山，广大彝人所追寻的心灵故乡。因此，彝人圣都项目是人们对轿子圣山精神依恋的延续，是彝族历史文化延绵传承的集萃之地。

（2）塑造昆明市北部旅游精品。2013 年昆明市政府下发《关于加快建设世界知名旅游城市的决定》，提出以更加开阔的视野和更加强烈的文化意识，充分挖掘历史文脉、突出文化优势，加快把昆明建设成为世界知名的旅游城市。并将昆明市旅游产业空间布局为"一核一群两带四区九片"。彝人圣都项目就地处"四区、九片"之内，即"北部轿子雪山生态旅游区""轿子山风景名胜片区"。从昆明市旅游格局分析，昆明北部所辖富民、嵩明、寻甸、禄劝、东川的四县一区，总体旅游开发程度低。虽然已有两区红土地、寻甸凤龙湾和星河温泉、嵩明中信嘉丽泽等旅游景区，但仍然缺乏大型旅游景区和高质量的旅游吸引物，尤其是缺乏历史文化型旅游项目。轿子山是昆明市北部最具有开发成为特大型旅游景区潜力的旅游区，彝人圣都则是与轿子山配套的大型历史文化型旅游项目，也是昆明市南有"古滇名城"、北有"彝人圣都"的遥相呼应的项目。因此，支撑昆明北部旅游发展大局，迫切需要有大型历史文化景区相辉映。

（3）弥补轿子山旅游文化缺憾。轿子山旅游景区以高山植物、冰雪世界、天象奇观享誉滇中，但受独特的地形地貌条件限制，景区的旅游活动承载力极为有限。2012 年，轿子山旅游专线公路开通，大批旅游者蜂拥而至，使轿子山脆弱的生态系统经受了严峻考验。轿子山作为一个自然风光型旅游景区，人文旅游资源挖掘和整理不足，加之海拔地形等因素影响，历史文化内涵的展示和宣传也非常欠缺。因此，既需要对轿子山历史文化内涵进行深度挖掘，又需要选择合适位置展示其他丰富的历史文化底蕴。彝文典籍记载，彝族始祖阿普笃慕曾在"乐尼白"举行六祖分支大典，彝学专家认为古代的乐尼山即是今天的轿子山。因而，彝人圣都既是彝族历史传承的文化项目，也是与轿子山功能互补的旅游项目，在旅游旺季可分流轿子山的旅游接待压力。

（4）转龙旅游小镇的核心支撑。早在 2010 年，《云南省乡村旅游总体规划》就提出建设 60 个旅游小镇计划，2013 年云南省旅游强省意见发布，提出云南要重点实施"111226 工程"，转龙镇被确定为全省 60 个旅游小镇之一。依托当地自然文化资源，转龙旅游小镇功能定位为颐养康体。如何将旅游小镇从规划理念转变为行动方案是转龙未来发展的重点和难点。转龙旅游小镇规划范围广泛，涉及因素众多，非转龙镇政府一家所能撑起，需要集合政府、企业、社区多个主体、多方力量共同施为才能托起旅游小镇建设大厦。2012 年昆明两区与云茶集团签约共同打造转龙旅游小镇；2013 年两区与龙骧公司签约，打造转龙健康怡养度假地；2016 年转龙镇扶持月牙村发展集体经济，助推转龙小镇建设；彝人圣都项目充分利用两区彝人圣山轿子山、彝人圣祖阿普笃慕等核心资源，致力于打造一个世界彝族心灵故乡，必将成为转龙旅游小镇的核心支撑项目（见图 1.1.1）。

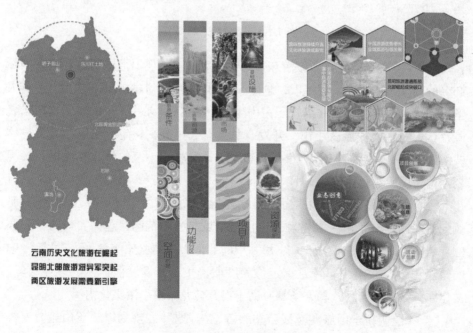

图 1.1.1　规划背景与态势

2. 规划衔接

上位规划结合《昆明市世界知名旅游城市总体规划》《昆明倘甸产业园区轿子山旅游开发区旅游总体规划》《昆明轿子山旅游专线公路旅游总体规划》《大轿子山片区深度策划》等对区域总体定位、空间布局及全域旅游等进行衔接（见图 1.1.2）。

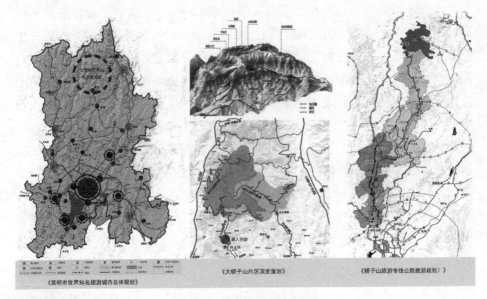

《昆明市世界知名旅游城市总体规划》 《大轿子山片区深度策划》 《轿子山旅游专线公路旅游规划》》

图 1.1.2　上位规划解读

（1）《昆明市世界知名旅游城市总体规划》。该规划把昆明市定位为国际知名的四季康体养生旅游城市，总体布局为"一核一群两带四区九片"。彝人圣都属于"四区"中的北部轿子雪山生态旅游区，"九片"中的轿子山风景名胜片区，打造转龙旅游小镇，开发森林生态、民族文化、温泉康体、乡村体验、山地度假等旅游产品，彝人圣都属于转龙旅游小镇的核心支撑项目，规划定位为民族文化体验。

（2）《昆明倘甸产业园区轿子山旅游开发区旅游总体规划》。规划把昆明倘甸产业园区轿子山旅游开发区定位为全域旅游示范区，总体布局为"一环三片六区"。彝人圣都属于"三片"中的北部山地体验旅游片区，"六区"中的轿子山生态旅游区，转龙镇定位为度假养生，开发度假休闲、康体疗养、文化体验等旅游产品，彝人圣都有助于提升转龙旅游小镇文化内涵。

（3）《昆明轿子山旅游专线公路旅游总体规划》。规划以轿子山旅游专线公路为主线，以专线两侧资源为依托，打造昆明市北部旅游产业重要聚集区。空间布局为"一廊、三核、四片"。彝人圣都属于"三核"中转龙旅游休闲度假小镇核心项目，"四片"中昆明倘甸产业园区轿子雪山旅游开发区，转龙镇旅游休闲度假小镇开发项目包括水岸休闲带、新老镇区、旅游集散服务中心，转龙旅游休闲度假小镇以"雪域之门、彝族资源"为形象，打造中高端旅游消费项目。

（4）《大轿子山片区深度策划》。策划以全域旅游为核心理念，将大轿子山片区划分为六个片区，即核心区、缓冲区、经典观光区、探险体验区、休闲娱乐区、冰雪体验区。彝人圣都属于六区中的休闲娱乐区，开展特色民宿、特色餐饮、农家娱乐等项目，是轿子山片区串联东西片的旅游服务区。

（三）规划性质与任务

1. 规划性质

（1）旅游区总体规划。该规划属于旅游区总体规划，是统领彝人圣都旅游区全局的系统规划。根据《旅游规划通则》，主要内容包括旅游条件、旅游资源、旅游市场等基础分析，发展战略、空间布局、功能分区、旅游项目等布局规划，基础设施、旅游设施、资源保护等配套规划，市场营销、人力资源、运营管理等对策措施建议。

（2）文化创意性规划。该规划也属于文化创意性规划，亦即在提炼彝族文化精髓、吸收多方发展意见、借鉴文化创意案例、结合旅游趋势等基础上，进行业态创意、主题创意、项目创意、活动创意、节事创意等，以实现引领定位、优化布局、提升产品、创新业态、增强竞争力的规划目标。

2. 规划任务

（1）梳理历史文化。系统收集、整理、分析彝族文化书籍、报刊、音像、网络材料，寻找彝族文化灵魂，厘清彝族文化结构，梳理彝族文化线索，为彝族历史文化实体化、活态化、体验化奠定基础。

（2）创意文化主题。在区域分析、场地分析、案例借鉴等基础上，提炼彝族文化主题，创新彝族文化表现手法、设计彝族文化项目、组织彝族文化节庆，使旅游者在景区中欣赏到独具匠心的项目策划，须臾之内品味到历史文化的恢宏意蕴。

（3）布局空间要素。科学确定旅游区空间格局、景区层次、景点分布，奇妙设计景区功能配置、设施建设布局安排，梳理旅游区旅游产品体系，建立旅游区空间游览系统，使彝人圣都成为旅游空间要素配置合理、游览节奏科学、视觉效果最佳的旅游综合体。

（4）设计旅游项目。围绕彝族文化表现主题，采取组团式设计思路，以彝族祖先文化为统领，利用建筑、服饰、饮食、习俗、购物、节事、演艺等要素展示彝族文化精髓，使每个项目单体成为特色文化主题的天然组件。

（5）配套旅游设施。以生态、科技、文化为原则，科学选择建筑材质，遵循游览活动规律，核算旅游承载力，科学配置设施建筑密度，使旅游设施的分布使用合情、合理、合规，为旅游者提供人性化服务。

（四）规划范围与期限

1. 规划范围

本规划界定范围为：南起甸尾街，北至以代块，东迄铜厂箐，西抵红岭坡，总面积 12.18 平方公里，其中核心区面积 4775 亩（见图 1.1.3）。

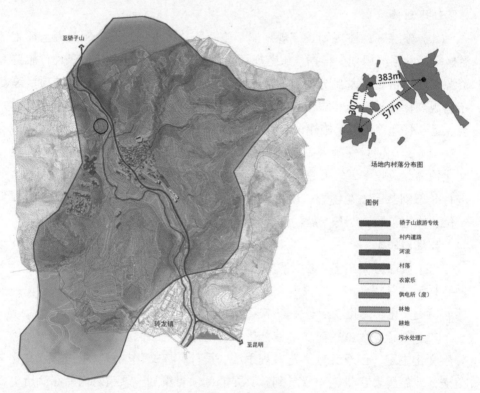

图 1.1.3　规划范围图

2. 规划期限

本规划年限为 10 年，分为三期：近期（2016—2019 年）为建设启动期；中期（2020—2022 年）为建设提升期；远期（2023—2025 年）为建设完善期。

（五）规划原则与依据

1. 规划原则

（1）文化挖掘，体验塑造原则。规划需要以彝族文化挖掘、提炼为基础，合理确定彝族文化表现主题；根据彝族文化线索进行空间布局，根据彝族审美特征进行景观塑造，根据旅游承载力确定旅游设施密度，根据旅游需求动机进行精准营销，使旅游者在文化欣赏、人群交往、行为互动与购物消费等活动中体验质朴、原真的彝族历史文化。

（2）统一布局，统筹安排原则。规划需要以系统思维为指导，在基础条件分析、旅游资源分析、旅游市场分析的基础上，对旅游功能分区、旅游项目设计、旅游要素配置进行统一布局、统筹安排；按照彝族历史文化线索反映彝族的过去、现在、未来；涵盖旅游者的基础需要、提高需要、享受需要各层次需要；时间安排上，按照近、中、远期有序推进。

（3）社区参与，全域发展原则。规划需要以可持续发展为目标，不断提升社区参与旅游发展的意识，扩大旅游对社会、经济、文化的关联带动作用；调动社区参与旅游开发的积极性，充分尊重社区居民对旅游建设的知情权、参与权、管理权；发挥旅游业对社会经济相关产业的引爆器作用，做到全员参与、全域资源、全程设计、全业联动，带动地方全面发展。

（4）生态保护，科学开发原则。规划需要以保护自然环境、人文生态为前提，综合考虑旅游活动扰动效应，进行科学开发建设，使旅游负效应降到最低；严格保护旅游区内山川、河流、大气、土壤、植被等系统，协调好开发与保护的关系；应用观测站、空间地理、调查探勘等设施、技术手段，收集、分析旅游开发对地方文化、自然环境的影响，从而提出针对性保护措施。

2. 规划依据

（1）法律法规

《中华人民共和国土地管理法》（2004年8月28日第十届全国人民代表大会常务委员会第十一次会议修正）；

《中华人民共和国森林法》（1998年4月29日第九届全国人民代表大会常务委员会第二次会议修正）；

《中华人民共和国环境保护法》（1989年12月26日第七届全国人民代表大会常务委员会第十一次会议通过）；

《中华人民共和国城乡规划法》（2007年10月28日第十届全国人民代表大会常务委员会第三十次会议通过）；

《中华人民共和国水土保持法》（1991年6月29日第七届全国人民代表大会常务委员会第二十次会议通过）；

《中华人民共和国水法》（2002年8月29日第九届全国人民代表大会常务委员会第二十九次会议修订通过）；

《中华人民共和国水污染防治法》（2008 年 2 月 28 日第十届全国人民代表大会常务委员会第三十二次会议进行第二次修订）；

《中华人民共和国野生动物保护法》（1988 年 11 月 8 日第七届全国人大常委会第 4 次会议修订通过）；

《基本农田保护条例》（1998 年 12 月 24 日国务院第十二次常务会议通过）；

《水土保持生态环境监测网络管理办法》（2000 年 2 月 19 日中华人民共和国水利部颁布并实施）；

《中华人民共和国旅游法》（2013 年 4 月 25 日第十二届全国人大常委会第二次会议通过）；

《云南省环境保护条例》（1992 年云南省第七届人民代表大会常务委员会第二十七次会议通过）；

《云南省旅游条例》（2005 年云南省第十届人大常务委员会第十六次会议通过）。

（2）标准规范

《旅游规划通则》（2003 年 2 月 24 日国家质量监督检验检疫总局发布，2003 年 5 月 1 日实施）；

《旅游资源分类、调查与评价》（GB/T 18972—2003）（2003 年 2 月 24 日国家质量监督检验检疫总局发布，2003 年 5 月 1 日实施）；

《旅游景区质量等级的划分与评定》（修订）（GB/T 17775—2003）；

《风景名胜区规划规范》（GB 50298—1999）（1999 年 11 月 10 日国家质量技术监督局和建设部联合发布，2001 年 1 月 1 日实施）；

《地面水环境质量标准》（GB 3838—2002）（2002 年 4 月 26 日国家环境保护总局批准，2002 年 6 月 1 日实施）；

《环境空气质量标准》（GB 3095—1996）（1996 年 10 月 1 日国家环境保护总局批准，自批准之日起实施）；

《旅游厕所等级的划分与评定》（GB/T 18973—2003）（2003 年 2 月 24 日国家质量监督检验检疫总局发布，2003 年 5 月 1 日实施）；

《饮用水水源保护区划分技术规范》（2007 年 2 月 1 日国家环保总局发布，2007 年 2 月 1 日起实施）；

《住宅设计规范》（GB 50096—2011）（2011 年 7 月 26 日住房和城乡建设部公布，2011 年 8 月 1 日生效）；

《建筑抗震设计规范》（GB 50011—2010）（2010 年 5 月 31 日建设部发布，

2010 年 12 月 1 日实施）。

（3）政府文件

《云南省旅游发展总体规划》（世界旅游组织、云南省人民政府，2000 年）；

《云南旅游产业"十三五"发展规划》（云南省旅游发展委员会，2016 年）；

《昆明市国民经济和社会发展第十三个五年规划纲要》（昆明市人民政府，2016 年）；

《昆明城市总体规划（2011—2020）》（昆明市规划局，2011 年）；

《昆明市生态隔离带范围划定规划》（昆明市规划局，2011 年）；

《昆明市土地利用总体规划（2006—2020）》（昆明市国土资源局，2006 年）；

《昆明市旅游产业"十三五"发展规划》（昆明市旅游发展委员会，2016 年）；

《昆明市世界知名旅游城市总体规划》（昆明市旅游局，2013 年）；

《昆明倘甸产业园区昆明轿子山旅游总体规划》（昆明市规划设计研究院，2016 年）；

《禄劝县旅游发展规划（修编）》（禄劝县文体广电旅游局，2016 年）；

《禄劝县转龙旅游小镇概念性规划设计》（杭州艾斯弧设计公司，2009 年）；

《昆明倘甸产业园区轿子山旅游开发区旅游总体规划（2015—2030）》（昆明市规划设计研究院，2016 年）；

《昆明大轿子山片区深度策划》（昆明市规划设计研究院，2016 年）。

二、发展条件

（一）地理区位条件

1. 地理区位

（1）昆明北部中心，据滇而面川黔。昆明倘甸产业园区轿子山旅游开发区（简称"两区"）距昆明主城区 120 千米，是昆明北部的地理中心。两区托管的 9 个乡镇 94 个村委会的双边缘地带，成为昆明北部崛起的核心极点。特殊的地理区位使得旅游区于内可辐射昆明城区、曲靖、玉溪、楚雄等省内大中型城市，进而拥有渗透全省的旅游客源市场；于外与四川、贵州等国内客源市场比邻而居，进而衍生出覆盖西南地区、中原地区远距离客源市场。

（2）两区东北核心，依山而临两镇。彝人圣都旅游区位于昆明倘甸产业园区轿子山旅游开发区东北部转龙镇，是两区形成完整的旅游核心的关键点。规划区距轿子山46千米，是昆明至轿子山的重要旅游节点。因此，彝人圣都项目既是转龙旅游小镇的核心支撑，又是轿子山旅游的山下大本营（见图1.2.1）。

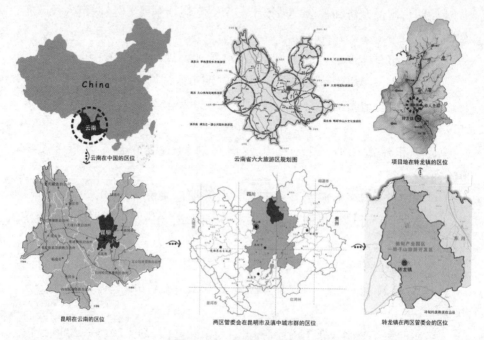

图 1.2.1　地理区位分析图

2. 交通区位

（1）专线破屏障，三倘通动脉。2013 年轿子山旅游专线建成，将昆明至轿子山 5 小时的颠簸车程缩短为安全舒适的 2.5 小时。专线的开通打破了轿子山发展的交通瓶颈，并极大地带动了两区相关产业尤其是旅游业的发展。自寻甸到倘甸、东川到倘甸、禄劝到倘甸三条公路正在建设，这不仅将 2.5 小时的昆明至两区的车程进一步缩短至 1 小时之内，更将形成滇中城市经济圈高速公路网。这意味着两区至昆明、曲靖、玉溪、楚雄全境和红河州北部 7县都将畅通无阻，更加打通了两区至云南省域内外通道和出境通道的总动脉。这为两区旅游业的发展插上了腾飞的翅膀。

（2）项目临专线，内部潜力大。彝人圣都旅游区紧邻轿子山旅游专线，这为项目带来巨大的客源潜力。目前规划区周边有县乡公路、乡村公路、机

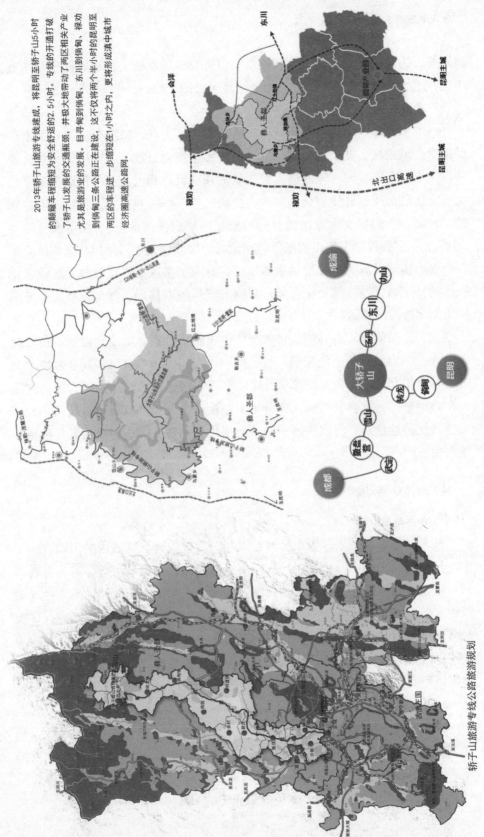

2013年轿子山旅游专线建成，将昆明至轿子山5小时的颠簸车程缩短为安全舒适的2.5小时。专线的开通打破了轿子山发展的交通瓶颈，并极大地带动了两区相关产业尤其是旅游业的发展。目寻甸到倘甸，东川到倘甸，禄劝到倘甸三条公路正在建设，这不仅将两个半小时的昆明至两区的车程进一步缩短在1小时之内，更将形成滇中城市经济圈高速公路网。

图 1.2.2 旅游交通分析图

耕路等，为旅游区发挥潜力有所铺垫。但部分区域仍未完成道路硬化及拓宽工作，还严重阻碍着旅游区的交通通达性（见图1.2.2）。

3. 旅游区位

（1）十大历史文化项目新延续，昆明人文新亮点。2012年云南省提出建设昆明古滇王国、曲靖古三国、玉溪澄江古生物化石地等十大历史文化旅游项目，作为云南省新一轮旅游大发展的引领项目。彝人圣都项目以其深厚的历史文化底蕴而弥补作为全国第六大少数民族——彝族历史文化旅游项目缺憾，又继十大历史文化旅游项目密集分布而形成集聚效应。《昆明市旅游业"十三五"发展规划》提出要把昆明建设成为民族文化展示窗口与交流体验中心，以加快建设成为世界知名旅游城市。彝人圣都项目将建设成为民族文化展示的新平台，与古滇历史名城形成南北呼应的新格局，催生昆明成为云南历史文化旅游新高地。

（2）北部黄金旅游环线连接点，轿山旅游集散点。昆明北部旅游环线被业内人士称为最具价值的旅游环线，昆明市提出"十三五"期间要建成"北部黄金旅游环线"。彝人圣都项目地位于环线轿子山、红土地两大优势资源的中心地带，是北部各旅游片区分重要连接点。彝人圣都项目以其位于北部片区的旅游连接点，将成为轿子山旅游提供住宿餐饮等旅游接待服务的重要集散中心。

（二）自然环境条件

1. 地形地貌

彝人圣都项目规划区内山脉河谷纵横，高差较大。区域内的山峰有轿子山、马鹿山、文笔山、二尖山、三台山、乌蒙山、溶蚀孤峰等；河谷有普渡河峡谷、金沙江峡谷、掌鸠河峡谷等。其间也夹杂了金沙江滩地等滩地地形及三道门溶洞等岩石洞或溶洞地形。境内最高点为猴子石梁山，海拔3266米；最低点玉家村，海拔1881米，高差1385米。复杂的地质地貌组合，使得项目规划区部分地区为次生原始状态，与历史文化与民族风情共同构成了丰富多彩、类型多样的景观资源（见图1.2.3）。

2. 河流水域

（1）河流。转龙镇属金沙江水系普渡河流域，境内主要水系有清水河、洗马河。清水河发源于中槽子村委会处，在烂泥塘汇入洗马河。洗马河发源于倘甸镇，在九龙汇入普渡河。洗马河经修建后，形成洗马河绿色长廊，是昆明市最长、最有规模、最壮观的一道亮丽的河堤风景线。

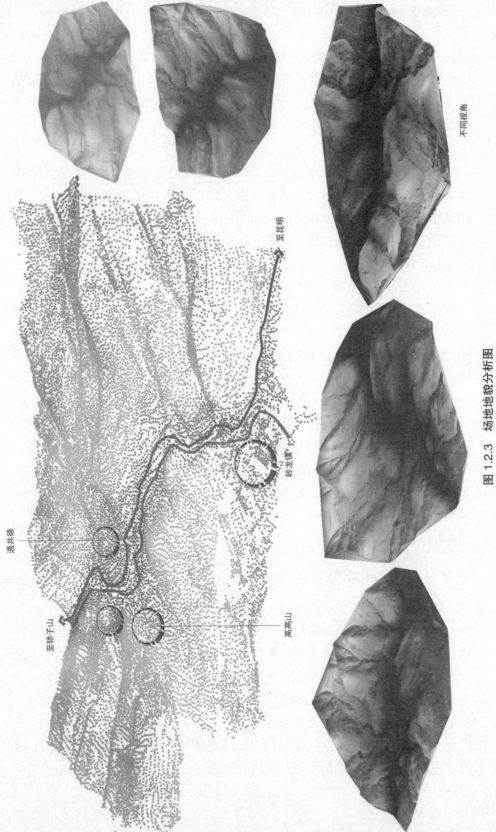

不同视角

图 1.2.3　场地地貌分析图

至桥子山

遇共德

转龙镇

高高山

至昆明

（2）湿地。历史上的洗马河每3~5年就发一次洪水，水灾不断。当地政府组织全镇干部群众连续奋战三年，改直了上端5.4千米的河道，并对河堤进行了绿化。洗马河河道改造后，在集镇西部留下的老河道，因河道改线已不再具备河道的功能而逐渐形成洗马河老河道湿地。

（3）水源。境内分布有大小多处龙潭，其中出水量较大的为缩泉，是转龙镇集镇区过去主要的饮用水源点。传说，龙潭之名来源于有龙于泉下转动。而缩泉，年产水量约300万立方米。一年四季泉水时涌时歇，涌则溢池，歇则晾底，是一方少见的独特奇观。棕匹树瀑布，位于转龙至轿子山公路沿线，是项目地所在的集镇现在自来水的主要水源。

3. 气候条件

彝人圣都项目地因地处乌蒙雪山南麓，受乌蒙雪山积雪的影响，气温比同海拔地区偏低，属北亚热带季风气候。项目地年平均气温12.5℃，最热月平均气温19.1℃；最冷月平均气温7.8℃。年平均降水量1000毫米，降雨分布不均，5—10月，占全年降水量91%；11月至次年4月，占全年降水量的9%。年平均相对湿度74%，主导风向为西南风。

4. 生态系统

彝人圣都项目规划区范围内植被覆盖率高达90%，大部分地区为次生原始状态，现有野生动物120余种，自然生态环境很好。规划区内林地有洗马河情侣林、翠华烂泥箐山水林地、急尖长苞冷杉林、高山草甸、箭竹丛林、水冬瓜林、马缨花灌丛等；野生动物有刺猬、穿山甲、猴子鹿、獐子、麝鹿、岩羊等。规划区种类繁多的动植物资源，为彝人圣都平添许多野性魅力（见图1.2.4）。

（三）社会文化状况

1. 历史文化

项目所在地及其周边区域，已发掘出土的大量新石器时期的文物，证明早在四五千年以前，就有人类在此生息、繁衍。据彝文文献记载，约在春秋时期，彝族始祖笃幕曾在"乐尼白"举行六祖分支大典，之后彝族各部落迁徙至东南西北各地定居，奠定了今天彝族人口的分布格局。据初步统计，轿子山是各地彝区中海拔最高的山之一，千百年来，居住在轿子山周边的彝族民众一直祭祀着这座神山。自2014年起，已连续两届举行彝人祭祖大典，吸引了来自滇、川、黔、桂等地彝族后代共缅阿普笃慕及六祖。因此轿子山即为古"乐尼白"。

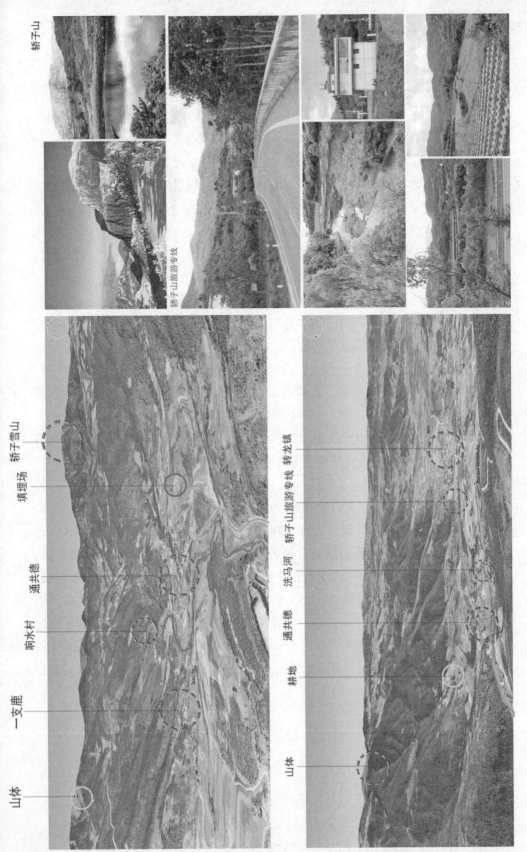

轿子山

轿子山旅游专线

山体　　一支鹿　　响水村　　通共德　　填埋场　　轿子雪山

山体　　耕地　　通共德　　洗马河　　轿子山旅游专线　　转龙镇

图 1.2.4　自然条件分析图

2. 民族风情

倘甸产业园区轿子山旅游开发区国土面积 1837.5 平方千米，总人口 23 万，有苗、彝、回、壮、白等 11 个少数民族，为多民族聚居区，少数民族占总人口的 17%。彝族是这里的世居民族，旅游规划区内多为彝人六大支系之一的纳苏支系人。境内大部分彝族所操彝语属汉藏语系藏缅语族彝语支的东部方言，仅有少数于民国中期从四川凉山地区迁来的操北部方言。这里也是彝文典籍收藏较多的地区之一，现存北京及部分大学图书馆的彝文书籍，相当大一部分出自这两个地区，内容包括历史、医学、地理、天文、历算、占卜、祭祀、文学等。

3. 宗教文化

世居在这里的少数民族都有自己独特的宗教信仰。苗族宗教是苗族固有的宗教，信奉鬼神并把其分为"善鬼"和"恶鬼"；彝族宗教起源于远古时期，以多神崇拜和万物有灵为特征；回族几乎全员信奉伊斯兰教，其在回族形成过程中曾起过重要作用；白族宗教主要表现为保护神信仰的本主崇拜，白族人到本主庙祭祀聚餐，且希望本主"善求必应"。苗、彝、回、白四族虽有自己不同的民族宗教，但其共同点就是宗教文化中都保存着浓厚的祖先崇拜和祭祀仪式。其中彝族更为强调寻根情结，祖先崇拜为彝族最为突出的信仰，每年在项目地举行彝族祭祖大典成为彝人的盛事。

4. 乡村文化

彝人圣都旅游区是集自然风光、历史人文与民族风情等为一体的旅游区，彝族以其古朴厚重的民族历史文化成为区内最鲜明的民族文化资源。区内自然风光资源丰富，乌蒙山脉雄奇俊美，洗马河蜿蜒流淌，动植物资源丰富。规划范围内遗留有古朴、庄重的传统建筑，如中山楼、蒋家大院、彭家大院、文笔塔、文庙、观音阁等，是全省 60 家旅游小镇和昆明市重点建设的旅游集镇之一。项目地为彝族世居地，自明末清初时吴三桂军垦，汉族开始进驻转龙镇，自此形成转龙镇汉、彝、回三大民族大杂居、小聚居的格局。2014 年转龙镇开始"美丽乡村"建设，通过以点带面、示范带动全面引领两区美丽乡村建设（见图 1.2.5）。

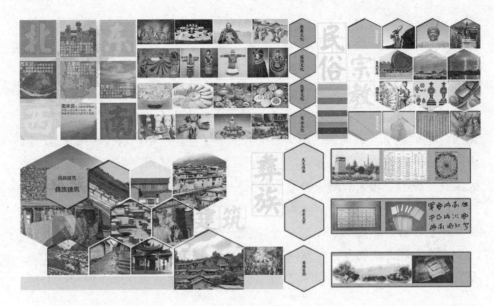

图 1.2.5　彝族文化分析图

（四）社会经济发展

1. 居民人口状况

昆明倘甸产业园区轿子山旅游开发区距离昆明市区 100 千米，属昆明市人民政府派出机构。辖内包括东川区红土地镇、舍块乡，禄劝彝族苗族自治县转龙镇、雪山乡、乌蒙乡以及寻甸回族彝族自治县倘甸镇、凤合镇、联合乡、金源乡共 9 个乡镇，国土面积 1837.54 平方千米（包括轿子雪山省级风景名胜区 253 平方千米），人口 23.13 万。彝人圣都规划区位于转龙镇内，转龙镇居住有汉族、彝族、回族、苗族等多个民族，总人口 3.3 万，其中少数民族占总人口的 22%。规划区内居民主要从事农业生产劳动。

2. 社会经济增长

2010 年 8 月，昆明倘甸产业园区轿子山旅游开发区组建。倘甸和轿子山两区地方公共财政预算收入由 2010 年的 3161 万元增长到 2015 年的 1.67 亿元，年均增长 39.5%；规模以上固定资产投资由 2010 年的 3.7 亿元增长到 2015 年的 22 亿元，年均增长 42%；旅游综合服务收入由 2010 年的 755 万元增长到 2015 年的 4516 万元，年均增长 47%；农民人均纯收入由 2010 年的 1680 元增长到 2015 年的 4400 元，在 2010 年的基础上增加了 1.6 倍；累计引进内资 56.42 亿元，外资 1687 万美元。尤其是旅游业发展势头强劲，截至 2016 年 6 月底，"两区"旅游收入 3509.69 万元，同比增长 52.63%；接待游客 34.87 万人次，同比增长 24.94%。显示出旅游增长势头强劲的趋势。

3. 特色经济产业

2015 年，两区农业发展稳健，完成农林牧渔业总产值 9.16 亿元，种植冬马铃薯 21.4 万亩、特色中草药 1.49 万亩，推动传统农业向现代农业转变。在 2015 年的农博会上，两区的原生态的农副产品在昆明市场取得一席之地，其中两大特色农作物（小苦荞和冬马铃薯）已经成为亿元产业。农业将是继两区工业、旅游业两大战略引擎之后的又一重要发展方向。依托先天的优势条件，两区将着力推动农业产业化发展。今后将重点做大做强马铃薯、畜牧、蔬菜花卉、荞麦、烤烟、中药材、特色经济林果、油用牡丹八大特色产业，加快农业发展方式转变，实现两区现代农业的跨越发展。彝人圣都旅游区主要农村经济收入主要靠烤烟和畜牧业，也包括部分粮食种植、中药、果林、蔬菜等。

三、旅游资源

（一）旅游资源类型

1. 旅游资源分类

根据对彝人圣都旅游区旅游资源调查结果，结合国家标准《旅游资源分类、调查与评价》设定的类型，可将旅游资源类型划分为 2 个大类（自然旅游资源、人文旅游资源）、8 个主类（地文景观、水域风光、生物景观、天象与气候景观、遗址遗迹、建筑与设施、旅游商品、人文活动）、16 个亚类、43 个基本类型，215 个旅游资源单体。（见表 1.3.1）

表 1.3.1　彝人圣都旅游区旅游资源分类

分类	主类	亚类	基本类型	典型资源	数量（个）
自然旅游资源	A 地文景观	AA 综合自然旅游地	AAA 山丘型旅游地	轿子山、马鹿山、文笔山、二尖山、三台山、乌蒙山、溶蚀孤峰	7
			AAD 滩地型旅游地	金沙江滩地	1
			AAE 奇异自然现象	冬季雾海	1
			ABF 矿点矿脉与矿石积聚地	铜矿、磷矿、辉绿花岗石	3

续表

分类	主类	亚类	基本类型	典型资源	数量（个）
自然旅游资源	A 地文景观	AA 综合自然旅游地	ACG 峡谷段落	普渡河峡谷、金沙江峡谷、掌鸠河峡谷	3
			ACL 岩石洞与岩穴	三道门溶洞	1
	B 水域风光	BA 河段	BAA 观光游憩河段	洗马河绿色长廊、恩泽河、则老河、清水河、普渡河、掌鸠河、金沙江	7
		BB 天然湖泊与池沼	BBA 观光游憩湖区	木邦海、惠湖、花溪、小海、轿子山天池、金沙江百里长湖	6
			BBC 潭池	海噶龙潭、柜子龙潭、白木卡龙潭群，月牙塘	4
			BCA 悬瀑	轿子山陡崖冰瀑、棕匹树瀑布	2
		BD 泉	BDA 冷泉	转龙缩泉、月映泉	2
		BF 冰雪地	BFB 常年积雪地	轿子雪山	1
	C 生物景观	CA 树木	CAA 林地	洗马河情侣林、翠华烂泥箐山水林地、急尖长苞冷杉林、高山草甸、箭竹丛林、水冬瓜林、马缨花灌丛	7
			CAC 独树	马樱花、细柞榕树、丽山村黄连木、至租黄衫、兆乌葫芦口大榕树、翠华黄连茶树、噜咕村红杜鹃	7
		CC 花卉地	CCB 林间花卉地	轿子山杜鹃花、绿绒蒿、山茶花	3
		CD 野生动物栖息地	CDA 水生动物栖息地	鲵鱼、细鳞鱼	2
			CDB 陆地动物栖息地	刺猬、穿山甲、野鸡、猴子、野猪、野兔、鹿子、猴子、野鸭、鹿、獐子、麝鹿、岩羊	13
			CDC 鸟类栖息地	鹧鸪、鹭	2
	D 天气气候	DB 天气与气候现象	DBA 云雾多发区	立体气候、轿子山佛光、云海	3
	E 遗址遗迹	EB 社会经济文化活动遗址遗迹	EBA 历史事件发生地	中槽子土纸厂遗址	1
			EBB 军事遗址与古战场	红旗山导弹基地遗址	1
			EBE 交通遗迹	铁索桥	1

续表

分类	主类	亚类	基本类型	典型资源	数量（个）
自然旅游资源	F 建筑设施	FA 综合人文旅游地	FAC 宗教与祭祀活动场所	观音阁（福寿寺）、三族宫、三圣宫、文殊寺	4
			FAH 动物与植物展示地	核桃基地、板栗基地、马铃薯农业示范基地	3
		FC 景观建筑与附属型建筑	FCH 碑碣（林）	冬瓜河彝文碑、转龙地震碑记、望月楼石刻碑记	3
			FCI 广场	转龙民族广场公园	1
		FD 居住地与社区	FDA 传统与乡土建筑	彝族传统民居	1
			FDC 特色社区	转龙旅游小镇	1
			FDD 名人故居与历史纪念建筑	蒋家大院、彭家大院、中山楼、望月楼、望日楼、文笔塔、文庙、转龙高等小学堂	8
		FG 水工建筑	FGA 水库观光游憩区段	永红水库	1
	G 旅游商品	G 地方旅游商品	GAA 菜品饮食	清汤豆腐、豆腐肠、黄煎豆腐、豆腐圆子、卤豆腐、炖乌骨鸡、韭菜鳝鱼、烧盐余鱼、石蚌跳海、千张肉、油缸肉、农家肝生、懒豆腐、油酥阴苞谷、香辣荞酥、芥末松茸、撒坝火腿、松茸煮鸡、牛羊汤锅、小锅酒、鸡蛋酒、彝家辣白酒、转转酒、学茶、雀嘴茶、河外烤茶、麦果饭、苞谷饭、荞果饭、蚕豆焖饭、连渣涝、转龙凉粉、小米糖	33
			GAB 农林畜产品及制品	松茸、牛肝菌、鸡㙡等野生菌，核桃、板栗、松子等干果，黄果、台湾枣、人生果、香蕉、芭蕉、橘子、杞果、夹岩橘子、甜木瓜等热带、温带水果，山药、蜂蜜、大白芸豆、撒坝猪、乌鸡、黑山羊、野火绿花椒等农产品	22
			GAC 水产品与制品	鳝鱼、余鱼、细鲢鱼	3
			GAD 中草药材及制品	草乌、附子、一枝蒿、何首乌、灯盏花、桔梗、板蓝根、天麻、佛手、万寿菊、雪茶、贝母、地榆、紫蒿、草乌	15
			GAE 传统手工产品与工艺品	彝族刺绣、染布、蜡染、布鞋、披毡、民间编篾手工艺	6

续表

分类	主类	亚类	基本类型	典型资源	数量（个）
自然旅游资源	G 旅游商品	HC 民间习俗	HCA 地方风俗与民间礼仪	彝族神话传说（罗牧阿智传说、史诗《勒俄特衣》），彝族音乐、曲调（《阿莫尼惹》，《都火》），彝族舞蹈［礼仪舞（曲）、跌脚舞（曲）、左脚舞、花鼓舞、跳菜、跳锅庄、跳"都火"］，彝族运动（摔跤、射弩、赛马、斗牛），彝族对歌，少女成人礼	5
			HCB 民间节庆	彝族火把节、赛装节、"打歌"、跳虎节、十月年、跳歌节	6
			HCC 民间演艺	彝族对歌、跌脚舞、八简舞、花灯歌舞、土司礼仪乐、小葫芦笙、吹萨拉	7
			HCD 民间健身活动与赛事	斗牛、摔跤、弹弓、射弩、踩花山、爬杆、秋千、各类球赛等	8
			HCE 宗教活动	祭祖活动、补年节、拜本主会、密枝节	4
			HCF 庙会与民间集会	观音会、彝族节庆集会	2
			HCG 饮食习俗	节庆汤锅宴、农家宰猪饭	2
			HGH 特色服饰	彝族服饰	1

2. 类型特征分析

通过对彝人圣都旅游区资源类型和总量统计，在我国旅游资源 8 个主类、31 个亚类和 155 个基本类型的分类中，彝人圣都旅游区旅游资源主类共有 8 个，类型齐全；亚类共有 16 个，占总量的 51.61%；基本类型共有 43 个，占总量的 27.74%（见表 1.3.2 和表 1.3.3）。

表 1.3.2　彝人圣都旅游区旅游资源类型体系对比表

主类	亚类			基本类型		
	总亚类数	旅游区亚类数	占总亚类数（%）	总基本类型数	旅游区基本类型数	占总基本类型数（%）
地文景观	5	1	20	37	6	16
水域风光	6	4	67	15	6	40
生物景观	4	3	75	11	6	55

主类	亚类			基本类型		
	总亚类数	旅游区亚类数	占总亚类数（%）	总基本类型数	旅游区基本类型数	占总基本类型数（%）
天象与气候景观	2	1	50	8	1	13
遗址遗迹	2	1	50	12	3	25
建筑与设施	7	4	57	49	8	71
旅游商品	1	1	100	7	5	71
人文活动	4	1	25	16	8	50
合计	31	16	52%	155	64	28

表 1.3.3　彝人圣都旅游区旅游资源分类统计表

大类	主类	资源数合计	百分比（%）
自然资源类	地文景观	16	7
	水域风光	22	10
	生物景观	34	16
	天气气候景观	3	1
	总计	75	35
人文资源类	遗址遗迹景观	3	1
	建筑设施景观	22	10
	旅游商品	80	37
	人文活动	35	16
	总计	140	65
总计		215	100

3. 旅游资源类型

（1）主类旅游资源

　　旅游区内零散分布着四个小村落，北有响水村，南有高高山，西有铜厂箐，中有通共得村。村落中主要分布的少数民族为彝族，其悠久深厚的历史文化、绚丽多彩的民族习俗构成旅游区的核心资源。乡村聚落以恬静秀美的田园风光为依托，以多姿多彩的彝族文化为灵魂，带给游客"绿树村边合，青山郭外斜"的自然美景，享受"开轩面场圃、把酒话桑麻"的闲适心境，既是乡村田园的观光游览区，也是彝族的原生态文化宝库和文化体验园。其历史文化资源主要体现在科技文化、民俗文化、饮食文化、宗教文化四个方面：

①科技文化。在长期生产、生活中，彝族先民逐渐产生了一些先进的文明科技成果，是彝族智慧的结晶和文明进步的标志。一是古老的天文历法。彝族古代文明精髓之一便是历法，十月太阳历以"八方纪年、十兽纪月、十二属相纪日"的方法精确、简便地计算时令时刻。二是传统的彝医彝药。彝医以清浊二气观和五行学说为思想基础，以曲焕章的白药为代表，以火疗为特色，是我国传统中医药和民族医药中的重要组成部分。三是丰富的文学艺术。彝族民间文学形式多样，内容丰富，如恢宏的古典史诗《查姆》、优美的叙事长诗《阿诗玛》、言真意切的抒情长诗《阿惹妞》及珍贵的彝文古籍等。四是多样的民居建筑。为适应不同的自然环境，彝族建筑形式多样，房屋选址讲究，装饰工艺精湛，特色十分鲜明。

②民俗文化。彝族是一个热情洋溢、能歌善舞的民族，其民风淳朴友好、民俗独具特色、活动丰富多彩，是民族文化特质的综合展现。一是传统节日类型多样，如火把节、赛装节、跳虎节、十月年、跳歌节。二是婚恋仪礼形制纷繁，从恋爱社交到婚前准备，以及结婚礼俗上的背亲、迎亲仪式，婚后的习俗都独具特色。三是民族服饰古朴典雅、美观大方，总体呈现"服以载道，崇尚自然，顾头美尾，色鲜重绣，式样繁多，一区一服"的特征。四是民族体育和歌舞豪迈粗犷，独具"力的炫耀、血的洗礼、火的狂欢"的特质。

③饮食文化。彝族地区具有明显的立体气候、广阔的草山牧场和传统的民族文化，使其饮食文化丰富多彩，总体可以概括为：谷肉茶酒，五味调和；打杀克己，尊上养生。一是食材优质纯朴，以荞麦、燕麦、水稻、小麦、洋芋、猪、羊等为主。二是美食色、香、味俱全，最具特色的就数"甲滇中"的转龙豆腐，另外还有炖乌骨鸡、千张肉、油缸肉、农家肝生、撒坝火腿、松茸煮鸡、牛羊汤锅、小锅酒、彝家辣白酒等特色佳肴。三是饮食文化源远流长，形成了关于彝族"肝生"、尝新米等的美食典故，同时在历史演化过程中逐步形成了三大饮食文化：酒文化、肉文化、茶文化。四是注重用餐社交礼仪，座次男女有别、长幼有序，餐桌装饰及摆放约定成俗。

④宗教文化。彝族的发展历史深厚悠久，支系纷繁复杂，而"彝族从哪里来"这样重大问题，迄今仍需要进行探索，人文始祖阿普笃慕等传说给彝

族历史文化带来更为神秘的色彩。项目所在区域有众多古塔、遗址、碑碣、牌坊、书院等文化遗存，这些遗迹遗址见证和沉淀了彝族文明的鼎盛和繁荣。彝族宗教信仰是彝族意识形态的重要内容，祖先崇拜、万物有灵、鬼神崇拜、图腾崇拜等的宗教信仰还普遍地存在于社会生活中，拥有特殊技能与素质的毕摩和苏尼仍然是彝族宗教活动的中心人物，各种祭祀、巫术、兆术等流行至今。

（2）辅类旅游资源

①高原水乡。彝人圣都旅游区所在地水资源丰富，河流湿地相连，村落河流相依，田野沼泽一体，沟箐交错，湖光山色，展现一片的奇美水域风光。区内交错分布着湖湾菁汊、河流池沼、生态湿地等各种水景，从闻名遐迩的神秘"缩泉"到碧波粼粼的龙潭秀水，从十里长堤幽深的洗马河到穿山过涧的恩泽河，从清淳明净的恩泽河到奇石富集的则老河。此外，旅游区附近的轿子山上，高山湖泊、雪山飞瀑构成了北国特有的冰雪奇观，山水天然相映成趣，是彝族圣都旅游区的灵动之源。

②林木葱茏。旅游区地形主要以山丘型和谷地型为主，群峰如林，山体构成旅游区的风景骨架，由群山、森林、湖泊、溪流等共同组成景观系统格局。旅游区内森林覆盖率90%左右，拥有珍奇繁多的丛林古木、奇特丰富的野生动物、名贵的药材资源，生态景观丰富，是旅游区的绿色之肺。

③气候温润。旅游区属于北亚热带季风气候，年平均气温14℃，年降水量1000毫米；冬夏季短，春秋季长；干湿季分明，雨量适中，雨热同期；冬春旱重，霜期较短，有春暖、夏热、秋凉、冬冷的现象，但仍然是全年温和，冬无严寒，夏无酷暑，四季如春。气候温润宜人。

（二）旅游资源分布

1. 空间分布

根据旅游区旅游资源集聚状况与旅游开发功能要求，可将彝人圣都旅游区旅游资源空间分布划分为"五区"，即南部太阳历法区、中部雪山圣水区、北部祖灵祭祀区、东部六部博览区、西部火把狂欢区。

（1）南部太阳历法区：位于旅游区南部山冈，东面与北面被洗马河环绕，视野开阔，是整个旅游区的第一印象区，也是彝族科技文化表现区，以展现彝族最为先进的太阳历法、最为古老的古彝文字、最为玄妙的彝医彝药为特色。

（2）中部雪山圣水区：位于旅游区中心位置，地势平坦开阔，轿子山旅游专线横穿而过，以村庄、林木、平坝为主要景观，是彝族休闲文化展示区，主要展现彝族村寨聚落文化、滨水商业文化和高端饮食文化。

（3）北部祖灵祭祀区：位于旅游区东北部，地势较高，森林密布，是旅游区祖先崇拜和神灵崇拜的神圣之地，主要展现彝族人关于祖先、生死、世界的独特的民族宗教文化，以及与神灵沟通的原始宗教崇拜。

（4）东部六部博览区：位于旅游区的东部，地势高低起伏，田野阡陌，是旅游区的六组分支事件后的地域重现，主要展现古彝王宫及川西南、滇中、滇南、滇西、黔西北五个主要彝族分布区的历史建筑和建筑文化。

（5）西部火把狂欢区：位于旅游区的西部，山林与田野错落交叠，自然景观与人文风情有机组合，是旅游区的民俗体验区，集非物遗产、歌舞娱乐、度假酒店、体育竞技于一体，主要展示彝族的民间民俗文化。

2. 资源特征

（1）主体特征

彝人圣都旅游区的主体资源为彝族历史文化，结合对彝族历史文化的深度挖掘，将其历史文化资源特征概括为：丰富多彩的类型、粗犷豪迈的内涵、天人合一的观念。

①丰富多彩的类型。彝族是我国具有悠久历史和古老文化的民族，为我国第六大少数民族，其文化类型的丰富多彩体现在：古老悠久的历史，如彝族的起源、彝族的文字、彝族的迁徙等；先进的科技文化，如古代彝族先民创造的天文历法、彝族彝医彝药等；神秘的宗教文化，如祖先崇拜、祖界观念和送灵归祖的仪式等；传统的节事文化，如闻名遐迩的火把节、独具特色的赛装节；饕餮的饮食文化，如坨坨肉、荞麦粑、转转酒等。

②粗犷豪迈的内涵。彝族一般居住在山区和半山区，艰苦的自然条件和生存环境铸就了勇猛顽强的民族性格，使彝族整体呈现粗犷豪迈的文化特征。主要体现在：刚健勇武的传统体育，如勇猛的摔跤、刺激的斗牛、热情的跳月；奔放动感的民族歌舞，如刚劲豪放的打歌，歌声高亢激昂，舞步遒劲有力；神秘的古老宗教，如彝族祭祖活动场景壮观、气氛庄重、仪式肃穆。

③天人合一的观念。彝族天人合一的观念沉淀深厚，以清浊、阴阳、五行、八卦解释宇宙自然。体现在自然与人类关系上，主张人与自然相互滋生、相互制约，需和谐相处、互惠共利；体现在人与人的关系上，在中华民族大家庭中，彝族虽生活在祖国的西南地区，但通观全部历史，从洪荒远古时代的共同祖先，到南诏归属唐朝以及近现代的共同抗日，彝族一直是维护祖国统一的坚定拥护者，体现了彝族人民团结和睦的品质特征。

（2）延伸特征

彝人圣都旅游区的辅类资源为自然景观，其延伸特征主要表现为：村景交融、山环水绕、动静结合。

②村景交融。田园村舍构成彝人圣都旅游区的文化聚落，村舍在风景中、风景在村舍中，乡村与景区相依是彝人圣都旅游资源的第一个环境特征。各个景区形成彝人圣都旅游区的面状景观，村舍则形成彝人圣都旅游区的点状景观，以风景中村舍与村舍中风景形成了彝人圣都旅游区的文化聚落景观。

②山环水绕。以洗马河为纽带的河流水域，是彝人圣都旅游区的灵动之源，群山峻岭构成彝人圣都旅游区的骨架，山水相依、山水一体是彝人圣都旅游资源的第二个环境特征。山体形成旅游区的立面景观，水域形成旅游区的镜面景观，山体展现雄奇壮丽的粗犷特质，水体展现古悠灵秀的柔美特质，从而形成刚柔并济的自然景观特征。

③动静结合。从视域变化分析，流动的河流、飞翔的鸟禽、活动的居民等组成彝人圣都旅游区的动态景观；山地、田园、村舍、湿地等组成旅游区的静态景观，动态的旅游区与静态的旅游区景观交错，形成动景与静景相互映衬的景观系统。

（三）旅游资源价值

1. 总体价值

根据旅游资源普查结果，规划区内共包含旅游资源 8 个主类 16 个亚类，43 个基本类型。旅游资源总体表现出总量丰富、类型多样、保护完整、特色鲜明、组合良好的特点。在旅游资源分类中，总体呈现民族文化与自然景观相互交融、天人合一，但以彝族历史文化展现、彝族文化认同、追溯民族祖先为亮点，具有巨大的开发潜力。

2. 分类价值

（1）文化价值

彝族历史文化是我国少数民族历史文化中的瑰宝。在漫长的发展过程中，形成了大量的物质文化，以民居建筑、民族服饰、生产生活用具、各种艺术品等为代表。在旅游开发中，可依托彝族丰厚的历史文化资源，对其文化元素进行合理提取，以应用到各类旅游景观和设施设计中。同时彝族在漫长的历史发展过程中还形成丰富的精神文化，包括各种故事传说、宗教祭祀、道德准则、价值规范、理想信念等。以宗教信仰为例，彝族宗教具有浓厚的原始宗教色彩，主要有自然崇拜、图腾崇拜和祖先崇拜，因此可以通过多种艺术手段（书法、绘画、雕塑、表演等）进行表现。

（2）生态价值

彝人圣都旅游区内地形主要以山丘型和谷地型为主，属于北亚热带季风气候，四季如春，自然资源丰富，生态环境良好，拥有珍奇繁茂的森林古木、名贵丰富的药物资源、珍贵稀有的野生动物、雄奇壮丽的山体景观、古悠静谧的河流湖湾。因此需要将旅游开发与生态保护相结合，维护旅游区良好的生态系统，充分发挥旅游区的生态功能，开展康体旅游、森林探险、休闲度假等旅游活动。

（四）旅游资源评价

1. 单体评价

（1）评价依据与评价方法

在实地调研和充分分析基础上，按照中华人民共和国国家标准《旅游资源分类、调查与评价》中所规定的分类评价体系（见表1.3.4），对旅游区的旅游资源单体进行赋分，然后根据所得分值对旅游资源单体进行等级确定。

表 1.3.4 旅游资源评价赋分标准

评价项目	评价因子	评价依据	赋值
资源要素价值（85分）	观赏游憩使用价值（30分）	全部或其中一项具有极高的观赏价值、游憩价值、使用价值。	30~22
		全部或其中一项具有很高的观赏价值、游憩价值、使用价值。	21~13
		全部或其中一项具有较高的观赏价值、游憩价值、使用价值。	12~6
		全部或其中一项具有一般的观赏价值、游憩价值、使用价值。	5~1
	历史文化科学艺术价值（25分）	同时或其中一项具有世界意义的历史、文化、科学、艺术价值。	25~20
		同时或其中一项具有全国意义的历史、文化、科学、艺术价值。	19~13
		同时或其中一项具有省级意义的历史、文化、科学、艺术价值。	12~6
		同时或其中一项具有地区意义的历史、文化、科学、艺术价值。	5~1
	珍稀奇特程度（15分）	有大量珍稀物种，或景观异常奇特，或此类现象在其他地区罕见。	15~13
		有较多珍稀物种，或景观奇特，或此类现象在其他地区很少见。	12~9
		有少量珍稀物种，或景观突出，或此类现象在其他地区少见。	8~4
		有个别珍稀物种，或景观比较突出，或此现象在其他地区较多见。	3~1

续表

评价项目	评价因子	评价依据	赋值
资源要素价值（85分）	规模、丰度与概率（10分）	独立型旅游资源单体规模、体量巨大；集合型旅游资源单体结构完美、疏密度优良级；自然景象和人文活动周期发生或频率极高。	10~8
		独立型旅游资源单体规模、体量巨大；集合型旅游资源单体结构很和谐、疏密度良好；自然景象和人文活动周期发生或频率很高。	7~5
		独立型旅游资源单体规模、体量中等；集合型旅游资源单体结构和谐、疏密度优较好；自然景象和人文活动周期发生或频率较高。	4~3
		独立型旅游资源单体规模、体量较小；集合型旅游资源单体结构较和谐、疏密度一般；自然景象和人文活动周期发生或频率极高。	2~1
	完整性（5分）	形态与结构保持完整。	5~4
		形态与结构有少量变化，但不明显。	3
		形态与结构有明显变化。	2
		形态与结构有重大变化。	1
影响力（15分）	知名度和影响力（10分）	在世界范围内知名，或构成世界承认的名牌。	10~8
		在全国范围内知名，或构成全国性的名牌。	7~5
		在本省范围内知名，或构成省内的名牌。	4~3
		在本地区范围内知名，或构成本地区的名牌。	2~1
	适游期或使用范围（5分）	适宜游览的日期每年超过300天，或适宜于所有游客使用和参与。	5~4
		适宜游览的日期每年超过250天，或适宜于80%游客使用和参与。	3
		适宜游览的日期每年超过150天，或适宜于60%游客使用和参与。	2
		适宜游览的日期每年超过100天，或适宜于40%游客使用和参与。	1

根据旅游资源单体评价总分，将其分为五级。从高到低为：

五级旅游资源，得分值域 ≥ 90分；

四级旅游资源，得分值域 ≥ 75~89分；

三级旅游资源，得分值域 ≥ 60~74分；

二级旅游资源，得分值域 ≥ 45~59分

一级旅游资源，得分值域 ≥ 30~44分

未获等级旅游资源，得分 ≤ 29分。

其中：五级旅游资源又被称为"特品级旅游资源"；四级、三级旅游资源被通称为"优良级旅游资源"；二级、一级旅游资源被通称为"普通级旅游资源"。

（2）单体评价结果

依据上述评价方法，彝人圣都旅游区有旅游资源单体215个，其中五级旅游资源有1个，四级旅游资源有4个，三级旅游资源有21个，二级旅游资源有44个，一级旅游资源有43个，未获等级旅游资源102个，分别占旅游资源总数的0.47%、1.86%、9.77%、20.47%、20.00%、47.44%（见表1.3.5）。

表 1.3.5　主要单体旅游资源等级

级别	典型旅游资源	数量
五级旅游资源	轿子山	1
四级旅游资源	转龙旅游小镇、转龙缩泉、彝族祭祖活动、彝族火把节	4
三级旅游资源	洗马河绿色长廊、金沙江百里长湖、金沙江峡谷、普渡河峡谷、掌鸠河风光、轿子山天池、轿子山杜鹃花、绿绒蒿、彝族节庆风俗、转龙豆腐、撒坝火腿、转龙豆腐、农家肝生、炖乌骨鸡、转龙凉粉、小米糖、蒋家大院、中山楼、彝族传统民居、洗马河情侣林、永红水库	21
二级旅游资源	文殊寺、恩泽河、则老河、清水河、木邦海、惠湖、花溪、小海、斗麦原始森林、彝族刺绣、染布、急尖长苞冷杉等、海噶龙潭、柜子龙潭、白木卡龙潭群、月牙塘、月映泉、冬瓜河彝文碑、马鹿山、文笔山、二尖山、三台山、乌蒙山、溶蚀孤峰、金沙江滩地、辉绿花岗石、高山草甸、箭竹丛林、马缨花灌丛、彭家大院、望月楼、望日楼、文笔塔、文庙、獐子、麝鹿、岩羊、铁索桥、彝族对歌、跌脚舞、八简舞、花灯歌舞、土司礼仪乐、小葫芦笙、吹萨拉	45
一级旅游资源	白龙潭瀑布、轿子山佛光、冬季雾海、黄花杜鹃、马樱花、兆乌葫芦口大榕树、翠华黄连茶树、万亩马铃薯基地、转龙地震碑记、望月楼石刻碑记、三道门溶洞、核桃基地、卓干核桃、板栗、松子等干果、黄果、台湾枣、人生果、香蕉、芭蕉、橘子、杧果、夹岩橘子、甜木瓜等热带温带水果、松茸、牛肝菌、鸡枞等野生菌、观音阁（福寿寺）、三族宫、三圣宫、蜡染、布鞋、披毡、民间编篾手工艺、转龙民族广场公园、天麻、佛手、万寿菊、雪茶、贝母、地榆、紫蒿、草乌	43
未获等级旅游资源	——	102

2. 分区评价

（1）评价依据与评价方法

在此采用层次梯级评价法，对彝人圣都旅游区的资源进行3个等级层次的评价。评价标准如下：一级旅游资源区，综合评价在80分以上；二级旅游资源区，综合评价在70分以上；三级旅游资源区，综合评价在60分以上（见表1.3.6）。

表 1.3.6　旅游资源评价指标层次

单位：分

综合评价层	分值	项目评价层	分值
景观价值	50	欣赏价值	20
		科学价值	5
		历史价值	10
		保健价值	5
		游憩价值	10
环境水平	20	生态特征	10
		环境质量	4
		设施状况	3
		监护管理	3
旅游条件	20	交通通信	6
		食宿接待	6
		客源市场	5
		运营管理	3
规模范围	10	面积	2
		空间	4
		容量	4

（2）分区评价结果（见表 1.3.7）

表 1.3.7　旅游资源分区评价结果

单位：分

综合评价	分值	项目评价层	分值	科技智慧区	滨水休闲带	祖灵祭祀区	建筑博览区	彝王宫殿区	民俗文化区
景观价值	50	欣赏价值	20	15	18	15	14	17	15
		科学价值	5	4	3	4	3	4	2
		历史价值	10	9	5	10	10	10	5
		保健价值	5	3	4	3	3	3	4
		游憩价值	10	8	9	9	9	9	9
环境水平	20	生态特征	10	6	10	10	8	9	8
		环境质量	4	3	4	4	3	3	3
		设施状况	3	3	2	2	2	2	2
		监护管理	3	3	2	2	2	2	2

续表

综合评价	分值	项目评价层	分值	科技智慧区	滨水休闲带	祖灵祭祀区	建筑博览区	彝王宫殿区	民俗文化区
旅游条件	20	交通通信	6	6	4	3	4	4	6
		食宿接待	6	6	4	3	3	4	5
		客源市场	5	5	4	4	4	4	4
		运营管理	3	3	2	3	2	2	3
规模范围	10	面积	2	1	2	2	2	2	2
		空间	4	3	3	4	4	4	4
		容量	4	3	3	3	3	3	3
分值	100	—	100	78	79	81	76	82	77
级别	—	—	—	Ⅱ	Ⅱ	Ⅰ	Ⅱ	Ⅰ	Ⅱ

3. 总体评价

根据上述对彝人圣都旅游区的旅游资源类型分析、单体评价和分区评价，得出以下结论：

（1）从旅游资源数量和类型来看，规划区内的旅游资源数量丰富，类型齐全。自然旅游资源以水域风光类、地文景观类为主，具有雄、奇、险、秀等特点，景观丰富，类型多样。人文旅游资源以彝族历史文化为特色，为旅游区的亮点旅游资源，可将其打造成旅游区的核心竞争力。

（2）从旅游资源空间分布来看，规划区主要分为五个景观区，即太阳历法区、雪山圣水区、祖灵祭祀区、六部博览区、火把狂欢区。各景观区主题鲜明，空间组合较好，有利于旅游资源的集中开发。

（3）从旅游资源单体评价来看，规划区旅游资源的质量等级目前为优良级，主类旅游资源有彝族历史文化，辅类旅游资源主要为田园风光、生态景观、宜人气候，其中核心资源为彝族历史文化资源。

（4）从资源吸引力和开发潜力来看，规划区因优越的区位条件和浓郁的彝族文化独具优势。规划区地处川南、昆明和楚雄三区的交叠地带，紧临"滇中第一山"轿子山，位于昆明旅游辐射区域范围内，交通便捷通畅，客源市场潜力巨大。规划区自然资源保存完整，人文资源特色突出、原生态显著，拥有深厚的历史文化底蕴和浓郁的民族风情，因此开发潜力巨大。

（5）从休闲度假的旅游角度来看，规划区内拥有7种公认的休闲度假旅游资源中的3种，即湖泊山水度假旅游资源、乡村田园度假旅游资源、康乐气候度假旅游资源。因此规划区内康乐气候、山水景观和民族风情组合独具特色。

四、客源市场

（一）客源市场现状

1. 客源市场规模

（1）云南游客市场发展持续，增长强劲。统计数据显示，2011 年至 2015 年，云南省国内外游客接待量由 1.67 亿人次增长到 3.34 亿人次，年平均增长率 18.92%；旅游总收入由 1300.29 亿元增长到 3281.79 亿元，年平均增长率达 26.04%。与此同时，民族风情游、生态观光游、寒暑节假游为云南带来持续旅游客源，避暑游、养生游、享老游正成为云南旅游新的强劲增长点（见图 1.4.1）。

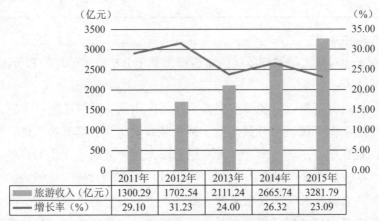

	2011年	2012年	2013年	2014年	2015年
旅游收入（亿元）	1300.29	1702.54	2111.24	2665.74	3281.79
增长率（%）	29.10	31.23	24.00	26.32	23.09

图 1.4.1　云南省 2011—2015 年旅游收入、增长率

（2）昆明客源市场总体趋缓，速率下降。统计数据显示，2011~2015 年，昆明市游客接待量由 4102.5 万人次增长到 6911.40 万人次，年平均增加率为 13.93%；旅游总收入由 367.25 亿元增长到 723.46 亿元，年平均增长率为 18.47%。昆明市游客接待量、旅游收入总量上升，但增长率略有下降。近年来，昆明避暑游、养生游市场持续升温，2015 年"第十二届（2015）中外避暑旅游口碑金榜"评选结果显示，昆明位列"2015 全球避暑名城百佳榜"第三名，"2015 中国避暑名城 65 佳榜"第一位。值得注意的是，随着生活水平的不断提高，昆明市民休闲度假游需求旺盛、旅游消费持续增长，以城市周边游、近郊一日游、远郊自驾游等旅游休闲消费常态化趋势越来越明显（见图 1.4.2 和图 1.4.3）。

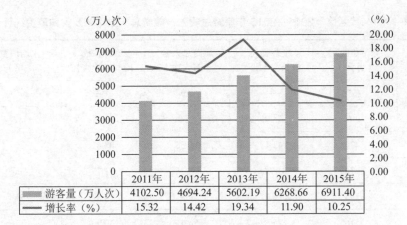

图 1.4.2 昆明市 2011—2015 年游客量、增长率

	2011年	2012年	2013年	2014年	2015年
游客量（万人次）	4102.50	4694.24	5602.19	6268.66	6911.40
增长率（%）	15.32	14.42	19.34	11.90	10.25

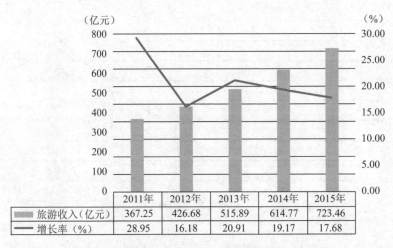

图 1.4.3 昆明市 2011—2015 年旅游收入、增长率

	2011年	2012年	2013年	2014年	2015年
旅游收入（亿元）	367.25	426.68	515.89	614.77	723.46
增长率（%）	28.95	16.18	20.91	19.17	17.68

（3）"两区"旅游增长强劲，市场蕴藏潜力。统计数据显示，2010 年至 2015 年，"两区"游客接待量，由 7.9 万人次增长到 55.41 万人次，增长了 6 倍，年平均增长率为 47.64%；旅游总收入由 755 万元增长到 4516 万元，年平均增长率达 43.01%；随着交通条件的持续改善，以昆明长水国际机场、昆沪高铁的建成、轿子山旅游专线等为代表，使游客赴两区的时间成本减少，空间距离缩短，游览时间相对延长。"两区"独特的自然生态风光、民族民俗风情、乡村休闲体验等，蕴藏着巨大的客源市场潜力（见表 1.4.1 和图 1.4.4）。

表 1.4.1 "两区"2011—2015 年旅游总收入、旅游总人数增长及人均消费统计

年份	旅游总收入（万元）	旅游收入增长率（%）	旅游总人数（万人次）	旅游人数增长率（%）	人均消费（元）
2010	755	——	7.9	——	96
2011	1004	32.95	8.78	11.18	114
2012	1437	43.17	16.56	88.61	87
2013	2875	100.04	28.78	73.79	100
2014	3595	25.07	39.31	36.59	91
2015	4516	25.62	55.41	40.96	82

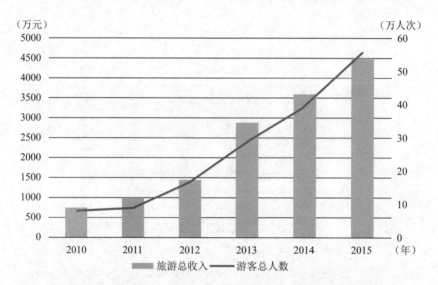

图 1.4.4 "两区"2010—2015 年旅游总收入与旅游总人次增长

2. 客源市场结构

根据统计数据和对客源市场的抽样调查，从客源地域结构、客源职业结构、客源收入结构、客源年龄结构四个方面，对客源市场结构进行分析。

（1）客源地域结构

"两区"客源地域结构，以云南省为主，占到 69%；来自周边四川、贵州、广西、重庆，四省市之和占到 23%；同时还有来自其他省份的游客。海外游客非常少。目前的主要客源地从云南省内的分布情况看，主要以"两区"周边的昆明游客为主，占到一半以上，同时还有临近的州市游客。由此可见，随着空间距离的增加"两区"游客量急剧减少，"两区"缺乏全省、全国客源

市场，更缺乏海外客源市场。虽然拥有得天独厚的自然和人文旅游资源，但目前来看"两区"仍处于地方性旅游市场，在省内其他地区、省外、海外还未形成影响力。持续扩大省内市场以及扩大省外和海外市场，将成为"两区"游客量和旅游井喷式增长的关键点（见图 1.4.5 和图 1.4.6）。

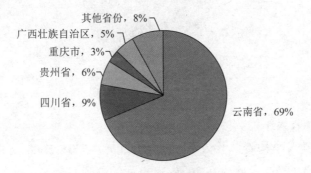

图 1.4.5　客源地域结构

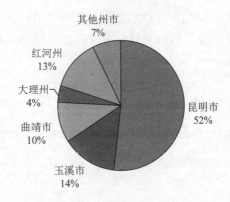

图 1.4.6　云南省内客源地域分布

（2）客源职业结构

从客源职业构成看，来自国企／事业单位的游客最多，占 32%，民营企业占 20%，三资企业 15%，三者合占 67%，说明"两区"游客以企事业单位工作人员为主体。另外占比超过 10% 的还有离退休游客（13%）和学生（16%），这可能与离退休人员和学生时间比较充裕、灵活，有闲暇可以出游有关。针对目前"两区"游客职业构成，可以开发企事业单位客源，挖掘商务、会议市场，这将成为"两区"旅游发展新的经济增长点（见图 1.4.7）。

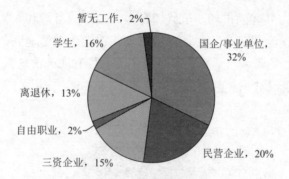

图 1.4.7　客源职业构成

（3）客源收入结构

从客源收入结构看，收入在 5001~8000 元、3501~5000 元的游客排在前两位，总占比在 76%，收入在 2001~3500 元的游客占 15%，收入在 8000 元以上的游客占 7%，收入在 2000 元以下的游客占 2%。由此可见，"两区"游客以中等收入群体为主。稳定中等收入游客、挖掘高收入游客，将成为"两区"旅游消费增长、旅游经济进入快车道的重要途径（见图 1.4.8）。

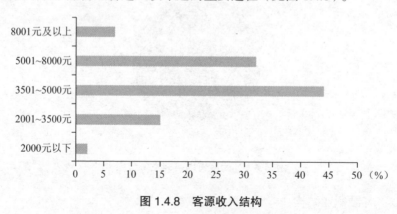

图 1.4.8　客源收入结构

（4）客源年龄结构

从游客年龄层次来看，26~35 岁游客数量排在首位，占比为 39%；其次是 36~45 岁，占比 26%；17 岁以下、18~25 岁、46~55 岁、56 岁以上的游客分别占到 1%、10%、9% 和 15%。由此可见，26~45 岁游客总占比达到 65%，青壮年是"两区"客源的主力军，这可能与这个年龄段精力充沛、体力好、有旅游趋向，且消费限制少有关；17 岁以下的游客占比最少，仅 1%。"两区"在青少年、中老年客源市场仍具有很大的潜力，可以通过增加和优化旅游产品供给，增强吸引力，成为"两区"开发旅游资源，抢占旅游市场的重要节点（见图 1.4.9）。

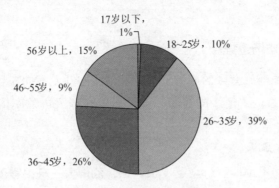

图 1.4.9　客源年龄结构

3. 游客行为特征

（1）游客出行动机

从出行动机来看，"两区"游客主要以探亲访友、游览观光等传统旅游为主，兼有少量户外运动、行摄探险活动。今后的努力方向，是逐渐引导游客由传统观光型向休闲度假型转变。

（2）游客消费结构

从消费结构上看，"两区"游客单次花费主要以交通、餐饮、住宿为主，休闲消费较少。消费结构较为单一，随着建设的不断深入，可以增加游客休闲度假、农耕体验、娱乐参与等多元化消费。

（3）游客停留时间

从游客停留时间来看，"两区"游客平均停留的时间为 1.3 天，这主要是接待设施有限、娱乐设施不足、休闲度假项目缺乏等因素所致。一日游（不过夜游）、周末游，游客停留时间短，今后需要完善接待等相关配套设施，进而延长游客停留时间，由一日游（不过夜游）、周末游向度假游、休闲游转变。

（4）游客游览方式

从游览方式看，以自驾游、团队游为主，且自驾游比例逐年上升，成为游客首选的游览方式之一。从自驾出行方式看，以亲子、家庭、小群体出游为主。针对此特点，需要配套建设自驾营地、汽车营地、休闲农庄、生态停车场等配套设施。

（5）游客出游时段

从出游时段看，四季均有出游，以 10 月至次年 1 月为主，周末游、节假日游、寒暑期也是游客量增长强劲的时间点。由一季旅游向四时旅游扩展、淡旺季向全季扩展、周末游向全周旅游扩展,将是"两区"游客增长、经济增长的重要拐点。

(二)客源市场走势

根据彝人圣都旅游区的旅游资源特征与旅游开发方向,将客源市场锁定为自驾游览客源、文化认同客源、乡村休闲客源、户外康体客源四大客源市场。

1. 自驾游览客源

自驾游活动范围广、行动速度快、综合范围大、自由程度大、体验感受强,随着收入和私家车数量逐年增长、交通道路条件不断完善、假日高速路优惠政策的推动,自驾游已成为大众旅游时代旅游消费的重要方式。2015年在国内旅游40亿人次中,自驾游游客已占到58.5%以上,达到23.4亿人次;到"十三五"末,我国自驾游人数将达到58亿人次,比2015年翻一倍多,约占到国内旅游人数的70%以上。2015年春节黄金周期间,云南省自驾车出游呈现爆发式增长,达到635.74万人次;昆明居民城市周边游,近郊"一日游""自驾游"等旅游休闲消费常态化趋势明显,其中自驾出行占到80%以上。《2015中国自驾游路线评选年度报告》评选出的年度36条极致路线中,58%是3天以下的短期周边游路线,25%是选择4~7天的中程路线,17%是8天以上的远程路线。这些路线主要集中于云南、四川、新疆等西部地区,云南省排在首位,说明云南省具有较好的自驾车自然基础和客源基础。

转龙镇距离昆明市109千米(旅游专线),距禄劝县城112千米,距"两区"管委会16千米,蕴含着巨大的市场开发潜力和开发优势,这为彝人圣都旅游区提供了广阔的自驾游客源市场。

2. 文化认同客源

彝族是中国按人口数量居于第六位的少数民族,主要分布于云南、四川、贵州三省,总人口约800万,其中3/5分布于云南。从已有文献资料分析,大部分学者认同彝族起源于云南,并以此为基点向周围扩散,形成了独特的"六祖分支"现象。长期以来广大彝族同胞有回归"心灵故乡"的愿望。"两区"轿子山(乐尼白)附近彝人圣都旅游区可被视为彝族人寻根问祖、交流感情、魂归故里的圣地。2014年、2015年中国彝族祭祖大典在"两区"转龙镇(彝人圣都旅游区所在地)举办。全国乃至世界性彝族祭祖大典的举办,吸引海内外彝族同胞齐聚乐尼白,共至笃慕旁,缅怀祖先,畅叙亲情;民族节庆节日活动的举办，吸引海内外各族同胞了解彝族历史，体验特色文化，增强文化认同。

以彝族圣山（乐尼白）、彝人圣祖（阿普笃慕）、彝人圣都（寻根祭祖）为核心，强化文化意识、增进文化情感、延续文化传承，从广度、深度、密度上推动彝族文化的保护、传承和发展，从而吸引彝人圣都旅游区潜力巨大的文化认同客源市场。

3. 乡村休闲客源

据统计，2014年全国乡村旅游的游客数量达12亿人次，占游客总数的30%；乡村旅游收入3200亿元，带动了3300万农民致富。2015年云南省接待乡村旅游者10285.37万人次，乡村旅游收入971.41亿元，占全省旅游总收入的29.6%。乡村旅游凭借农业景观资源、文化原真元素、本土自然条件，依托田园风光、民族记忆、农耕体验，发展观光、体验、休闲的乡村意境，可对"生产、生活、生态"进行多维全面的展陈传播、活化体验、传承推广，是最具群众性基础的旅游形式。

转龙镇地处云贵高原，属北亚热带季风气候，镇内最高与最低点高差达1455米，海拔和气候条件为转龙镇农业产品的多样性提供了可能。转龙镇在稳定传统种养殖产业的同时，还有三七、党参、重楼、金银花等中药材，以及蓝莓、白木瓜等无公害果蔬的种植，这些条件可以开发休闲农庄、创意农业、野奢酒店、山地运动、自驾露营等乡村休闲度假产品，打造有品质、有创意、有内涵、有情怀、有市场的乡村旅游产品，从而创造乡村生产、生活新方式，在保留乡村原有风情风貌的基础上，让游客体验最原汁原味的乡村味道，留下最淳朴的乡村回忆。

随着市民休闲度假需求常态化和消费深度的不断提升，游客在各乡村休闲度假场所的重游率提高，消费多元化趋势凸显。转龙镇作为"两区"接待的大本营，乡村休闲客源将是其接待的最大的客源群，有望迎来乡村休闲游客井喷式增长。

4. 户外康体客源

彝人圣都旅游区所在的转龙镇地处海拔1900米的高原，常年平均气温在14.2℃，年日照率53%，年平均相对湿度74%，空气清新，阳光充足，湿度恰当，拥有纯净的生态环境，为户外运动、康体养生产业的发展提供了得天独厚的条件，也可以为患者或处于亚健康的人提供生态环境优越的度假疗养空间，直接或间接有益于身体健康的恢复。

依托地理区位、气候优势，转龙镇适宜开发户外运动、养生康体项目，吸引户外康体游客群。一是利用山谷、梯田、竹林、森林等自然风景资源，开展徒步、滑草、登山、露营、骑马、攀岩、探险、赛车、行摄、山地自行车、户外拓展、野战游戏、夏令营、冬令营等活动，游客在体验中释放压力；二是借助药材资源、引进医疗资源，提供个性化、定制化的服务方案，开发疗养度假、彝药养生、药膳调理、健康享老旅游产品，将为旅游区带来大规模的养生、疗养、休养客源，康体产业作为朝阳产业的潜力不容小觑。因此，户外康体客源市场潜力巨大，户外康体项目将成为旅游区经济的重要增长点。

（三）客源市场定位

彝人圣都旅游区位于"两区"下辖的转龙镇，基于主要客源市场、区位条件、资源优势、市场开发等方面的分析，对彝人圣都旅游区客源市场做出如下定位（见表 1.4.2 和图 1.4.10）。

1. 核心市场

国内以滇中城市为中心的云、贵、川、渝客源市场为主，境外以港澳台、东南亚、东北亚客源市场为主。旅游动机以寻根祭祖、观光游览、休闲度假、运动娱乐客源为主，兼具文化体验。旅游方式以自驾游、少量团队游为主。交通方式以自驾游、包车游为主。

2. 重点市场

国内以长江三角洲、京津唐地区、珠江三角洲、中部地区客源市场为主，境外以南亚、北美和西欧客源市场为主。旅游动机以避寒避暑、养生享老、户外竞技、商务活动为主，兼具观光游览和文化体验。旅游方式以团队、自由行为主。交通方式以铁路、高铁、飞机为主。

3. 机会市场

国内方面，除上述表述外的其他国内地区客源均有可能成为彝人圣都旅游区的国内机会市场客源；境外方面，除亚洲和欧美外的其他地区都可能成为彝人圣都旅游区的境外机会市场客源。旅游动机以观光游览、文化体验、健康管理、养生享老、户外竞技、商务活动为主。旅游方式以团队为主，兼有少量自由行。交通方式以高铁、飞机为主。

表 1.4.2 客源市场定位

市场层级	比重（%）	重点区域	
核心市场	50	国内	以云南省内及四川、贵州、广西、重庆为主
		境外	以中国港澳台、东南亚、东北亚、南亚为主
重点市场	40	国内	以长江三角洲、京津唐地区、珠江三角洲、中部地区为主
		境外	西欧和北美
机会市场	10	国内	除上述地区以外的国内其他地区
		境外	除亚洲和欧美之外的其他地区

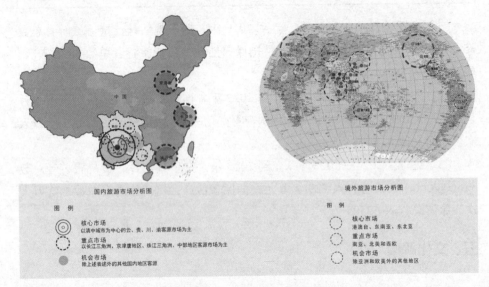

图 1.4.10 旅游客源市场分析图

（四）客源市场预测

1. 预测依据

根据综合增长率模型对规划期内彝人圣都旅游区的游客规模和旅游收入进行预测。综合增长率模型为：$M=M_d(1+R)n$（M 为预测数，即旅游人数以及旅游收入，M_d 为上年基数，R 为年增长率，n 为预测年限）。根据现有数据，彝人圣都旅游区所在的转龙镇 2015 年接待游客 9.24 万人次，旅游收入 787.2 万元，综合考虑云南省及昆明市旅游收入、旅游人数的增长率及增长规律，以及旅游发展的大环境、景区发展生命周期、品牌塑造期等各种影响因素，做出预测。

2. 预测结果

表 1.4.3   2016—2025 年旅游人数和旅游收入预测表

内容	时序	2015年基数	2016—2019年增长率（%）	2019年	2020—2022年增长率（%）	2022年	2023—2025年增长率（%）	2025年
旅游人数（万人次）	乐观估计	9.24	40	35	73	184	21	326
	保守估计	9.24	38	34	71	168	19	282
旅游收入（万元）	乐观估计	787	52	4201	75	22515	48	72987
	保守估计	787	49	3879	73	20084	46	62505

（1）近期（2016—2019 年）。到 2019 年，据乐观估计，接待旅游者总数 35 万人次，旅游总收入 4201 万元；据保守估计，接待旅游者总数 34 万人次，旅游总收入 3879 万元。

（2）中期（2020—2022 年）。到 2022 年，据乐观估计，接待旅游者总数 184 万人次，旅游总收入 22515 万元；据保守估计，接待旅游者总数 168 万人次，旅游总收入 20084 万元。

（3）远期（2023—2025 年）。到 2025 年，据乐观估计，接待旅游者总数 326 万人次，旅游总收入 72987 万元；据保守估计，接待旅游者总数 282 万人次，旅游总收入 62505 万元。

五、文化解读

（一）彝族历史沿革

1. 彝族源流

彝族族源是学术界长期以来争论较为激烈的问题。多年来，国内外专家学者纷纷著文发表自己的观点，但众说纷纭。概括起来，主要有东来说、南来说、西来说、北来说、土著说等。东来说认为彝族的先民在周代住在楚国的洞庭湖一带，称为罗或卢，后被楚人征伐才迁徙到西南；南来说认为彝族祖先与古越人或古僚人有关，越、僚都是我国古代的南方民族；西来说认为彝族来自西藏，或西藏与缅甸相邻地区，故彝藏或彝缅的关系密切；北来说认为彝族的祖先远古时是住在黄河、湟水一带的古羌人，后来一部分迁徙到"旄牛徼外"，进而分散到现今的住地；土著说认为彝族的祖先原来就住在云南，今四川、贵州和广西的彝族都是先后从云南迁去的。

　　通过半个世纪以来对西南地区特别是云南各地发现和发掘的大量考古实证资料、彝文典籍资料、汉文献资料，以及民族学田野考察资料的积累研究，大多数专家学者的科研成果充分证明：彝族自古以来就生活在中国西南地区，彝族的主源是西南地区土著人，先秦时期的彝族自称"宜""尼"，汉文献讹称为"夷"，今天滇、川、黔、桂、渝等地的彝族均发源于中国西南或云南。

2. 六祖分支

　　现流传在滇、川、黔等地的彝文古籍记载，大约在东周末年春秋时期，彝族历史上发生了一件十分重要的事件：各地彝族同胞普遍认同并共同尊奉的人文祖先阿普笃慕在乌蒙山一带的"乐尼白"举行六祖分支大典。传说中的阿普笃慕具有超凡的能力，上知天文，下知地理，能文能武，统率氏族治理天下。阿普笃慕娶三妻生六子，统称六祖（武、乍、糯、恒、布、默）。阿普笃慕的长妻蚩以武吐，生慕雅切、慕雅考，封武侯、乍侯。二妻能以咪冬，生慕雅热、慕雅卧，封糯侯、恒侯。三妻尼以咪哺，生慕克克、慕齐齐，封布侯、默侯。

　　据《西南彝志·谱牒志》记载："六祖三个母，武乍二长子，居楚吐以南；糯恒二次子，住洛博以北；布默二幼子，实液中部漫。天上布满星，地上布满人；六祖的后裔，各处去定居。"据云南、贵州彝文翻译者考证，"楚吐以南"主要指滇中、滇南一带，除此之外，也包括今广西那坡等地，这就是彝族武、乍两个支系生息活动的地域；"洛博以北"主要指云南的昭通和四川西南部一带，即今四川、云南大小凉山及昭通、盐源和古蔺等地；"实液"应为今云南会泽、宣威、曲靖和贵州毕节、兴义、安顺、六盘水以及广西的隆林等地。

3. 南诏归唐

　　7世纪初叶，分布在云南哀牢山北部和洱海地区的乌蛮形成了蒙舍诏等6大部落联盟，史称六诏。其中，蒙舍诏位于今天巍山坝子内，地处其他五诏的南部，史书称南诏。公元738年，蒙舍诏在唐王朝的扶持下统一六诏，统一洱海地区，建立南诏政权。唐王朝于是封蒙舍诏首领皮罗阁为越国公，赐名归义，同时封皮罗阁为云南王。公元739年，皮罗阁迁居太和城（今大理），南诏成为雄踞一方的强大地方民族政权。

　　南诏与唐朝本为友邦，唐朝边将的跋扈、谗构和离间，导致南诏背唐，转而依附吐蕃，双方于天宝年间发生数次战争。由于不堪忍受吐蕃的骄横，双方矛盾激化，南诏遂决定内归唐朝，并一再输诚。双方达成协议后，唐朝于贞元十年（794年）六月派御史中丞袁滋，持节赴云南册封异牟寻为云南王。

4. 土司制度

元王朝统一中国后迅速建立了云南行省，同时以宣慰使、宣抚使、安抚使等官职封赠各民族首领，形成了较为完备的土司制度。元朝先后在滇东北设立了乌撒、乌蒙宣慰司，在四川凉山地区设置罗罗斯宣慰使和马湖路，以加强对彝族地区的统治。明代承袭元代土司制度，并不断加以完善。针对云南彝族地区社会经济发展不平衡的历史现状，明王朝在彝族地区分别建立了专设流官、土流兼设、专任土官3种类型的土司制度。

5. 改土归流

明末清初，云南各彝区开始了声势浩大的改土归流。1420年，曲靖府亦佐县首先"改土归流"。其后，临安府等其他地方也相继进行。1732年，乌蒙土城等地彝族不服流官的暴力统治，奋起抗暴。随后，彝族、苗族人口急剧减少，大批移民迁至乌蒙，乌蒙改称"昭通"。

（二）彝族文化特征

1. 基本特性

（1）历史的悠久性。根据彝文古籍和考古资料，10000年前的佐菲菲、道娄娄时代，狩猎经济向游牧经济过渡，原始的姑则制度已经形成，形成了彝族先民的"根源论""物质论""进化论""易变之学"，发明创造了"图画文字"；6000年前武洛撮时代，农牧业紧密结合，开始发明使用冶炼技术，始草"文字"，制"典章"，创"安邦治国论"，设"科律"；3000年前笃慕时代，在自然农业经济基础上出现了家庭手工经济，笃慕分封六祖，征战拓土，内战内和，外战内和。

（2）强烈的民族性。以氏族血缘为纽带形成的民族群体延绵至今，民族性格鲜明。彝族文化既有"多元"中"一元"的彝族民族性，又有"一体"的中华民族的民族性，这是由中华民族"多元一体"的格局决定的。一方面，彝族文化是在彝族先民的血缘关系的基础上积累起来的，是联系彝族先民内部各宗支族支的社会纽带，具有维护发展繁荣彝族先民群体的基本功能，具有强烈的彝族先民的民族性。另一方面，作为中华民族"一体"中的"一元"，彝族又是联系"一体"的中华民族群体的社会纽带，又必然具有中华民族的民族性。

（3）分布的地域性。彝族文化的积累，除与氏族的血缘关系有关外，还与氏族的地缘关系有关，是在地缘关系基础上积累起来的。从大范围的地缘关系看，彝族先民生活在中国这块土地上，具有中国地理单元的独特的地域性；同时，中国幅员辽阔，具有多种不同类型的地理环境，彝族先民生活在中国西南喀斯特环境里，彝族文化在西南喀斯特地缘关系的基础上积累起来的，同样又具有中国西南喀斯特环境的独特地域性。

2. 基本类型

（1）大陆喀斯特山地文化。与其他文化一样，彝族文化受地理环境和自然环境影响和制约。中国地处东亚大陆，被大洋、大漠和高山所环抱，彝族生活在中国西南内陆地区，因此彝族文化首先是大陆文化；中国大陆地形地貌复杂，在大封闭区内形成许多小封闭区，彝族所处的中国西南地区，是世界三大喀斯特地区东亚片区的中心地带，位于云贵高原的乌蒙山区和横断山区，因此彝族文化不是一般的封闭大陆文化，而是特殊的封闭式大陆喀斯特山地文化。

（2）宜牧宜耕的农牧文化。彝族先民生活的西南喀斯特山区，由于地貌、气候、动植物资源等影响，既不是一般的农业经济，也不是一般的游牧经济，而是一个宜农宜牧、农牧结合的大农业区。在母系社会繁荣的佐菲菲、道娄娄时代，彝族地区由狩猎经济过渡到游牧经济，很快又进入农业经济，到武洛撮、笃慕时代，形成农牧结合的农牧经济，但在不同历史时期，彝族农牧经济始终把牧业作为主业、农业作为副业，从而形成彝族社会独特的农牧文化。

（3）血缘为纽带宗法文化。彝族宗法文化又叫姑则文化，与汉族宗法文化大体相当，但又有许多不同之处。彝族姑则文化在氏族社会解体后，继承了大量的宗法制度和宗法意识，对血缘关系高度重视，对祖先崇拜，对传统极端尊重。主要表现在：与汉族农业经济基础不同，彝族宗法文化在农牧经济基础上形成；氏族宗法制度为毕酋合一；强化以血缘为纽带的大宗制度；世系上为联名制，婚姻上同支系不同宗支；彝族统治为族政合一，不忘先祖遗训。

3. 基本精神

彝族文化作为一个自源的独立体系，能够绵延发展至今而未中断消亡，除与彝族特殊的文化生态环境有关之外，还与彝族文化自身所具有的凝聚力和内在活力有关，这是彝族文化的基本精神。主要表现在：

（1）中和融通精神。云贵高原绵延的群山、奔腾的江河孕育了胸怀博大的彝族先民，孕育了兼容并蓄、和谐共处、融合化一、贯通一体的彝族文化中和融通精神。彝族中和融通精神以元气论为基础；阴阳消长、和实生物、同则不继是中和融通的重要内容；彝族先民将阴阳消长、宇内一体、和实生物用来处理民族关系；彝族文化贯穿的宗旨为中，规范的原则为和。

（2）刚柔互补精神。刚与柔是彝族先民对阳与阴在理论和实践中的运用，刚柔互补是以"和"处理刚柔关系的运用。彝族先民为适应恶劣的生存环境，为维系生存、繁衍种族，形成了吃苦耐劳、刚阳雄健、自强不息、奋发向上的气质；在处理问题的策略和方法上，形成以柔克刚、曲直兼取、伸缩并存的精神。彝族先民正是以这种刚柔互补、阴阳并用的精神在斗争中求生存，在斗争中求发展。

（3）崇朴求真精神。彝族先民所创造的文化具有追求实真、探究根底、身体力行、平令不妄的崇朴求真精神。彝族文化非常注重根底，凡言行及事物，必先寻根究底。彝族以啥呃为基础的浑然一体的大宇宙环体，是无所不包、产生万物的根本。基于这种观念，彝族文化崇尚质朴，鄙视浮华，追求实真，贬斥虚妄。大千世界根植于质朴，呈现出既华美娇丽，又自然得体，充沛真实。

（4）重土爱国精神。彝族先民生活的高原喀斯特地理环境，彝族文化的中和融通、刚柔互补、崇朴求真精神，又孕育了彝族文化重土爱国精神。重土精神主要表现在热爱乡土，一乡土不容侵犯，二美化优化环境。热爱君长之国与热爱整个中华民族之国是一致的，维护中国统一和使之不受侵犯，是彝族文化突出精神之一。彝族爱国精神孕育了一大批热爱君长之国、热爱中国的先贤先知，如异牟寻、奢香、罗炳辉等。

4. 文化精髓

毕摩文化是彝族文化的精髓，是认识和了解彝族文化的重要途径。毕摩文化是由毕摩和彝族人民共同创造和传承的以经书和仪式为载体、神鬼信仰和巫术祭仪为核心、念经或口诵为手段、牺牲用物为媒介，同时包容了彝族的社会历史、哲学思想、伦理道德、文学艺术、天文地理和医药卫生的一种特殊的宗教文化。毕摩文化作为开启彝族传统文化的"金钥匙"，是彝族原始宗教文化的传承和发展，也是中华民族文化宝库的重要组成部分，被专家学者们誉为"镶嵌在彝族文化中的一颗璀璨的明珠""彝族传统民间文化的宝库"，是"史前文化活基因库"，时刻贯穿着彝族人民生产生活的始终。

毕摩、毕摩文献、毕摩仪式及毕摩法器构成真实、完整的毕摩文化，其载体是数以万计的毕摩经籍。毕摩文献按其类别可分为路上方与路下方、天文历算预测两部分。"路上方"文献，主要是指用于祭祖、超度祖灵仪式中的文献；"路下方"文献，一般是指消灾祛祸、求福献祭等小型仪式所用的文献。"天文历算预测"主要载明彝族关于天文历算、占卜等。

（三）彝族文化价值

1. 文化价值

（1）延伸文明源头。世界四大文明古国（巴比伦、埃及、印度、中国）中，中华文明的源头可追溯到公元前 2000 年。如果我们将目光从黄河中下游流域向长江上游地区转去，中华文明有可能再向前推进 3000 年，即公元前 5000 年在中华大地上已出现文明源头。彝族是一个这样的民族：对祖先的崇拜超过对任何神灵的崇拜。因此彝族实行了严密的父子联名制，保存了完整的世系谱牒。综合考古、史料以及彝族谱牒，彝族文明源头可上溯至公元前 4500 年的希弥遮君长时代。

（2）先进天文历法。彝族先民在漫长的"观天象、察地理"的年代里，总结使用过多种历法，有一年 18 月历、12 月历、10 月历等，其中以十月太阳历最为方便、精确，产生年代久远。十月太阳历以太阳观测为主，并辅以北斗星观察，每年 10 个月，每月 36 天，另加 5~6 天过年日；平均每年 365.2422 天，同最精密测算的太阳回归年时长接近；每月 36 天正好三个属相周，符合人们生活习惯。

（3）古老彝族文字。彝族文字产生时代久远，早在 4500 年前，恒史楚第一次规范彝文，而当时世界上有文字的民族非常少。最早的古彝文献是云南省弥勒县金子洞坡的岩石丹书。有学者认为，四川广汉三星堆青铜器上的"巴蜀图语"当为古彝文字符号。《华阳国志》记载，早在晋代，在古蜀国地区流传着彝经。彝族文字使用成熟方便，有自己的造字规律和语法规则，符合现代人的书写阅读习惯。

（4）展示《易经》源头。《易经》被尊为中国"群经之首"，但对于"易"的本质、太极、八卦、河图、洛书从何而来，"先天八卦"与"后天八卦"关系如何，先哲莫衷一是。然而这些问题在彝文典籍和民间生活中或可找到源头。古彝文中"易"的释义为"影子、形象、灵魂"，太极、八卦、河图、洛书与彝族十月太阳历关系极大，后天八卦为周文王所创设，先天八卦为伏羲所创，在宋代以后由彝族地区传入中原。

（5）展现西南图景。以"南中"为名的古西南地区是众多族群杂居共处之地，存在着数以十计的历史古国，以滇国、蜀国和夜郎影响最大，汉文典籍记录较少，《史记》《华阳国志》虽有涉及但语焉不详，但彝文古籍记载丰富，这或可弥补中国通史之不足，振奋西南民族之精神。尽管滇、蜀、夜郎古国君王、臣民包括多个族群，但彝族先民肯定是其最主要的成分。彝文古籍可重现西南古国历史图景。

（6）维护中华一体。以彝族先民为主体的西南地方政权，典型者如南诏，在国家统一进程中作用独特。南诏立国250余年，始终尊奉中原王朝为正朔，接受册封，维护了西南地区社会安定，民族团结，文化繁荣。近代以来，云南成为中国抗日战争的战略后方，主政云南的彝族将军龙云积极支持西南联合大学，提议推动打通滇缅公路、开辟驼峰航线。几十万滇军中有大量彝族将士，在台儿庄战役中打出中国军威。

2. 文化板块

文化是一个相当宽泛的概念，较为常见的定义为：文化是人类所创造的物质财富与精神财富的总和。根据《彝族文化大观（2013版）》，可将彝族文化划分为渊源历史、语言文字、宗教信仰、风俗习惯、伦理道德、天文历法、文学艺术、科学技术、教育体育、哲学思想、政治军事、商业贸易、经济生产、建筑名胜、文化交流等10多个领域板块。

对于文化主题景区的开发来说，文化资源的挖掘、整理、提炼是一项基础性工作，是后续各项工作的起点与基石。但景区开发毕竟不是历史文化教科书的宣讲与翻版，需要在众多可供选择的文化资源板块中进行精心选择与调配，既要源于文化，同时又对文化进行创造性再现，让原本苦涩的、繁杂的、抽象的文化要素转化为可见的、实体的、可参与的文化符号与活动。鉴于以上思路，彝族文化可从以下五个板块入手：

（1）太阳历法。以彝族科技文化为核心资源，反映彝族最著名的科技成就——天文历法，最古老的人类文字之一——彝文，中华医药重要组成部分——彝族医药。

（2）雪山圣水。以彝族休闲文化为核心资源，反映彝族村寨选址上半山聚落的聚落文化，傍水而居的水文化，融美食、美器、演艺为一体的饮食文化。

（3）祖灵崇拜。以彝族宗教文化为核心资源，反映彝族宗教信仰的核心祖先崇拜，最普遍的宗教形式自然崇拜，自然崇拜的升级形式图腾崇拜。

（4）六部博览。以彝族建筑文化为表现形式，反映彝族历史上最为强盛的地方政权，中央王朝统治下的土司制度，基本社会组织形式的家族制度。

（5）火把狂欢。以彝族民俗文化为核心资源，反映彝族非物质文化的彝家作坊，彝族歌舞文化的集中展示风情秀场，彝族体育的活力再现竞技广场。

3. 文化表现

（1）彝族建筑：民居建筑（瓦板房、木楞房、三坊一照壁、一颗印、土掌房、板壁房、权权房、茅草房、闪片房、石板房）、城堡建筑（宫庙殿堂、亭台楼阁、土司庄园）、宗教建筑（祭祀殿堂、神庙塔柱、宗教装饰）。

（2）社会组织：奴隶制度（彝族先民、南诏、大凉山）、封建制度（羁縻制度、土司制度、改土归流）、家支制度（社会等级、家支外婚、议事集会）。

（3）民俗文化：歌舞文化（民歌乐器、歌舞乐舞、彝族花灯）、服饰文化（服饰样式、设计加工、功能寓意）、饮食文化（风物特产、饮食器具、特色菜肴）、商业文化（属相街场、生产工艺、生活工艺）。

（4）彝族宗教：祖先崇拜（支格阿鲁、阿普笃慕、奢香夫人）、自然崇拜（日月星辰、山石树木、风雨雷电）、图腾崇拜（龙虎竹松、葫芦、马缨花）、祭祀礼仪（毕摩、经书、仪规、法器）。

（5）彝族科技：天文历法（十月太阳历、时令时刻、五行八卦、星占星象）、古老文字（语系方言、文字变迁、彝文古籍）、彝族医药（医药哲学、名单验方、医学典籍）。

六、发展战略

（一）案例借鉴

1. 布达拉宫

7世纪30年代，吐蕃第三十三代赞普松赞干布迁都拉萨，为迎娶尺尊公主和文成公主，在拉萨中心红山（藏族普陀山）上建造了沿山势蜿蜒而上的布达拉宫——这是当今世界上海拔最高、规模最大的古代宫堡式建筑群的前身。当时修建的整个宫堡规模宏大，外有三道城墙，内有千座宫室。布达拉宫由此成为吐蕃王朝的政治中心，地位十分显赫。

历经唐朝时期的兴建、清朝的修复，布达拉宫不仅成为雪域高原的地标性建筑，更是藏传佛教的圣地。"白宫红殿湛蓝天，盖世高原气万千。竺法渐传三界远，盛音近绕佛堂前。"这首来自六世达赖喇嘛仓央嘉措的诗，描写的就是全体藏族人民对布达拉宫深厚的宗教崇拜情感。到拉萨朝圣，是每一个藏族人一生的梦想，虽然朝圣途中要翻越海拔5000多米的折多山、米拉山等诸多雪山，还不时遇到高原无常的冰雹、风雪的袭击，但实现了这个梦想，也就积了一生的功德。

现在的布达拉宫内珍藏有8座达赖喇嘛金质灵塔，5座精美绝伦的立体坛城以及瓷器、金银铜器、佛像、佛塔、唐卡、服饰等各类文物7万余件，典籍6万余函卷（部），成为名副其实的文物瑰宝，受到世界各国人民的关注，被誉为"世界屋脊的明珠"。1994年12月，这栋由红宫、白宫两大部分组成的宏伟建筑，因其悠久的建筑历史和所表现出来的民族审美特征，以及其对研究藏民族社会历史、文化、宗教所具有的特殊价值，被列入世界文化遗产名录。

经验借鉴：

（1）建筑体量宏大，蜿蜒呈现藏族千年历史。布达拉宫历经唐、宋、元、明四个朝代，一直到清朝重建逐渐形成今日的建筑规模。经过1300多年的历史，布达拉宫形成了占地面积40万平方米，建筑面积13万平方米，主楼红宫高达115.703米，具有宫殿、灵塔殿、大殿、佛殿、经堂、重要职能机构办公处、曾官学校、宿舍、庭院、回廊等诸多功能的巨型宫堡。

（2）宫殿政教合一，蔚然散发藏佛庄严圣光。松赞干布时期，布达拉宫只是藏王的宫殿，并无香火。9世纪，随着吐蕃王朝的解体，布达拉宫遭冷落。在此期间，布达拉宫仅为拉萨大昭寺隶属的一处宗教活动场所。直到清顺治二年（645年）五世达赖阿旺罗桑嘉措重建布达拉宫之后，布达拉宫成为历代达赖喇嘛冬宫及重大宗教和政治仪式举办地，也是供奉历世达赖喇嘛灵塔之地，旧时西藏政教合一的统治中心。

2. 黄帝故里

黄帝故里拜祖大典，是自春秋战国以来华夏炎黄子孙于农历"三月三"在黄帝故里轩辕之丘（今河南省新郑市）祭拜先祖黄帝的仪式。唐代后升格为官方祭典。自2006年（农历丙戌年）开始，升格为"黄帝故里拜祖大典"，2008年国务院确定新郑黄帝拜祖祭典为第一批国家级非物质文化遗产扩展项目。

黄帝故里拜祖大典，以弘扬中华民族优秀传统文化为主题，缅怀始祖功德，突出了中华民族寻根拜祖的主题，象征炎黄子孙血脉相连、薪火相传、寻根求源、拜祖问典。黄帝文化不仅让世界眼光齐聚河南，更成为郑州产业经济的"点睛之笔"。10年来，郑州在拜祖大典期间签约项目总额超过2500亿元，带动作用明显。

2006年以后，黄帝故里拜祖大典的议程固定为九项：盛世礼炮（21响）、敬献花篮、净手上香、行施拜礼（主持人带领全体嘉宾一起行施拜礼）、恭读拜文、高唱颂歌（由著名歌唱家带领统一着装的男女青年和小学生一起高唱《黄帝颂》歌）、乐舞敬拜、祈福中华、天地人和。

经验借鉴：

（1）中华人文始祖，奠定世界华人不可撼动地位。黄帝被尊为中华"人文初祖"。黄帝以统一华夏部落与征服东夷、九黎族而统一中华的伟绩被载入史册。三月三拜轩辕，是中华民族的传统大典，肇始春秋，绵延至今。黄帝是中国这个国家的缔造者，是真正的中华之父、华夏之父。拜祖大典每年都吸引上万海内外华夏儿女前来寻根拜祖，成为华人世界极具影响力和标志性的文化名片。

（2）盛事融合节事，发挥文化反哺经济社会功能。黄帝故里拜祖大典不但是中华文化盛事，同时也是地方经济盛世。拜祖期间，世界华人优秀儿女齐聚新郑，世界华人各类媒体高度关注。河南省、郑州市历时10年，把黄帝故里拜祖大典打造成为世人心目中的"盛世国典"，打造成为中华民族精神家园建设的精品工程，为实现中华民族伟大复兴——中国梦发挥了重要的助推作用。

3. 罗托鲁阿

新西兰毛利族历史文化荟萃之地罗托鲁阿市是毛利特拉瓦部落的聚集地，被称作"毛利人的故乡"。市内建有毛利博物馆、毛利工艺研究所雕刻中心、雕刻华丽的毛利会堂和颇具民族特色的毛利村寨。毛利人是新西兰的原住民，属蒙古人种和澳大利亚人种的混合类型，使用毛利语，有新创拉丁文字母文字，属南岛语系波利尼西亚语族。信仰多神，崇拜领袖，有祭司和巫师，禁忌甚多。新西兰许多独特的、享誉世界的文化艺术风格都源于毛利文化。

新西兰罗托鲁瓦的毛利人文化村蒂普亚（TePuia），是集中展现毛利人日常生活和近距离感受原汁原味的毛利文化的所在地。毛利文化的精髓部分分为：毛利编织艺术和刺青；毛利木雕艺术；毛利音乐和舞蹈，展现了极高的艺术天赋。走进毛利人文化村，门口矗立着12座巨大的毛利人木雕，每一座代表着一位守护神，脸上的刺青图案越复杂，代表着这位毛利酋长的地位越尊贵。毛利部落酋长所披的大氅也是由亚麻和新西兰特有的、濒临灭绝的动物基维鸟的羽毛混织而成。毛利人对待客人诚挚而热烈，十分讲究礼节与礼貌。碰鼻礼是毛利人特别的问候方式，据说鼻子接触时间越长情谊越深。男人们彪悍魁梧、女人们圆润丰满，他们穿着五彩斑斓的草裙，在迎接客人时保留着传统原始的部落仪式。毛利舞蹈"波依舞"体现了妇女的婀娜多姿，而男子舞蹈"哈卡"（亦称战舞）是一种决战前鼓舞士气、威慑敌人的舞蹈。

罗托鲁阿位于多火山地区，是一座名副其实的地热之城，城市空中弥漫着浓浓的硫黄味，到处可见升腾的白烟。天然的地热资源成为毛利人生活中不可缺少的一部分，他们擅长用地热烧煮食物，游客在罗托鲁阿可品尝到地道的石头火锅及特色美食。

经验借鉴：

（1）固化认知符号，通过仪式彰显民族活动场景。毛利人的迎宾礼非常特别，有热情洋溢的"家庭式"欢迎仪式和触目惊心的"挑战式"欢迎仪式。

后者是最为古老、隆重的迎宾礼，欢迎者全部着民族服装，表演一段"咄咄逼人"的战舞后与客人行碰鼻礼。毛利人奇特的装束、夸张的表情、惊心的舞蹈对每一个来访者来说，不啻是一种特色文化的洗礼，让每个人对毛利人文化永久不能忘怀。

（2）独特生活技艺，确立毛利人的艺术文化标签。毛利人在雕刻、编织、刺青方面具有独特天赋。毛利人的建筑物，如毛利聚会堂、部落粮仓及独木舟等均雕刻有各种图像，甚至小屋入口或柱子及身上的装饰品、石器和武器都刻有毛利独特的旋涡或人面花样；早期毛利人利用当地盛产的亚麻纤维编织御寒的服装，亚麻编织艺术逐渐由寻常百姓家进入到了神圣的毛利会堂，五光十色的亚麻编织壁毯成了毛利会堂里的重要装饰品；毛利刺青艺术是毛利人区分个人身份和地位的重要标志。这些生活技艺充分显示了毛利人将文化艺术融入日常生活的能力，这使得每个旅游者归来后自然而然地能将木雕、编织、刺青文化符号与毛利人画上等号，也为毛利人工艺品开发、销售提供了广阔市场。

4. 祭孔大典

祭孔是华夏民族为了尊崇与怀念至圣先师孔子，而主要在孔（文）庙举行的隆重祀典，是世界祭祀史、人类文化节史上的一个奇迹。祭孔大典是山东省曲阜专门祭祀孔子的大型庙堂乐舞活动，亦称"丁祭乐舞"或"大成乐舞"，是集乐、歌、舞、礼为一体的综合性艺术表演形式，于每年阴历八月二十七孔子诞辰时举行。祭孔大典一般从每年 9 月 26 日持续到 10 月 10 日。自 2004 年曲阜公祭孔子以来，至 2016 年已是第 13 次祭祀孔子。2006 年 5 月 20 日，山东省曲阜市申报的祭孔大典经国务院批准列入第一批国家级非物质文化遗产名录。

祭孔大典用音乐、舞蹈等集中表现了儒家思想文化，体现了艺术形式与思想内容的高度统一，形象地阐释了孔子学说中"礼"的含义，表达了"仁者爱人""以礼立人"的思想，具有较强的思想亲和力、精神凝聚力和艺术感染力，对于弘扬优秀传统文化、营造和乐氛围、构建和谐社会、凝聚民族精神具有不可替代的社会作用。

祭孔大典，作为一种主要包括乐、歌、舞、礼四种形式的庙堂祭祀乐舞，如今的曲阜祭孔大典已演变为明故城开城仪式、孔庙开庙仪式、现代公祭和传统祭祀四个部分，在音乐、舞蹈和服饰等方面都有了新的发展。

经验借鉴：

（1）东方文化先师，凝聚中华民族精神。孔子被列为"世界十大文化名

人"之首,其儒家思想对中国和世界都有深远影响。孔子的儒家思想和学说
奠定了中华民族精神的基调:自强不息,厚德载物,刚健中正,为中华民族
的发展确立了仁和之道的人本主义精神方向,为社会人生提出普世道德价值
标准,形成民族的文化血脉、基本性格和文化基因。

(2)庙堂祭祀乐舞,堪称礼乐歌舞结晶。祭孔活动可追溯到公元前 478
年,即孔子卒后第二年。随着历代帝王的褒赠加封,祭典仪式日臻隆重恢宏,
礼器、乐器、乐章、舞谱等也多由皇帝钦定颁行。祭孔大典有"闻乐知德,
观舞澄心,识礼明仁,礼正乐垂,中和位育"之谓,自古以来具有巨大的文
化和艺术价值。祭孔大典用音乐、舞蹈等集中表现了儒家思想文化,体现了
艺术形式与政治内容的高度统一。

(二)发展态势

梳理和分析全国目前已经建成、在建、拟建的彝族历史文化旅游项目,
发现全国有 15 个彝族历史文化旅游区(景区),省区分布为云南 8 个、四川
2 个、贵州 5 个。这些项目大致可划分为 4 种类型(见表 1.6.1),即主题园区
型、旅游地产型、城市景观型、节事活动型。彝人圣都项目将在已建、在建、
拟建项目的基础上,进行归纳吸收与总结提升,将其打造成为彝族历史文化
旅游区的集大成者,形成融主题园区、旅游地产、景观雕塑、节事活动等于
一体的彝族历史文化旅游标志性大型旅游区。

表 1.6.1 全国彝族历史文化旅游项目分布情况

序号	项目名称	地区	性质	主题	特色	项目内容
1	彝族十月太阳历文化园	云南楚雄州楚雄市	主题园区	历法	彝族科技	天文观测台、雕塑祭坛、火把广场、葫芦海、葫芦长廊、民族体育竞技场
2	彝人古镇(2006)	云南楚雄州楚雄市	旅游地产	建筑	彝族民俗	水源广场、梅葛广场、桃花溪、望江楼、火塘会广场、古戏台、德运广场、咪依鲁广场、彝文化主题园、威楚楼(彝王宫)、毕摩文化广场、土司府、德江城、高氏相府、祖庙、庙会广场、清明河、茶花溪、游客酒店住宿接待区、大型彝族特色饮食区、旅游商品集散地、各种文化雕塑、其他旅游要素
3	阿普笃慕文化园	云南玉溪市峨山县	主题园区	人物	彝族英雄	阿普笃慕及其六子铜像、祭祀广场、大型浮雕

续表

序号	项目名称	地区	性质	主题	特色	项目内容
4	六祖文化广场	云南昭通市昭阳区	主题园区	祭祖	彝族祭祖	祭祖广场、阿普笃慕铜像、六祖铜像、彝族祠堂、彝族博物馆、停车场、栈桥、梯步
5	彝族文化长廊（2009）	云南玉溪市新平县	城市景观	历史	彝族传说	文园、山园、水园
6	彝族三弦雕塑	云南普洱市景东县	城市景观	文化	彝族乐器	三弦文化广场、三弦雕塑、三弦合奏
7	中华彝族祭祖节（2016）	云南大理州巍山县	节事活动	祭祖	彝族节事	祭祖仪式、文艺演出、美食节、基尼斯纪录认证
8	彝族文化大观园	云南楚雄州双柏县	主题园区	崇拜	原始宗教	入口服务区、虎文化主题博览区、猛虎公园、彝族原始部落、彝家会客厅、查姆水上娱乐区、查姆水岸风情区、查姆文化演艺区、查姆小镇
9	凉山民族风情园	凉山州西昌市	主题园区	祭祖	彝族传说	支格阿龙雕塑、寨门碉楼、主广场、激光图腾柱、民俗文化展览馆、民族体育表演场、花卉基地
10	彝族奴隶社会博物馆	凉山州西昌市	专题展馆	历史	历史陈列	凉山之鹰雕塑、博物馆、民俗院
11	水西古城	毕节市黔西县	旅游地产	人物	彝族传说	土司府、毕摩殿、彝医学馆、名人馆、书画院、考古博物馆、民俗展览馆、城市规划馆、现代科技馆、客栈、度假公寓、休闲度假区、商品贸易区、商务会展区等
12	慕俄格古城	毕节市大方县	主题园区	人物	彝族历史	贵州宣慰府、奢香博物馆、斗姥阁、顺德街
13	可乐遗址公园	毕节市赫章县	遗址公园	古迹	彝族考古	夜郎王城影视城、夜郎民族风情条街、夜郎文化研究院
14	乌撒古城	毕节市威宁县	主题园区	遗址	彝族历史	乌撒体育馆、乌撒广场、草海西码头、百草坪旅游接待中心、彝族文化风情小镇、风情街、石门坎、向天坟、牛棚土目庄园
15	毕节（七星关区段）彝族文化走廊	毕节市	主题园区	遗址	土司庄园	九大庄园、十五大特色村寨、彝族民俗节庆、遗址遗迹

1. 主题园区型

全国属于彝族主题园区性质的旅游项目8个，即十月太阳历、阿普笃慕文化园、六祖文化广场、彝族文化大观园、凉山民族风情园、慕俄格古城、乌撒古城、毕节（七星关区段）彝族文化走廊。这8个项目分布于云南、贵州、四川境内。

（1）主题：以彝族的历史事件、代表人物、聚居遗址、节事活动等主题，开发形成彝族历史文化主题园区。

（2）特色：①历史节点与当地文脉相结合，即依据彝族历史典籍和生活记忆线索，传承和发展当地特色彝族历史文脉。②以创新形式为手段对传统文化进行表现，即以现代人喜闻乐见的、具有市场吸引力的游憩方式对彝族传统文化进行展现。③借助现代科普手段对文化遗产进行演绎，即借助现代理念、手法、形式使文化遗产活态化。

（3）项目：①文化展示项目。通常以彝族人物雕像、各类博物馆、各种祭祀活动和生活复原场景等为载体进行展示。②旅游小镇项目。以良好的山水资源禀赋为基础，对彝族聚居区原生态文化资源进行综合开发。③影视基地项目。如贵州慕俄格古城项目成为《奢香夫人》拍摄基地，贵州可乐遗址公园正在筹拍电视连续剧《夜郎春秋》。

2. 旅游地产型

全国属于旅游地产性质的彝族历史文化旅游项目有2个，即彝人古镇、水西彝族古城，分布于云南、贵州两省。

（1）主题：以仿古建筑为平台，以彝族文化为灵魂，将民族文化、建筑文化、旅游文化相融合，打造功能齐备的旅游商住区。

（2）特色：①建筑风格的仿古性，以汉式的明、清建筑为主体，浓缩了彝族地方特色，博采中国传统园林艺术。②历史文化的象征性，古镇通过建筑小品、园林景观、广场、图腾柱等形式赋予特定的民族文化元素。③景区功能的综合性，通常以商业地产销售为支撑，充分体现了景区功能的综合性、完备性。

（3）项目：①宗教祭祀型项目。通过建设毕摩文化广场、祖庙、庙会广场、各种文化雕塑等项目以及开展祭祀节庆活动，凸显彝族先民神灵崇拜的神圣性。②民俗体验型项目。以彝族节庆、婚俗、饮食、服饰、礼仪等生活习俗为表现内容，如水源广场、咪依鲁广场、彝族特色饮食区、彝家婚宴等项目。③历史文化型项目。通过猿人进化雕塑、马帮雕塑、六祖雕塑等展现彝族历史文化，通过土司府、德江城、高氏相府展现彝族的土司文化、宫廷文化及相府文化。

3. 城市景观型

全国属于城市景观型的彝族历史文化项目有 2 个，即彝族文化长廊、彝族三弦雕塑，均分布于云南省。

（1）主题：以城市节点为载体，通过艺术的手段赋予历史文化内涵，构成城市的记忆景观。

（2）特色：①历史文脉活态化，如彝族文化长廊以青石浮雕为表现形式，彝族三弦雕塑则通过现代雕刻艺术展示彝族的乐舞文化。②城市名片精神化，即将彝族历史文化物质化为城市景观，为城市注入内在特质，从而塑造城市名片。③公共设施人文化，作为城市公共开放空间的组成部分，打造文园、山园、水园、广场、雕塑等景观。④景观形态艺术化，赋予城市景观以艺术生命，给人以美的触动和艺术感染。

（3）项目：①历史文化展示。如彝族文化长廊以彝族创世史诗、彝族大事记、历史渊源、天文历法、文字、神话传说、故事谚语、风俗风物、歌舞风情、服饰、饮食、文艺、宗教祭祀为主要表现内容。②生态人文体验。在舒适的环境中建设历史文化空间，自然生态与视觉主题相得益彰，如彝族文化长廊建在平甸河两岸。③打造城市名片。如彝族浮雕文化长廊、彝族三弦雕塑，对城市提高知名度、吸引关注度、促文化传播、创旅游品牌有着强大的推动力。

4. 节事活动型

全国属于节事活动型的彝族历史文化旅游项目有 1 个，即中华彝族祭祖节。自 2007 年起，云南大理州巍山县借彝族同胞共庆一年一度的"二月八"之机，于每年农历二月上、中旬隆重举行中华彝族祭祖节。

（1）主题：中华彝族祭祖节依托巍山国家级历史文化名城，以彝族祭祖为主题，通过系列民族文化活动来弘扬彝族历史文化。

（2）特色：①举办时间的连续性。从公元 714 年至今，巍山彝族群众均以自己特有方式寻根祭祖，祭祀南诏大土主细奴逻，这一活动已延绵千年，从未间断。②活动内容的丰富性。在每一届中华彝族祭祖节举办期间除隆重的祭祖仪式之外，还开展美食评选、民俗表演、歌舞演出、非遗展演等活动。③群众参与的广泛性。中华彝族祭祖节吸引大批来自全国各地的彝族同胞及普通游客到访，"回归群众"的办节理念和"广泛参与"的办节风格，使祭祖节每年吸引当地数万群众参加，形成了热闹非凡的场面。

（3）项目：①祭祖文化活动。祭祖仪式是中华彝族祭祖节的重头戏，届时土主庙内唢呐声声、礼炮阵阵，毕摩虔诚地诵读毕摩经，祈福安康，彝族村民向南诏始祖细奴逻敬献香茶美酒，祈福平安。②文艺演出活动。歌舞展演是中华彝族祭祖节必备项目，届时进行舞龙、舞狮、腰鼓、踏歌、高台社火等演出活动。③特色饮食体验。在中华彝族祭祖节期间同时举办中国大理巍山小吃节，"两节"合办之后，"吃在巍山"的品牌效应正日益凸显。④历史文化体验。作为南诏国发祥地和故都，中华彝族祭祖节为游客们提供如参观巍山文庙、南诏博物馆等历史文化场所，以及观看南诏古乐、打歌、舞龙等文化展演。⑤地方特产推介。依托本地及周边地区众多的特色商品，地方特产的展销会成为中华彝族祭祖节的又一个重要活动项目。

（三）竞争分析

1. 优势（S）

（1）宏大深厚的资源基础

尽管彝人圣都项目所赖以发展的旅游资源十分有限，如周围自然环境并非十分优越，人文旅游资源赋存也并非十分富集。但不可忽视的是，彝人圣都项目扼守前往彝族圣山轿子山（乐尼白）的交通门户，具有天然的地利之便，而轿子山以自然生态、冰雪世界、天象奇观享誉滇中乃至整个云南省，是彝人圣都的背景资源；同时考虑到彝族祖先笃慕时代六祖分支历史，国内彝区生于彼而发于斯的文化渊源是彝人圣都取之不尽的历史源流资源。因此彝人圣都的开发从资源上已突破了狭隘的地域限制，以轿子山为宏大背景，以彝族文化为灵魂，采取兼收并蓄、取之天下而利百家的胸怀，打造彝族文化荟萃精品。

（2）珠联璧合的互补效应

在昆明市北部区域，具有世界级吸引力的旅游资源当数轿子山与红土地，经过多年的开发建设，已呈蓄势待发、一鸣惊人之势。然而受交通通达性、接待滞后性等因素影响，还未能完全将旅游资源优势转化为产业发展优势。新建彝人圣都项目，以打造彝人发源地、心灵栖息地、文化展演地为首要目标，同时兼顾轿子山门户接待地功能，可与两区核心资源形成自然与人文呼应、观光与体验协调的双赢格局。如果说轿子山是两区最为耀眼的明珠，彝人圣都则是两区未来最可期待的美玉。

（3）昆明两区跨越式发展

由于历史原因，昆明两区长期属于城市辐射边缘区、扶贫开发攻坚区、经济社会发展滞后区，人民生产生活艰难。2010年昆明市做出组建昆明倘甸产业园区和昆明轿子山旅游开发区的决定，整合发展要素，促进区域协调。5年来，两区按照"35366"的发展思路，经济社会面貌发生惊人变化：栋栋高楼拔地而起，条条道路四通八达，水、电、通信等基础设施不断完善。公共财政预算收入由 2010 年的 3161 万元增长到 2015 年的 1.4829 亿元，年均增长 47.1%；规模以上固定资产投资由 2010 年的 3.7 亿元增长到 2015 年的 14 亿元，年均增长 39.8%；旅游综合服务收入由 2010 年的 755 万元增长到 2015 年的 3500 万元，年均增长 47%；农民人均纯收入由 2010 年的 1680 元增长到 2015 年的 4200 元。

2. 劣势（W）

（1）旅游交通舒适度低

自 1993 年轿子山开发以来，由于交通、设施等因素制约，轿子山关、停、建、修数次，直到 2012 年 12 月 12 日轿子山专线公路的开通，从昆明到轿子山车程由 4.5 小时缩短为 2.5 小时，轿子山才真正迎来了大发展时期。轿子山专线公路的开通，不仅提升了轿子山的通达性，同时也为昆明北部五县区经济社会发展带来了转机。但不可否认的是，全长 155.53 千米的专线公路，设计时速仅为 60 千米，且沿途经过村庄、弯道较多，山体容易发生坠石、滑坡等危险，极大地限制了旅游交通舒适性，可提升空间较大。特别是在轿子山景观最为壮观的结冰、开花期，轿子山专线公路拥堵严重，使原本运力较弱的公路更加不堪重负，亟须进一步提升公路的等级及配套设施。

（2）普通游客认知有限

轿子山经过 20 多年的打造运营，在游客心目中初步建立起"滇中圣山""南国雪山"的旅游认知形象。与轿子山可形成珠联璧合效应的彝人圣都项目，尽管可资利用的文化资源丰富、政策环境优良、顺应时代潮流，但由于属于新建历史文化主题园区，需要持续不断地宣传推介。目前无论是本省游客还是国内其他省区游客，对彝人圣都项目的规划建设、管理运营等都所知甚少，加之周边省区彝族文化主题景区的激烈竞争，如贵州的水西古城、俄勒格古城、乌撒古城，四川的凉山民族风情园、彝族奴隶社会博物馆，云南的彝人古镇、阿普笃慕文化园、彝族六祖文化广场等均在建设、完善过程中，会进一步分散国内外游客对彝人圣都项目的关注度。

（3）高端管理人才不足

打造世界级精品旅游项目需要有全球意识、综合型高端管理人才。放眼全国乃至世界彝人居住区域，目前尚没有一个可引领世界潮流、对所有彝人具有核心竞争力的精品旅游项目。彝人圣都项目要打造彝人寻根圣地、心灵故乡、娱乐精品，迫切需要一大批懂管理、会运营、创理念的各级优秀人才。只有立意高才能看得远。未来一段时间，将会是中国休闲旅游业发展的黄金机遇期，谁能在新一轮旅游项目开发中招揽更多高端人才，谁的事业就会有更多的胜算与先机。彝人圣都项目今后不仅需要在硬件建设上投入更多资金，还要在人才招揽、人才培育、人才使用上投入更多心力。

3. 机遇（O）

（1）大众旅游时代到来

2016 年在全国两会期间，国务院总理李克强在政府工作报告中提出"要落实带薪休假制度，加强旅游交通、景区景点、自驾车营地等设施建设，规范旅游市场秩序，迎接正在兴起的大众旅游时代"。这是国家领导人首次对我国旅游业发展阶段所进行的定性判断并正式写入政府文件。2015 年，在整个国家经济发展面临多重困难和严峻挑战的情况下，以旅游业领跑的现代服务业表现出强劲的发展势头。根据国家旅游局发布的数据，2015 年全年国内旅游人数突破 40 亿人次，人均超过 3 次 / 年；国内居民出境旅游达到 1.2 亿人次，亦即每 10 人中就有 1 人当年出境旅游一次。由此可以肯定地得出结论：一个全民参与的大众旅游时代已经到来。

（2）旅游科技不断创新

21 世纪以来，越来越多的人开始把旅游作为生活的一项刚性需求来看待，由此促使更多的先进科技应用到旅游休闲领域。根据旅游与科技联系的紧密程度分析，旅游科技可分为现代信息技术、陈列展示技术、设备制造技术和环境保护技术四个大类。以陈列展示技术为例，又可进一步细分为模拟仿真展示、虚拟展示系统、多媒体系统、声光电技术，以及近几年发展迅速的 VR（虚拟实境）技术。随着科学的不断进步，技术的不断革新，人们可以期望更多、更先进的科技成果应用到旅游领域。反过来，旅游业的大发展也为旅游科技的不断创新提供了更宽阔的实践空间。

（3）旅游政策密集发布

自 2009 年以来，我国旅游发展环境日益宽松，旅游政策密集发布。2009 年《国务院关于加快发展旅游业的意见》（国发〔2009〕41 号）发布，2013 年 2 月国务院发布《国民旅游休闲纲要（2013—2020 年）》（国办发〔2013〕10 号），2013 年 3 月国家旅游局印发《旅游质量发展纲要（2013—2020 年）》（旅发〔2013〕64 号），2013 年 4 月《中华人民共和国旅游法》颁布，2014 年 8 月国务院《关于促进旅游业改革发展的若干意见》（国发〔2014〕31 号）发布，2015 年国务院办公厅《关于进一步促进旅游投资和消费的若干意见》

（国办发〔2015〕62号）颁布。旅游政策密集发布为各地旅游业快速发展奠定了坚实的政策基础。

4. 挑战（T）

（1）周边祭祖竞争激烈

作为全国第六大少数民族，彝族主要分布于我国西南省区，在越南、老挝、缅甸、泰国等东南亚国家亦有分布。彝族宗教具有原始宗教色彩，崇奉多神，重视祖先崇拜。以云南为例，云南多地都将彝族祭祖活动作为一项重要的文化、宗教活动进行打造和培育。2009年首届中国彝族祖先（阿普笃慕）文化节在峨山"祖先文化园"开幕；2009年昭通彝族"六祖分支"祭祖圣地文化旅游景区开工；自2011年起巍山已连续举办六届"中华彝族祭祖节"。"两区"也于2014年首次举办"中国彝族祭祖大典"。在彝族祖先文化开发、祭祖节事利用上云南省已形成你追我赶、群雄并立局面。

（2）可能的过度商业化

民族文化作为一种人们在长期发展历史中形成的物质财富与精神财富的总和，是各民族历史发展的积淀和思想智慧的结晶，是不可多得的民族瑰宝。文化是旅游的灵魂，旅游是文化的载体。为推动旅游与文化的融合发展，许多国家和地区都进行了有益的探索实践，在开发旅游文化资源、培育主题旅游文化项目、打造特色旅游文化品牌等方面，创造了许多成功范例，积累了许多宝贵经验。随着旅游开发的过度商业化，一些民族传统文化正逐步走向"空心化"；旅游商业化的另一种急功近利的表现是旅游的"符号化"，即只满足于文化的浅层表象，忽视甚至毁坏其深层内涵。作为文化主题型景区，彝人圣都项目应对过度商业化保持警惕。

（3）旅游形象屏蔽效应

在旅游开发过程中经常会出现强势旅游区对后发旅游区的遮蔽、阻碍现象，新兴旅游目的地形象难以在旅游者心目中脱颖而出，从而限制旅游地发展壮大。作为一个新开发的彝族主题旅游景区，彝人圣都不但要与国内彝族文化旅游地竞争，突出自己的旅游特色，更需要与周边其他民族文化主题旅游地竞争。目前在云南以彝族文化为特色的旅游地有楚雄州、红河州、石林县、峨山县、巍山县、景东县等，同时省内其他著名民族旅游目的地如丽江（纳西族）、版纳（傣族）、大理（白族）、临沧（佤族）、德宏（景颇族）等也可能在旅游形象识别上对彝族圣都项目产生遮蔽作用，不利于省外旅游者对本项目的认知。见图1.6.1。

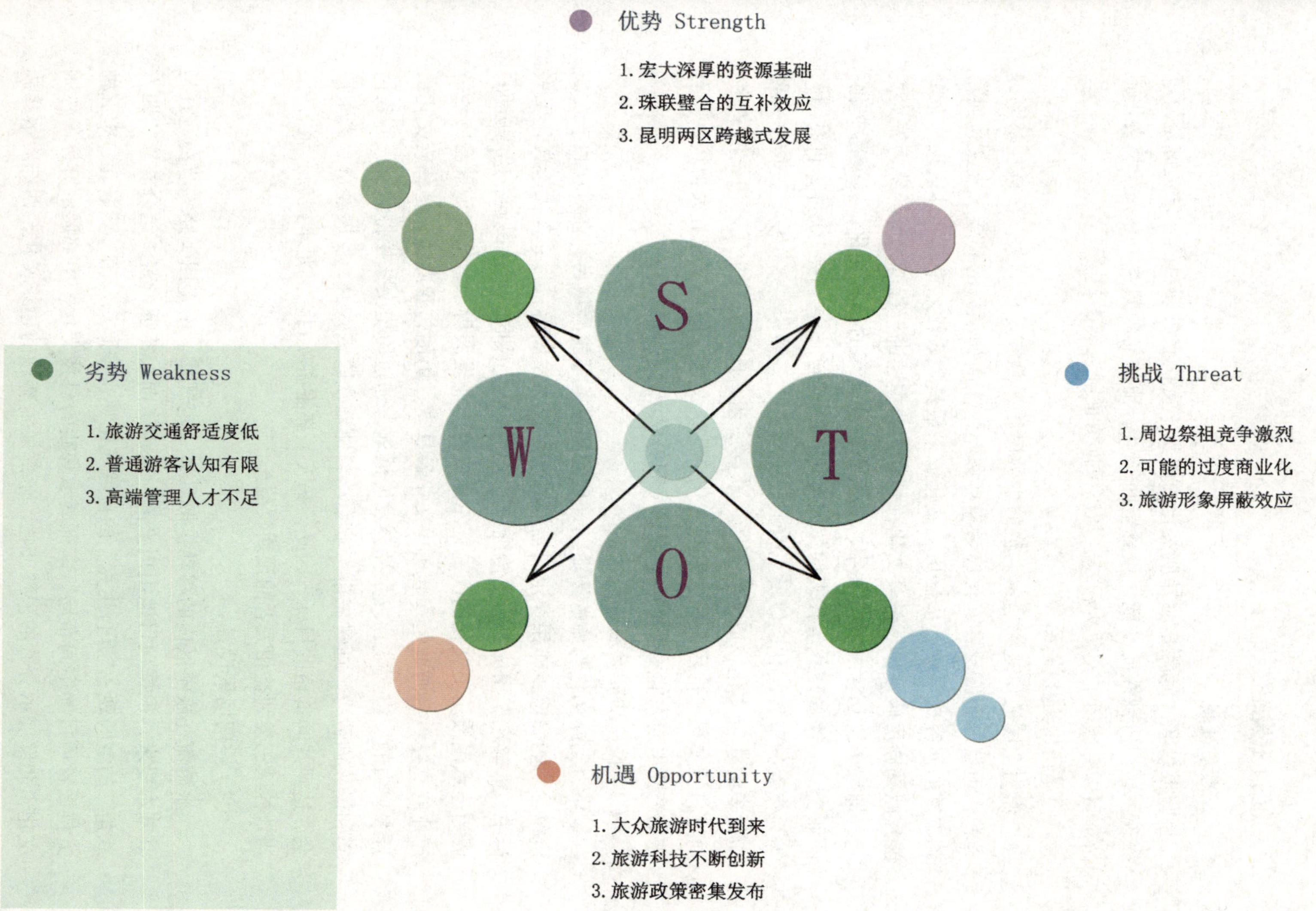

优势 Strength

1. 宏大深厚的资源基础
2. 珠联璧合的互补效应
3. 昆明两区跨越式发展

挑战 Threat

1. 周边祭祖竞争激烈
2. 可能的过度商业化
3. 旅游形象屏蔽效应

机遇 Opportunity

1. 大众旅游时代到来
2. 旅游科技不断创新
3. 旅游政策密集发布

劣势 Weakness

1. 旅游交通舒适度低
2. 普通游客认知有限
3. 高端管理人才不足

图 1.6.1 SWOT 分析

（四）开发定位

1. 思路破题

归根结底，旅游是对异质文化的体验。文化旅游项目的开发关键是凝练表现主题、研判性质功能、设置空间场景、预估前景效益。彝人圣都文化旅游项目以彝族历史文化为根基，从以下四方面寻求突破口。

（1）历史文化提炼

作为全国人口规模居第六位的少数民族，彝族历史悠久，民族性格刚健勇武，地域分布广泛，文化典籍丰富深厚，在浩如烟海的彝族历史文化典籍和丰富的研究成果中，依据历史文化成果最具代表性、最具实体表现力、最能反映彝族民族性格、最具文化符号意义的主题进行提炼，可凝练为五大主题，即以天文历法、彝族文字、彝医彝药为代表的科技文化，以聚落文化、商业交流、饮食文化为代表的休闲文化，以祖先祭拜、神灵崇拜、自然图腾等为代表的宗教文化，以彝王宫殿、土掌房、一颗印、木楞房、三坊一照壁为代表的建筑文化，以非物遗产、歌舞演艺、体育竞技为代表的民俗文化。通过科技文化、休闲文化、宗教文化、建筑文化、民俗文化五大板块，在有限的空间里向人们呈现彝族最为独特的民族记忆与文化符号。

（2）性质功能设定

作为民族文化与旅游产业结合型的彝人圣都旅游项目，在对项目的性质定位、功能确定、作用评定时需同时满足三大发展诉求：一是民族文化发展诉求，能够在弘扬优秀历史传统、追求民族文化认同、表达民族意愿等方面，成为传承民族历史文化的高地；二是旅游产业发展诉求，文化传承需要经济产业的支撑，旅游业是彝族历史文化最具支撑力的传承载体，是彝族文化最具表现力的支撑产业；三是社会发展诉求，通过历史文化挖掘激发民族自信心和民族创造力，通过旅游产业带动当地群众脱贫致富、发展经济、繁荣社会，达到共同富裕的目标。因此，彝人圣都旅游项目应满足本民族、旅游者、当地社区三类利益相关者的预期收益。

（3）空间场景设置

旅游流在旅游区内的移动扩散具有一定规律，不走回头路、节奏适宜是其基本要求，根据项目地山川坐落、水流走向、特征景观，结合彝族"四方八角"的空间观、"五行生克"的自然演化观，按照东、南、西、北、中五种方位设置项目的空间布局。南部展示彝族的科技文化，中部展示彝族的休闲文化，北部展示彝族的宗教文化，东部展示彝族的建筑文化，西部展示彝族的民俗文化。每个方位的文化主题又由 3~4 个项目组成，以此构成彝人圣都的项目体系和开发层秩序。

（4）预期效益评估

彝人圣都文化旅游项目是迄今昆明北部地区最具影响力的文化旅游项目，从社会价值来看，是全国彝族历史文化旅游景区的集大成者和开发规模最大的景区，具有重大的社会影响意义；从云南省影响来看，是云南省建设民族文化大省和旅游强省的标志性项目，是继全省十大历史文化项目之后又一民族文化与旅游业融合的典范；从昆明市支撑力来看，彝人圣都项目是昆明增强旅游目的地吸引力，形成南有古滇名城、北有彝人圣都南北呼应格局的关键项目，也是与轿子山开发配套的核心项目；从投资回报来看，该项目预计投资规模 60 亿元，投资周期 10 年，带动 1 万人的直接就业和 3 万人的间接就业，彝人圣都与轿子雪山珠联璧合将带动昆明北部旅游业的全面腾飞。

2. 模式建构

彝人圣都文化旅游项目开发涉及彝族文化认同、大众旅游需要、产业发展组织、周围景区合作等多方诉求，同时还承载着文化传承、生态保护、城镇发展、脱贫解困等重大社会命题。为此，彝人圣都可采取"纪念建筑 + 功能景区 + 旅游基地"的开发模式。

（1）纪念建筑

纪念建筑是旅游区内的地标，是吸引旅游者形成旅游景区印象的承载物，根据彝人圣都项目的总体定位与空间布局，拟形成五大纪念性建筑，即彝王大殿、太阳历广场、笃慕雕像、虎龙街场、彝秀剧场。

（2）功能景区

功能景区是旅游区内主题性质相关、空间距离相近的景观单元综合体，根据彝人圣都的历史文化提炼与游览规律，拟形成五大功能景区，即太阳历法区、雪山圣水区、祖灵祭祀区、六部博览区、火把狂欢区。

（3）旅游基地

旅游基地凸显旅游区与周边景区的竞合关系，根据彝人圣都的功能定位与协作关系，将彝人圣都与轿子雪山联动开发、互补发展，实现山上游览，山下住宿的良性互动格局。

3. 总体定位

按照从项目影响力的空间范围大小，采取由小至大的逻辑顺序，彝人圣都文化旅游项目需要从五个层次进行总体定位。

（1）旅游区定位：轿子山下大本营。彝人圣都的打造离不开轿子山开发，轿子山发展离不开配套基地彝人圣都，只有将彝人圣都与轿子山视同一体开发，方可实现双赢发展，彝人圣都既是轿子山旅游基地，又是转龙旅游小镇的核心支撑，还是彝族标志性历史文化旅游项目。

（2）两区范围定位：倘甸产业园区和轿子山旅游开发区旅游产业的引擎，两区旅游全面引爆的龙头项目，是在依托轿子山、红土地两大世界级自然资源基础上，借彝人圣都人文资源发力，打造两区旅游产业发展的"三驾马车"（轿子山、红土地、彝人圣都）。

（3）昆明市定位：昆明市打造世界旅游名城的支撑性项目，昆明北部地区重大历史文化项目，是昆明重塑旅游集聚力扛鼎之作，可形成南有古滇名城（滇文化）、北有彝人圣都（彝文化）、东有中信嘉丽泽（湿地）、西有安宁度假区（温泉）的旅游发展新四极。

（4）云南省内定位：云南省继十大历史文化旅游项目之后又一重大历史文化旅游项目，云南旅游精准扶贫的示范项目，云南文化产业与旅游产业融合的典范项目，云南省旅游强省建设的标志性项目。

（5）全国范围定位：全国彝族历史文化旅游胜地。环顾周边，通览全局，我国尚缺乏一个表现彝族文化主题的标志性项目，彝人圣都以恢宏的建筑规模、深邃的历史底蕴、丰富的文化形态、浓烈的彝族符号，打造全国彝族历史文化旅游胜地。

（五）发展战略

1. 文化挖掘

优先采取文化挖掘战略。特色文化是旅游开发的灵魂，彝人圣都项目开发以彝族历史文化为主线，以旅游形式为载体，聚焦于彝族科技文化、休闲文化、宗教文化、建筑文化、民俗文化五大主题，将古老彝族的科技成就、商业交流、祖先崇拜、建筑典范、崇火文化等历史文化内涵中最具代表性的元素和符号，展现于中国，呈现给人们，分享到世界。

2. 全域旅游

全面贯彻全域旅游战略。彝人圣都项目开发以全域旅游理念为统领，将全域旅游理念贯穿于旅游开发各个环节、各个领域。在客源招徕上，既关注本地客源，又兼顾外地客源；项目设置上，既统筹公益项目，又兼顾经营项目；在开发利益上，既开展旅游开发，又介入地产开发；在受益体现上，既考虑企业利益，又关注社区利益；在利益共享上，既考虑区内受益，又兼顾区外受益；在社会贡献上，既考虑经济发展，又关心社会福祉。打造昆明的全域旅游示范区。

3. 业态融合

路径实施业态融合战略。彝人圣都项目开发应协力打造多产业融合业态，实现项目的综合化发展，既可产生综合效益，又可满足多方需求。在旅游业态布局上，彝人圣都要巩固传统旅游业态，如观光游览、酒店住宿、娱乐购物等，同时更要吸纳新兴业态，如养生康体、节庆演艺、地产建筑、农业生态等，促进传统业态与新兴业态的平衡发展。

4. 项目带动

开发采取项目带动战略。彝人圣都旅游开发应努力实施项目带动战略，项目是旅游开发的对象和载体，项目序列是旅游由设想转化为现实的推进器。彝人圣都需要以纪念标志性项目为龙头，以酒店客栈餐饮项目为载体，以居住地产项目为卖点，以节庆演艺活动为亮点，形成旅游者可感可知的项目实体，以此带动园区经营发展、当地劳动力就业、环境生态改善、社区脱贫致富，全面建成小康社会（见图1.6.2）。

图 1.6.2 发展战略

（六）发展目标

1. 总体目标

（1）文化目标：国家文化遗产公园。将彝人圣都打造成为彝族文明记忆的载体、文明演进的标志、文化认同的高地，成为中华彝族祭祖圣地、全球彝族历史文化景观的集大成者。

（2）旅游目标：国家 5A 级旅游景区。将彝人圣都建设成为全国民族文化示范园、云南历史文化新名片、滇中旅游升级新动力，成为全国民族历史文化景区的新地标。

（3）社会目标：云南精准扶贫实验区。彝人圣都可通过旅游产业导入形成引擎，地产开发提升城镇化水平，多业态植入拉动就业，新地标打造引领休闲度假消费时尚，成为云南旅游扶贫的新标杆。

2. 旅游形象

（1）总体形象：天下彝人，梦回故里

该形象内涵包括三个要点：①笃慕是天下彝人的共同始祖。慕为"天"之意，笃慕本意为替天行道而得天下；滔天洪水泛滥，独留阿普笃慕；笃慕能力超群，娶三妻生六子；②笃慕以乐尼白为中心生息繁衍。笃慕避洪水于乐尼白；乐尼白区域土地肥沃、立体气候明显、铜矿资源丰富；笃慕在乐尼白主持祭祀，举行六祖分支。③六祖后代要回归祖地。六祖皆同宗于笃慕，笃慕故地是他们共同的故乡；故里有始祖笃慕，神山乐尼白；彝人亡故后，三魂之一要回归故地。

（2）比附定位：轿子山下，彝人祖地

该内涵包括两点：①轿子山是昆明乃至整个滇中地区最高山之一，是历史上封禅的云南东岳；②彝人圣都是彝族心中的心灵故乡，无论相隔多远，其灵魂都要回归祖地。

3. 发展指标

（1）旅游经济指标：到 2019 年，旅游人数达 35 万人次，旅游总收入达 4200 万元，游客人均消费超过 300 元；到 2022 年，旅游人数达 184 万人次，旅游总收入达 2.25 亿元，游客人均消费超过 500 元；到 2025 年，旅游人数达 326 万人次，旅游总收入达 7.30 亿元；旅游者在景区停留时间一天一夜，人均消费到达 1000 元。

（2）生态环境指标：旅游区森林植被覆盖率达到 95% 以上，空气质量达到 100%，水体质量到达 90% 以上，新能源利用率达到 80% 以上。

（3）社会发展指标：2019 年，吸收 1000 人就业，带动两区第三产业增加值 3200 万元，旅游业总收入占两区 GDP 的 3%；2022 年，吸收 2000 人就业，带动第三产业增加值 6000 万元；旅游业总收入占两区 GDP 的 5%；2025 年，吸收 3000 人就业，带动第三产业增加值 1 亿元；旅游业总收入占两区 GDP 的 7%。推进转龙镇转型升级城镇化水平。

（4）市场影响力：2019年，形成昆明北部三大旅游品牌：轿子雪山、东川红土地、彝人圣都；2022年，建成云南省产业融合示范区：旅游业与文化产业、房地产业、生态农业、扶贫攻坚等融合；2025年，建设成为全国彝族同胞祖先祭拜的圣地。

七、空间布局

（一）总体布局

1. 空间结构

彝人圣都旅游区空间层次划分为旅游区、旅游景区、旅游景点三级结构。

（1）旅游区：规划区范围。建设内容包括边界划定、出入口设置、外部道路、内部游路、水电系统、通信系统、接待设施、游览设施、解说系统等，形成旅游区建设的管理空间。核心任务为凝练彝族文化主题、划分旅游功能区、创意旅游项目、配置旅游设施等。

（2）旅游景区：游览空间。根据彝族历史文化内容，提炼为五个旅游景区，即南部太阳历法区、中部雪山圣水区、北部祖灵祭祀区、东部六部博览区、西部火把狂欢区，形成主题性的游览空间。建设内容包括功能定位、项目配置、游览道路、解说标牌等。

（3）旅游景点：游览单元。景区之下的游览对象和游览集聚点。旅游区可划分为科技文化类、休闲文化类、祭祖文化类、建筑文化类、民俗文化类五5大类16个组团80多个景点，形成游览观赏的基本单元，为开发建设的实体单位。

2. 空间布局

按照彝族"四方八角"空间观和"五行生克"哲学理念，并结合项目地山川形貌，彝人圣都旅游区划分为"一心、一带、三轴、五区"空间布局（见图1.7.1）。

一心：四方八虎定位中心。作为旅游区的定位中心，体现彝族四方八虎的空间观。八方作为展示彝族非物质文化遗产廊道，展示彝族28项国家级非物质文化遗产和云南、四川、贵州、广西155项省级非物质文化遗产。

一带：滨河休闲带。以洗马河为纽带，利用激光水舞、广场雕塑、景观小品、商业街区、王宴餐厅等，打造喷泉秀、虎娃秀、葫芦秀、彝酒秀、彝餐秀等景观节点和客流集聚节点，呈现"五彩神龙"的动态景观。

三轴：文化景观轴。祭祖文化景观轴，以圣火坛、祭祀广场、笃慕雕像

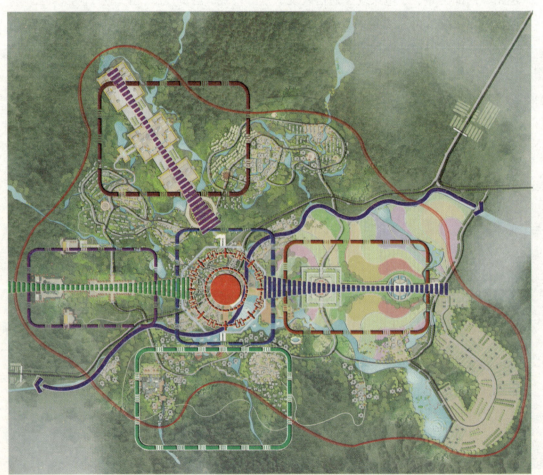

彝人圣都旅游区划分为"一心、一带、三轴、五区"空间布局。

图例

旅游区中心
滨河休闲带
祭祖文化景观轴
宫殿文化景观轴
天象文化景观轴
太阳历法区
雪山圣水区
祖灵祭祀区
六部博览区
火把狂欢区

图 1.7.1 空间布局规划图

为载体，体现彝族祖先崇拜文化；宫殿文化景观轴，以八虎广场、九重宫殿为载体，体现彝族彝王宫殿及土司文化；天象文化景观轴，以历法馆、彝文碑林、太阳广场为载体，体现彝族科技文化。

五区：主题功能区。南部太阳历法区（表现彝族天文历法、彝文经典、医学彝药）、中部雪山圣水区（表现彝族临水而居、彝寨民宿、彝王盛宴）、北部祖灵祭祀区（表现彝族祖先崇拜、祭祀盛典、祭火崇拜）、东部六部博览区（表现彝族宫殿建筑、民居建筑、特色建筑）、西部火把狂欢区（表现彝族传统技艺、歌舞文化、民间体育），形成主题鲜明、功能互补的五个游览空间。

3. 功能分区

根据彝人圣都旅游区的山水地貌形态、彝族文化主题、旅游开发方向，将整个旅游区划分为五个功能区（见图 1.7.2~ 图 1.7.3、表 1.7.1）。

（1）太阳历法区：主题定位为以彝族科技文化为开发方向，包括太阳公园、彝文碑林、彝医堂三个板块，功能定位为展示彝族天文历法、彝族文字、彝医彝药等为代表的科技文化成就。

（2）雪山圣水区：主题定位为以彝族休闲文化为开发方向，包括民宿彝寨、激光水舞、王宴餐厅三个板块，功能定位为展示彝族商业文化、聚落文化、饮食文化等休闲生活内容。

（3）祖灵祭祀区：主题定位为以彝族宗教文化为开发方向，包括万年圣火坛、祭祀广场、笃慕雕像三个板块，功能定位为以展示彝族祖先崇拜、神灵崇拜、图腾崇拜等为代表的宗教文化信仰。

（4）六部博览区：主题定位为以彝族建筑文化为开发方向，包括彝王宫殿、武乍部落、糯恒部落、布默部落四个板块，功能定位为展示彝族在川西南、滇西、滇中、滇南、黔西北等不同地区的建筑形态。

（5）火把狂欢区：主题定位为以彝族民俗文化为开发方向，包括彝家作坊、风情秀场、竞技广场三个板块，功能定位为展示彝族传统技艺、歌舞艺术、体育竞技等民俗文化。

根据彝人圣都项目旅游区的山水地貌形态、彝族文化主题、旅游开发方向，将整个旅游区划分为五个主题功能区和一个旅游服务区。

图例

太阳历法区

雪山圣水区

祖灵祭祀区

六部博览区

火把狂欢区

旅游服务区

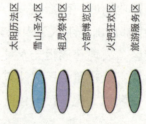

图 1.7.2 功能分区规划图

图例
1 景区大门
2 游客服务中心
3 生态停车场
4 天象馆
5 彝文碑林
6 太阳广场
7 彝秀大地
8 彝药温泉SPA
9 主题客栈
10 工艺作坊
11 水舞秀
12 滨河酒廊
13 彝王盛宴厅
14 圣火坛
15 咪司庙
16 祭祀广场
17 毕摩院
18 驾慈像
19 驾慈殿
20 创世画廊
21 彝王宫殿
22 八虎广场
23 照壁院落
24 一颗印院落
25 三弦广场
26 土掌房院落
27 瓦板房院落
28 秀美广场
29 板壁房院落
30 水西广场
31 彝酒作坊
32 彝秀剧场
33 温泉酒店
34 竞技场
35 茶马商会

规划道路
乔木灌木
出入口
景观构筑物
硬质铺地
景观水体
规划范围线

图 1.7.3 旅游项目规划图

表 1.7.1　功能分区与开发项目

功能区	项目组	项目内容
太阳历法区	太阳公园	天象馆、太阳广场、彝绣大地、属相群雕
	彝文碑林	彝文柱、彝文碑林、彝文地景、彩陶工坊
	彝医堂	焕章纪念馆、彝药馆、火疗宫、漂浮馆
雪山圣水区	民宿彝寨	主题客栈、工艺作坊、精品农庄、月琴雕塑
	激光水舞	圣水接引、水舞秀、滨河酒廊、羊角广场、水碓碾房
	王宴餐厅	彝王盛宴厅、长龙宴、彝族克智社、彝人礼俗馆
祖灵祭祀区	万年圣火坛	圣火坛、烤茶馆、密枝龙林、竹林迷宫
	祭祀广场	祭祀广场、食祭博物馆、纸祭圣墙、荞粑洞、实祭堂、咪司庙、毕摩院
	笃慕雕像	笃慕像、笃慕殿、六祖栈道、创世画廊、葫芦阵
六部博览区	彝王宫殿	九重宫殿（兵器展览馆）、八虎广场、家支谱牒墙、家支基因库
	武乍部落	照壁院落（三坊一照壁、打歌广场、扎染工坊、姑娘房） 一颗印院落（一颗印、三弦广场、刺绣工坊、虎娃群雕） 土掌房院落（土掌房、跳月广场、黑陶工坊、竹饮阁）
	糯恒部落	瓦板房、凉山碉楼、秀美广场、漆器工坊、泥染工坊、结盟雕塑
	布默部落	板壁房、水西广场、乌撒茶艺馆、奢香塑像
火把狂欢区	彝家作坊	虎街龙场、茶马商会、彝酒作坊、银饰作坊、竹编作坊、剪纸作坊、苦荞店
	风情秀场	彝秀剧场、跳菜广场、赛装中心、彝饰中心、彝族乐器行、舞蹈教室
	竞技广场	摔跤场、弩箭场、武术馆、坨坨肉餐厅、野菌餐厅

（二）旅游产品

围绕彝人圣都"国家文化遗产公园"总体定位，构建以"圣祖朝拜、古彝雄风、文创风情"为内容的三大核心产品，以"彝寨民宿、建筑博览、休闲养生"为代表的三大基础产品，以"工艺作坊、文化科普、节日狂欢"为内容的三大特色产品（见图 1.7.4）。

1. 核心产品

（1）圣祖朝拜。以祖先祭祀为线索，以笃慕雕像为对象，以祭祀广场为据点，汇天下彝人之心，加强民族认同，追忆祖先业绩，祈福国家繁荣

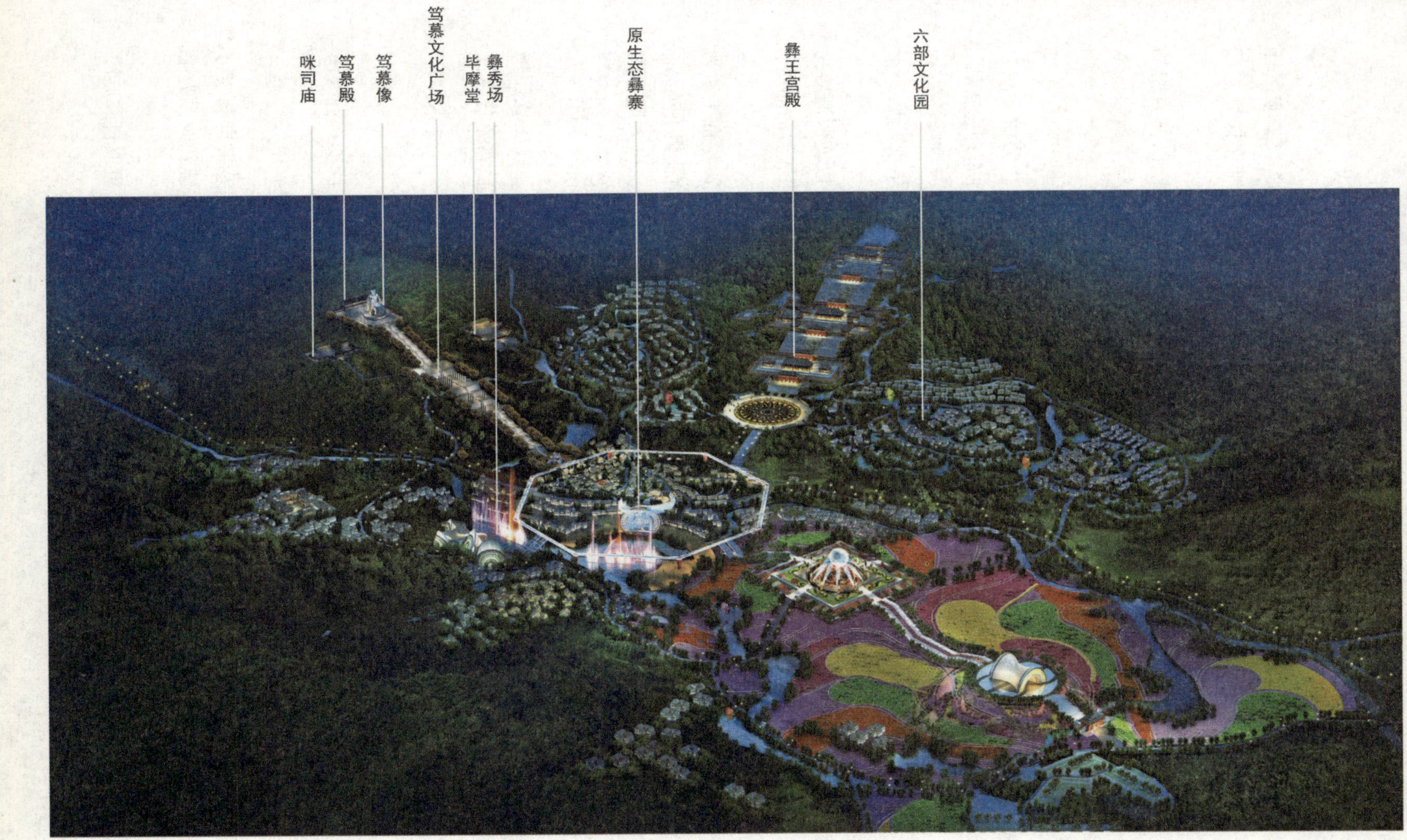

六部文化园

彝王宫殿

原生态彝寨

彝秀场

毕摩堂

笃慕文化广场

笃慕像

笃慕殿

咪司庙

图 1.7.4 旅游产品规划图

昌盛。

（2）古彝雄风。以彝王历史为线索，以九重宫殿为对象，以王宴餐厅为据点，吸引各地旅游者，寻访彝人旧事，感受统一情怀，唯愿民族团结稳定。

（3）文创风情。以文化艺术为线索，以歌舞水景为对象，以彝秀剧场为据点，聚世界游客目光，欣赏乐舞佳作，点赞彝人成就，共享民族艺术典范。

2. 基础产品

（1）彝寨民宿。以主题民宿为线索，以通共德村为对象，以旅游庭院为据点，给匆忙者以娴静，驻足田园野趣，寻找山村故事，铺陈住家理念新品。

（2）建筑博览。以彝族家园为线索，以六部建筑为对象，以院落广场为据点，还迁徙者以归宿，走进复活部落，探访久违家什，呈现心底乡土眷恋。

（3）休闲养生。以健康养生为线索，以馆所驿站为对象，以度假酒店为据点，送忧思者以芳馨，接纳健康美食，学会适量运动，增强旅居生活品质。

3. 特色产品

（1）工艺作坊。以生活技艺为线索，以非物遗产为对象，以星散工坊为据点，让匠心者展容颜，走出逼仄空间，精描细刻方寸，洗掉喧嚣留下精品。

（2）文化科普。以科技成就为线索，以天文历法为对象，以太阳公园为据点，让挑剔者得满足，观览十月历法，比较符号图文，媲美玛雅震烁古今。

（3）节日狂欢。以民族节庆为线索，以六大节日为对象，以主题广场为据点，让游离者得感动，走进歌舞海洋，汇入陌生人流，心无旁骛专注当下。

（三）景观系统

彝人圣都旅游区景观系统由"五大地标、五大亮点、五大广场、五大民居、五大乐舞"景观体系构成（见图1.7.5）。

1. 五大地标景观

（1）天象馆。彝族古老天文历法的标志性建筑。天象馆创意来自彝族历法与宇宙天体，为半圆空竹形状，四周水面环绕，外饰彝族传统花纹，为旅游区引导性景观。内部建有中国最大3D天象映像厅。

（2）盛宴厅。彝族奢华饮食文化的标志性建筑。盛宴厅形象取自彝族漆彝人圣都将打造"九大地标、五大亮点、五大广场、五大民居、五大乐舞"的景观体系。

图例

⊙ 五大地标
◎ 五大亮点
● 五大广场
● 五大民居
● 五大乐舞

图 1.7.5 景观系统规划图

器与毕摩法帽，变体牛头为门头，彝族图案为装饰，位于旅游区三条景观轴线交会处。将打造中国彝族王宴餐厅典范。

（3）彝秀场。彝族绚丽歌舞文化的标志性建筑。彝秀场创意来自彝族月琴共鸣箱与乐曲五线谱，以彝族变形图案为装饰，既是建筑典范又是水舞秀观景平台。彝秀场将引入国际顶级文创团队进行运作。

（4）笃慕像。彝族祖先崇拜文化的标志性建筑。阿普笃慕雕像高 209 米，为壮年彝族君长像，身披斗篷，右手握权杖，左手扶剑，俯瞰整个旅游区。笃慕雕像将成为整个彝区最高单体造像。

（5）九重殿。彝族宗法治理文化的标志性建筑。九重殿取法自天地，高差 45 米，中间大两头小，斜倚于东部台地，周围河流环绕，内含虎踞龙盘之势，为彝族历史最为辉煌的地方政权建筑。

2. 五大亮点景观

（1）彝绣大地。以彝区常见植物如马樱花、石榴、牡丹、樱花等在大地上拼接出类似麦田怪圈图案的大地艺术节。

（2）文化廊道。以彝区 28 项国家级、155 项省级非物质文化遗产为素材，利用文字、绘画、剪纸、泥塑表现彝族文化。

（3）水舞秀。以澳门水舞间为范本，结合动感音乐，将喷泉水舞与人文演艺结合起来，打造如梦如幻水景故事。

（4）激光秀。以表演艺术为基础，以彩色激光为载体，配合独特的创意构思，融入演员的交互动作幻化出绚烂夺目的光影效果。

（5）圣火坛。以玛雅金字塔为参考，并结合彝族望天坟形制修建而成，圣火坛将作为彝族传递圣火的来源与起点。

3. 五大广场景观

（1）太阳广场。彝族十月太阳历是世界上最精确、古老的天文历法之一。太阳广场中心平台上设立十根红铜浮雕立柱，旁边设立小型人晷体验场，周围环绕彝区特色植物。太阳历广场将成为集中展示彝人科技、天文知识的平台。

（2）摔跤广场。彝人性格勇猛刚健，善摔跤。摔跤广场仿古罗马斗兽场而建，外围为 3~5 层座席，中间设比赛专用草地或擂台，周边装饰象征勇武性质图腾或文字。摔跤广场将集中展示彝族体育竞技文化。

（3）祭祀广场。祭祀祖先是彝人祖先信仰和感情的表达特征。在祖灵祭祀区中部台地建设祭祀广场，仰望阿普笃慕雕像。祭祀广场地面镌刻各地指路经文，中间山泉流淌，左右设两排 10 根图腾柱，中有飞鹰祭台。祭祀广场将是彝区后人与祖灵联系沟通最神圣的场所。

（4）八虎广场。彝族自古以来就是一个崇虎、畏虎、敬虎、祭虎的民族。在九重宫殿正前方修建八角形广场。让八尊猛虎雕塑矗立在广场各个角上，以彝族传统"四方八虎"图为基本方位，再用以虎为主题的建筑小品点缀其间。八虎广场将突出表现彝族的虎文化。

（5）三弦广场。彝族大三弦是彝族支系阿细、阿哲、撒尼人喜爱的民间弹弦乐器。三弦广场是体验彝族群众性舞蹈"阿细跳月""跌脚舞"的多功能场所。集中展示彝族能歌善舞的民族性格。

4. 五大乡土民居

（1）滇中一颗印。云南滇中彝族典型建筑式样。由汉、彝先民共同创造，最早在昆明地区流行起来。由正房、厢房、倒座组成四合院，瓦顶、土墙，平面和外观呈方形，方方正正好似一颗印章，俗称"一颗印"。

（2）滇南土掌房。云南滇南彝族典型建筑式样。彝族先民的传统民居，距今已有 500 多年的历史。以石为墙基，用土坯砌墙或用土筑墙，墙上架梁，梁上铺木板、木条或竹子，上面再铺一层土，经洒水捶捶，形成平台房顶。

（3）滇西照壁院。云南滇西彝族典型建筑式样。流行于大理巍山等彝族地区。主房顺山势依山而建，两侧耳房较低，再加上一照壁。主房高于耳房，主次分明，布局分明，前面垂檐，形成前出檐格局，左右后三面以土基墙围护。

（4）四川瓦板房。四川西南彝族典型建筑式样。流行于四川大小凉山。出檐深远是瓦板房主要特征，当地彝族常用杉木板做屋面瓦，并以生土板筑墙做房屋的围护结构，具有浓郁的民地域特色。

（5）贵州板壁房。贵州西北彝族典型建筑式样。流行于贵州毕节等彝族地区。板壁房讲究住地选择和住房布局，墙体坚固平整，以板为墙，结构形式主要有"金包银""修冒角""腾地填""半边楼"等 16 种。

5. 五大乐舞景观

（1）祭祖圣典。彝族认为祭祀祖先可得祖灵庇佑。按照歌舞表演（献祭歌舞）、圣水赐福（圣水净地）、祖灵圣火（圣火传递）、祭祖正典（毕摩祭祖）、篝火盛宴（祭祀宴席）五个环节，将祭祖盛典打造成为中国彝区最高规格的祭祖活动。

（2）篝火狂欢。彝族火把节被誉为"东方狂欢节"。节日以实践仪式的形式，围绕火把节"祭祀、崇拜"本质，重点突出"诵经祭火、圣火传递"等活动，做足"篝火狂欢、娱乐表演、篝火烧烤"等活动，延伸"舞火庆丰、商品展销"活动，将其打造成彝人圣都的一张名片。

（3）赛装选美。彝族赛装选美历史悠久，声名远播。仿照专业选美活动赛制，分设专业、业余组，每季举办一次彝族赛装选美活动，将其打造成中国彝族赛装选美第一品牌。时机成熟时可向其他少数民族扩展。

（4）摔跤角力。摔跤是彝族最喜闻乐见的大众民俗活动。摔跤角力活动每周举办一次，可与地方福彩机构合作，将摔跤与福彩销售结合起来，所得资金用以改善地方公共设施与扶危助困。年终亦可考虑举办年度总决赛。

（5）歌舞庆典。彝族是一个能歌善舞的民族，会说话就会唱歌，会走路就会跳舞。参考央视青歌赛赛制设立中国彝族原生歌舞大奖赛，大赛每年举办一次，同时与央视音乐频道《民歌·中国》合作进行实况转播，弘扬传播彝族传统歌舞文化。

6. 五十景观小品

景观小品以雕塑、植物、灯箱、音响、厅阁、墙壁、水景、桥梁、非遗等烘托景区五大文化板块。具体可选用：

（1）太阳历法区：历法石灯、彝文碑刻、北斗七星、悬葫济世、向阳花开、绿植迎宾、余音绕梁、山门牌楼、原野药香、虎星占算。

（2）雪山圣水区：子母水车、月琴雕塑、圣水灵泉、滨河酒家、八方长廊、千龙喷水、堤岸花树、开心农场、祈福石缸、亲水栈道。

（3）祖灵祭祀区：葫芦连阵、烤茶飨客、彝人三眼、神图鬼板、神鹰展翅、葫中避水、支格阿鲁、奢香夫人、图腾神柱、创世画廊。

（4）六部博览区：彝汉结盟、土司碉楼、木质吊桥、铁索桥寒、济火石桥、希慕遮桥、茶马铃声、屋顶街市、劝学石墙、名人蜡像。

（5）火把狂欢区：虎娃拱天、草楼情歌、破葫成亲、清流阁饮、转转酒壶、刺绣照壁、乐器音箱、蘑菇凉亭、清水石桥、青春火舞。

（四）旅游容量

旅游容量是指特定区域的资源与环境状态在未受到不可接受的破坏水平时所能达到的旅游活动规模水平。根据《旅游规划通则（GB/T 18971—2003）》附录 A 中对旅游区旅游容量测算的表述与要求，旅游容量包括空间容量、设施容量、生态容量和社会心理容量四类。对于一个旅游区而言，日空间容量与日设施容量的测算是最基本的要求。本规划对彝人圣都旅游区的旅游容量测算兼顾生态环境容量和社会心理容量（主要影响因素是拥挤度），重点测算旅游区的日空间容量和日设施容量。旅游区的日旅游容量为日空间容量与日设施容量之和。

1. 日空间容量

日空间容量测算是在给出各个空间使用密度的情况下，把游客的日周转率考虑进去，即可估算出不同空间的日空间容量。

（1）测算方法

根据《旅游规划通则》日空间容量计算方法：假设某游览空间面积为 X_i 平方米，在不影响游览质量的情况下，平均每位游客占用面积为 Y_i 平方米 / 人，日周转率为 Z_i。则该游览日空间日容量为：

$$C_i = X_i \times Z_i / Y_i （人）$$

旅游区日空间总容量等于各分区日空间容量之和，即：

$$C = \sum C_i = \sum X_i \times Z_i / Y_i$$

目前我国旅游风景区空间日容量常用的计算方法有三种：面积容量法（景点日容量）、游线测算法（线路日容量）和综合法（旅游地日容量）。

①面积容量法

$$c = (A/a) \times D$$

其中：c——日面积容量，单位为人；

A——可游览面积，单位为平方米；

a——人均面积，每位游人占用的合理游览面积，单位为平方米 / 人；

D——周转率，$D=$ 景点全天开放时间（一般取 8 小时）/ 游完景点所需时间。

②游道测算法，包括不完全游道法和完全游道法。

a. 完全游道法：

$$r = L \times D / m$$

b. 不完全游道法：

$$r = L \times D / [m + (m \times E/F)]$$

其中：r——日游道容量，单位为人；

L——游道全长，单位为米；

m——每位游人占用的合理游览长度，单位为米；

E——沿游道返回所需的时间，单位为小时；

F——游完全游道所需的时间，单位为小时；

D——周转率，同上。

③综合法

$$C=\sum_{i=1}^{m}c_i+\sum_{j=1}^{n}r_j+c_0$$

式中：c_i——第i个核心游览区（景点）容量；

　　　r_j——第j条游道容量；

　　　c_0——非核心游览区容量。

本规划采用综合法对彝人圣都的日空间容量进行测算。其中游道法采用完全游道法。

（2）测算标准

根据田里、李常林编著的《生态旅游》一书中对生态旅游环境容量的单位界定：荒野5人/公顷、森林公园15人/公顷、国家公园15~70人/公顷、露营300人/公顷、野餐和郊游300~600人/公顷。海滨度假地人均10平方米海滩、1米长海岸。

根据章海荣著的《旅游审美原理》一书：人际距离可分为亲密距离、个体距离、社会距离和公众距离四种类型，距离分别在1~45厘米、46~210厘米、211~360厘米以及361厘米以上。并指出景区人均游览面积16平方米，人均游览长度3.5米。陆地平地旅游容量为2平方米/人，山地游容量为4平方米/人，水面游容量为8平方米/人。[①]

本规划结合上述标准，确定核心游览区（景点）容量为陆地平地旅游容量为2~16平方米/人，游道容量为3.5米/人，非核心游览区容量为20~300人/公顷。

（3）日空间容量测算

规划彝人圣都旅游区总面积约为12.18平方千米（1218公顷），其中可游览区面积约为3.18平方千米，非游览区面积约为9平方公里。可游览区面积中，核心游览区（景点）面积约为14公顷，非核心游览区面积约为797公顷。

①核心游览区容量测算

未来，彝人圣都的核心游览区主要分布在五个功能区的地标景观周边，包括太阳广场（36500平方米）、羊角广场（10000平方米）、祭祀广场（9999平方米）、八虎广场（9801平方米）、跳菜广场（10000平方米）、彝秀剧场（径58米，面积10568平方米）、天象馆（80000平方米）、其他主题广场（80000平方米）等。从表1.7.2可知，彝人圣都核心游览区可游览面积为

---

① 章海荣.旅游审美原理［M］.上海：上海大学出版社，2002.

174868 平方米，日空间容量为 6637 人。

表 1.7.2　核心游览区日空间容量

片区	可游览面积（平方米）	人均面积（平方米/人）	周转率	日空间容量（人）
太阳广场	36500	15	0.4	973
羊角广场	10000	10	0.5	500
祭祀广场	9999	10	0.5	500
八虎广场	9801	10	0.5	490
跳菜广场	10000	10	0.5	500
彝秀剧场	10568	9	1	1174
天象馆	8000	8	1	500
其他主题广场	80000	16	0.4	2000
合计	174868	—	—	6637

②非核心游览区容量测算

按照规划，将彝人圣都划分为五个片区，每个片区的非核心游览区面积与日空间容量见表 1.7.3。从表 1.7.3 可知，彝人圣都非核心游览区面积为 797 公顷，日空间容量为 3603 人。

表 1.7.3　非核心游览区日空间容量

片区	非核心游览区面积（公顷）	人均占用面积（公顷/人）	日周转率	日空间容量（人）
东部	127	0.04	0.2	635
南部	27	0.01	0.3	810
西部	247	0.05	0.2	988
北部	375	0.05	0.1	750
中部	21	0.01	0.2	420
合计	797	—	—	3603

③游道容量测算

彝人圣都旅游区的主要游道有沿洗马河旅游专线老游道、旅游专线新游道、高高山入村游道等（见表 1.7.4）。从表 1.7.4 可知，彝人圣都旅游区的游道总长度约为 12 千米，日空间容量为 2115 人。

表 1.7.4　游道日空间容量

游道	长度（米）	人均占用长度（米/人）	日周转率	日空间容量（人）
旅游专线老游道	2300	3.5	0.8	526
旅游专线新游道	2350	3.5	0.6	403
高高山入村游道	1000	3.5	0.9	257
其他游道	6500	3.5	0.5	929
合计	12150	——	——	2115

　　将彝人圣都核心游览区容量、非核心游览区容量和游道容量三种日空间容量测算数据加总，得出彝人圣都旅游区的日空间总容量为 12355 人。

2. 日设施容量

　　日设施容量的计算方法与日空间容量的计算方法基本类似。彝人圣都需要测算的旅游设施主要包括餐饮设施、住宿设施、摆渡车和停车场四类。

　　①测算方法

　　根据《旅游规划通则》日空间容量计算方法：假设一个旅游设施的座位数为 X_i，日周转率为 Y_i，则日设施容量为

$$C_i = X_i \times Y_i$$

　　旅游区日设施总容量为：

$$C = \sum C_i = \sum X_i \times Y_i$$

其中旅游接待设施，如宾馆、休疗养院的日间系数建议为 0.4。

　　本规划采用卡口容量法测算旅游设施容量，具体公式为

$$C = B \times Q = (H - t_2)/t_3 \times Q$$

式中：C——日旅游容量，单位为人；

　　　B——日游客批数，$B = t_1/t_3$；

　　　Q——每批游客人数；

　　　t_1——每天游客时间，$t_1 = H - t_2$，单位为小时；

　　　t_2——游完全程所需时间，单位为小时；

　　　t_3——每两批游客相距时间，单位为小时；

　　　H——每天开放时间，单位为小时。

　　②日设施容量测算

　　彝人圣都旅游区需要测算设施容量的主要是停车场。目前，彝人圣都规划修建有南、中、北三处大型生态停车场，有车位 2575 个，每辆私家车容量按 3 人计算，旅游区游完全程所需时间（t_2）为 6 小时。停车场每天开放时间

（ H ）为 8 小时（见表 1.7.5）。从表 1.7.5 可知，彝人圣都旅游区的车位总数为 2575 个，日停车场容量为 2575 人。

表 1.7.5　旅游区停车场日容量

停车场	面积（平方米）	车位数（个）	t_2（小时）	t_3（小时）	总接待量（人）
生态停车场	90000	2575	6	6	2575

根据《旅游规划通则》（GB/T 18971—2003）中关于旅游容量的计算法则，将彝人圣都旅游区的日空间容量与日设施容量测算数据加总，得出彝人圣都旅游区的日旅游总容量为 14930 人。

八、项目策划

（一）太阳历法区

【景区概况】位于旅游区南部，北面遥望轿子山，南面紧邻转龙镇，东面与北面被洗马河环绕，形成台地案山。

【功能定位】该功能定位为彝族科技文化展示，展示彝族天文历法、彝族文字、彝医彝药等内容。

【开发思路】该区按照最具有代表性的彝族科技成果，打造太阳公园、彝文碑林、彝医堂三个主题板块。（见图 1.8.1）

图 1.8.1　太阳历法区鸟瞰图

1. 太阳公园

（1）天象馆。天象馆以宇宙星体、彝族历法为创意，形似半圆空竹，周围水面环绕，夜景下如圆盘星系。天象馆内按主题分为"历法起源、八方纪年、十兽纪月、十二属相纪日、情景模拟、斗转星移、星宿占法"七大展馆。"情景模拟"可参考哥本哈根天文馆，打造中国最大 3D 天象映像厅（见图 1.8.2）。

图 1.8.2　天象馆效果图

（2）太阳广场。彝族十月太阳历是世界上最为精确、古老的天文历法之一，太阳广场是融合传统圭表和地平日睿系统而形成的大型天文科普设施。主体为三层圆形平台，平台上矗立十根高低不等红铜浮雕立柱，广场一侧修建小型人晷雕塑，游客可将自己作为晷针，通过自身影子来测量时间（见图 1.8.3）。

（3）彝绣大地。彝族的刺绣类型多样，图案精美，色彩鲜艳。以天文历法为主题，将彝族刺绣与天文历法相结合，在太阳广场四周有规律种植马缨花、玫瑰花、薰衣草等花卉，形成以抽象的日月星辰、五行八卦等图案，打造独具特色的彝绣大地（见图 1.8.4）。

图 1.8.3　太阳广场效果图

图 1.8.4　彝绣大地效果图

（4）属相群雕。彝族以十二属相记日，在太阳公园配套建设十二属相群雕。群雕以白色砂岩为材质，突出动物形象特征，座基为八面柱，雕刻彝族图腾，同时在群雕附近设置多语种（彝语、汉语、英语）解说牌，解说彝族纪日、属相禁忌及相关传说。

2. 彝文碑林

（1）彝文柱。彝文历史久远，是彝族历史文化的载体。为了让更多旅游者认识和学习彝族文字，修建九根花岗岩彝文柱，柱子自南向北一字排列。

围绕彝文的起源演变、基本笔画、造字方法、常用词汇等科普知识，每一根柱子上都雕刻有彝族文字，并附上汉字注释。

（2）彝文碑林。云南禄劝镌字岩《凤诏碑》、镇雄芒部《千秋万代》碑、石屏李茂墓碑等都是著名的金石铭刻类彝文古籍。修建彝文碑林，旨在向游客展示彝族文字的书法艺术以及所承载的历史文化。碑林涵盖彝族历史上重要的碑文、墓志、石刻等金石铭刻。

（3）彝文地景。以自然为载体，以彝文为主题，将艺术与自然有机结合起来创造的大地艺术。彝文地景以观赏性较强的花草作为"原材料"，将彝族文字融入传统剪纸艺术、刺绣艺术、雕刻艺术、文身艺术、书法艺术、绘画艺术中，在大地上形成充满乐趣的文字图案。

（4）彩陶工坊。仰韶彩陶刻画符号被誉为中国文字始祖，与彝文创始文字具有神秘的亲缘关系。工坊通过实物展示彝族刻画符号，同时也可开办DIY彩陶制作班，配以专业陶艺师进行辅导教学，自制彩陶可留作纪念或馈赠亲友，形成私人定制艺术品。

3. 彝药堂

（1）焕章纪念馆。"伤科圣药"云南白药由云南彝族民间医生曲焕章所创制。纪念馆外形为传统彝族建筑，内部装修、展品陈列体现彝族古朴风格，收集曲焕章及云南白药相关的史料，展示云南白药的诞生和发展等；考虑将纪念馆开发为爱国主义教育基地，与云南白药集团合作定期推出云南白药工业旅游活动。

（2）彝药馆。彝药馆是展示彝医医药的重要载体。依据其功能可划分为三个区域：药酒斋、药膳坊、药研舍。药酒斋通过实物展示、药酒品鉴等形式传达彝族视酒为药的文化，药膳坊可开发采药体验、药膳美食两种活动，药研舍邀请彝药专家开展医学研讨活动。

（3）火疗宫。火疗宫将彝族对葫芦的崇拜与对火的认知融合起来，打造集疗养、健身、休闲为一体的体验中心。整体为葫芦造型，利用彝族传统熏疗法、蒸疗法、热压法等多种火疗方法，使游客体验彝族特色医疗方式。

（4）漂浮馆。以彝族先民"气生雾、雾生水、水生万物"认知为理念，打造集休闲、科普、养生为一体的漂浮馆。漂浮馆分上、下两层，上层为药疗熏蒸室，烟雾缭绕，形似圆盖，下层为水浴漂浮馆，形似盂钵，中间以滑梯相连，形成"清气升于天，浊气沉于地"的玄妙体验。

（二）雪山圣水区

【景区概况】该区位于旅游区中心位置，南临历法公园区，北连祖灵祭祀区，地势平坦开阔，分布有通共德村，是目前旅游区的旅游集散中心。

【功能定位】该区功能定位为彝族休闲文化展示，展示彝族商业文化、聚落文化、饮食文化等内容。

【开发思路】该区按照"一带、两片"格局，即民宿彝寨、激光水舞、王宴餐厅三个主题板块，以表现彝族的休闲生活，重点表现彝族的村寨形貌、商业交流、饮食礼俗等内容（见图 1.8.5）。

图 1.8.5　雪山圣水区鸟瞰图

1. 民宿彝寨

（1）主题客栈。通过民居改造、新建在通共德村建设主题民宿客栈群。从村寨整体环境入手，通过环境绿化、美化，疏通村寨水系，遍植风情树种，规范建筑风格，打造宜居氛围；以家庭为单位，按照"一户一主题"思路，突出不同主题，如图腾、彝文、彝药、花卉等（见图 1.8.6 和图 1.8.7）。

（2）工艺作坊。在通共德村人口分布密集处建设工艺作坊，满足旅游者购物观赏需求。按照民族化、特色化、艺术化原则进行民居改造，实施"一户一品"模式，形成类型多样的工艺作坊，如刺绣作坊、乐器作坊、银器作坊等。

（3）精品农庄。对通共德村原有小型养殖场和农家乐进行优化提升，打造精品农庄。建筑外观按照彝族特色进行艺术化改造，营造干净、舒适的农家环境，推出 DIY 农家乐、特种动植物观赏、生态科普教育等多种不同类型的产品。

（4）月琴雕塑。月琴雕塑具有提升文化内涵、汇集游客人流双重作用。在通共德主题小广场修建景观小品型月琴雕塑，雕塑取材于彝族文学艺术作品，以场景化、组团化、生态化为理念，形成有乐器、有人物、有故事的创意雕塑。

图1.8.6　民宿彝寨效果图

图1.8.7　彝寨古戏台效果图

2. 激光水舞

（1）圣水接引。修建雪山圣水亭，内置仿古青铜大瓮，用于盛接来自彝人神山轿子山顶圣水，每年火把节或其他重要节庆活动时举行专门毕摩祈福活动，选拔雪山圣女向瓮中注水，其他时间雪山圣水亭需隔离开来，游客只可远观投币祈福。

（2）水舞秀。以澳门新濠天地水舞间为参考，打造与彝秀相对应的国内一流的室外水景秀场。水舞秀开发两大功能：一是作为水幕电影、喷泉水舞的展示舞台；二是作为荧光芭蕾、千手观音等实景演出的表演舞台。在具体的科技手段运用、演职人员聘用、管理机制选用上水舞秀可与彝秀一体考虑。

（3）滨河酒廊。以打造文化创意街区、激发滨河商业潜力为目的，在洗马河两岸修建休闲娱乐酒街，洗马河上有各类石桥、木桥、吊桥相连接；疏浚河道，沿河修建龙头雕塑，形成千龙喷水景观，同时注意运用绿植、花卉、栈道、小品丰富滨河景观（见图1.8.8）。

（4）羊角广场。彝族有崇羊习俗，羊神代表畜神。参考四羊方尊青铜形象在广场正中修建四面青铜装饰羊角石雕；羊角广场是连接东西南北其他四个片区的重要节点，可在地面上利用石材、金属等做出指引路线，是人群集散、歌舞表演及其他民俗活动的代表性区域。

（5）水碓碾房。在洗马河上石桥旁修建传统碾米水碓房，水碓以大水车为动力，为三头连机碓，碓房内摆放有小型水碓模型说明其工作原理；水碓规模较大，兼有科普与景观小品双重功能。

图1.8.8 滨河酒廊效果图

3. 王宴餐厅

（1）彝王盛宴厅。彝王盛宴厅与彝王府中轴线相对应，形象取自彝族漆器与毕摩法帽，以打造彝式高端餐饮品牌为宗旨。建筑外立面以彝族传统纹样为装饰；以民族图腾造型为门头，整体建筑显示浓郁彝族文化风格。餐厅运作可参考世博宴舞模式，将美食、美器、演艺融为一体。

（2）长龙宴。彝族长龙宴类似哈尼族长街宴，以提供旅游者喜闻乐见的彝族生态"八大碗"美食为特色，长龙宴修建有太极双龙金色屋顶，可供千人同时就餐，龙眼处为供奉灶神神龛，建成后将成为国内罕见的民族特色餐饮。

（3）彝族克智社。克智类似于汉族的说唱艺术，多在娶亲嫁女、聚会等场合表演。克智社可参考郭德纲德云社运作手法，将说唱艺术与茶楼餐饮结合起来，邀请克智好手进行对抗性演出。

（4）彝人礼俗馆。彝族是一个文武并重、讲究文明礼貌的民族。礼俗馆重点推介三种彝族生活习俗:一是成人礼,采用商业模式运作,可为游客定制;二是待客礼,免费邀请游客进馆体验;三是抢新娘,重点表现泼水、摸黑脸、哭嫁等环节,以表演为主。

(三) 祖灵祭祀区

【景区概况】位于旅游区北部,北面紧临轿子山,南面俯瞰转龙坝子,地形呈南北向带状阶梯分布,形成三个层次台地,周边林木茂密(见图1.8.9)。

【功能定位】功能定位为宗教文化展示区,重点表现彝族祖先崇拜、神灵崇拜、图腾崇拜等宗教信仰文化,反映彝族与祖先、与神灵、与世界之间独特的关系理解和沟通方式。

【开发思路】该区按照中轴线分三个台阶,即布局万年圣火坛、祭祀广场、笃慕雕像三个主题板块。

图1.8.9 祖灵祭祀区鸟瞰图

1. 万年圣火坛

(1)圣火坛。彝族认为火源于天、燃于地,只有火才能达到神灵处。万年圣火坛形制类似玛雅人金字塔,四边塑虎,四角置龙,顶部设圣火坛;内部设圣火塘,由毕摩引来天火,保之常年不灭,可根据彝族《指路经》路线,设计彝族圣火传递活动(见图1.8.10)。

(2)烤茶馆。烤茶是彝族传统饮茶方式,在传统居家中检验着主人的手艺。烤茶馆内仿铁板烧明档厨房展示方法,以彝族传统火塘作为中心,以彝族传统纹饰为装饰,售卖马扎(彝族文身)特制涂料、茶叶等特色商品。

(3)密枝龙林。彝族村寨的密枝林被视为圣洁之地,中有"龙树"。密枝龙林种植松柏、银杏、枫叶、竹子、杜鹃等林木,选择林内陡峭崖壁修建祖灵箐洞，择定枝繁叶茂巨木为龙树，树下石宫刻以龙图腾，宫内"护寨龙"可抬出祭祀。

（4）竹林迷宫。彝族分支有竹图腾习俗。以南诏王阁逻凤玉玺阴刻印文为素材，打造竹林玉玺迷宫。印文变体迷宫图案，以竹林为外立面造型，墙体以彝族迁移繁衍路线，作为走向线索，迷宫底部绘制封禅"乐尼白"场景。

图 1.8.10　万年圣火坛效果图

2. 祭祀广场

（1）祭祀广场。祭祀广场是后代与祖灵沟通联系的场所，在第二级台地修建祭祀广场。地面雕刻彝族各地《指路经》文字，广场正中以水系相连，左右设置台阶，供毕摩拾级而上朗诵经书，广场两边分别竖立 10 根图腾柱，以增强广场气势，广场正中设飞鹰高台，供毕摩诵读经文为亡灵指路（见图 1.8.11）。

（2）食祭博物馆。食卜、食祭文化是彝族饮食文化中重要的分支，彝族对于献祭食品十分考究。食祭博物馆分为五贤食闻、祭祀庖厨、兽骨占卜三个主题，分别展现彝族"生、烧、煮"的饮食文化、"活祭、生献、熟献、血祭"的献祭文化、"獐狼骨、鹰腿骨、羊狼骨、鸡腿骨"的食卜文化；同时可在博物馆设彝族传统饮食区。

（3）纸祭圣墙。纸祭是彝族较为典型的一种祭祀手法。纸祭圣墙以彝族传统建筑色调土红色为墙底，以剪纸图案为装饰，以天坛回音壁为形，可神化毕摩祭祀时效果，设置游客体验区，供游客粘贴特依捏（剪纸）祈福。

（4）荞粑洞。《指路经》传说，送灵时需穿越荞粑洞，此洞是人间与祖界分隔标志。荞粑洞按传说建成巨型牛鼻子形状，在荞粑洞内设置暗室，人们通过暗室看到自己三处影子暗喻彝族"三魂"；在祭祀广场通往祖灵箐洞的途中，设置彝族传说中象征祖界与人间分隔的"小水沟"。

（5）实祭堂。彝族祭祀分为实物祭祀与纸祭两大类。选择临水地带建实祭堂。实祭堂分为药祭、酒祭、水祭等区域，展示彝族药祭、酒祭、水祭的祭祀文化；依据《彝族献药经》《双柏彝医书》等彝药典籍，配置养生彝药、药酒供游客选购。

（6）咪司庙。彝族认为山神是诸神中力量最大的，能降妖除魔，地位仅次于祖先神。咪司庙入口处竖有石雕，内设置山神像，山神像可采取巨大石材雕刻半身彝族传统神祇。

（7）毕摩院。毕摩文化是彝族传统文化的精髓，毕摩是彝族文化的创造者、传播者、传承者。毕摩院以传承彝族文化为宗旨，具有典籍收藏、学术研究、教育培训、对外交流四重功能，由此设立彝文典籍收藏馆、毕摩文化研究室、毕摩资格教育中心、彝学会议交流中心功能板块。

图 1.8.11　祭祀广场效果图

3. 笃慕雕像

（1）笃慕雕像。笃慕是滇、川、黔、桂四省（区）彝族共同尊奉的人文始祖。笃慕像高 209 米，中空且顶部镶嵌透明玻璃。由电梯升至笃慕像眼睛处可俯视全景，在四周墙壁浮雕彝人"独眼人、竖眼人、横眼人"的起源史，并设置"独眼（只容一眼）""竖眼（光学倒映）""横眼（全景眺望台）"的观景效果以及天文望远镜星空观望台。

（2）笃慕殿。轿子山下彝人再生始祖笃慕娶三妻生六子，开启了彝人在祖国西南的垦荒时代。在笃慕像下修建笃慕殿，殿内设置史传洪水前、定居乐尼白（轿子山）、六祖分支后三组主题区域，利用微缩景观、史料、考古实物、声光电技术再现彝人始祖笃慕的伟大成就。

（3）六祖栈道。彝人六祖分支始有今日彝区布局。将区域内景点间的连接线建设成六祖分支栈道。实施栈道景观化，以仿古石材为原料，杂植各类花卉树木；实施栈道科普化，以绿叶遮蔽解说词，吸引游客一探究竟；实施栈道趣味化，在栈道上不定期埋藏宝物，吸引游客探宝。

（4）创世画廊。支格阿鲁是彝族传说中的射日英雄和创世英雄。画廊入口处设置临水飞翔的神鹰以及破石而出的神龙，画廊建筑采光沿用"暗室明塘"手法，画廊内通过浮雕重现支格阿鲁"出生、夺弓、救母、射日"等经典场景，使画廊呈现出恢弘辽远的诗画意境。

（5）葫芦阵。葫芦与彝人躲避洪灾、生殖崇拜密切相关。葫芦阵可分布在六祖分支栈道附近，赋予每处葫芦有一个传说主题，形成诸如"始祖繁衍""新婚共饮""天神相助""笃慕幸存""尊堂葫芦"等景观小品，根据需要葫芦阵采用仿生葫芦、图腾葫芦、镂空葫芦等不同材质。

（四）六部博览区

【景区概况】位于旅游区东部，洗马河东岸，与西部火把狂欢区相呼应，地形为山地，周边林木葱茏（见图1.8.12）。

【功能定位】功能定位彝族建筑文化展示，为不同地域彝族建筑艺术的集中展现区。

【开发思路】该区按照六祖分支彝族分布的主要区域，以彝族标志性建筑为景观载体，打造彝族人心目中的梦想家园。

图1.8.12 六部博览区鸟瞰图

1. 彝王宫殿

（1）九重宫殿。彝文古籍中记载最多的九重宫殿为默支系云南东川阿于德部所修。九重宫殿取法自天地，认为天有九层，地基建为九台，地有八层，修建八个院落。九重宫殿建设可与彝王宫殿建设综合考虑，采取组团式布局，可与贵州宣慰府形成区别，建筑色彩要求华丽辉煌，威严大气（见图1.8.13和图1.8.14）。

图 1.8.13　彝王宫殿鸟瞰图

图 1.8.14　彝王宫殿效果图

（2）八虎广场。彝族有虎图腾信仰，在九重宫殿前修建八虎广场。广场形貌取自彝族八角观念（即汉族所说八卦），广场呈正八边形，每边设置一尊青铜猛虎，反映虎生宇宙、虎生人类主题。

（3）家支谱牒墙。文物发掘及典籍记载表明，早在商代彝族就已使用青铜器。将彝族家支文化与青铜文化结合，修建家支青铜墙。墙体运用现代工艺，采用青铜材质进行修建，利用浮雕艺术对家支文化进行形象再现，重点再现家支迁徙和一些重要的历史事件，如"彝海结盟"。

（4）家支基因库。为寻找彝族家支的祖先来源及迁移路线，修建家支基因库。基因库配备先进基因仪器、设备，建立并逐步完成基因数据库，利用现代基因检测技术手段寻找彝族游客基因来源，同时也可与人类学、生物学、医学等专家开展基因专题合作。

2. 武乍部落

（1）滇西地区彝族——照壁院落：

①三坊一照壁。三坊一照壁是大理巍山彝族最为典型的民居建筑形式。主房顺山势依山而建，两侧耳房较低，再加上一照壁，这是土木结构的组合建筑。可根据山形走势，分类建设由简单到复杂的"三坊一照壁"建筑群落。

②打歌广场。彝族舞蹈多姿多彩，式样繁多，最具代表性的是浑厚古朴的具有群众自娱性的集体舞蹈"打歌"。彝族打歌风格刚劲、明快，有 168 种舞步之多。修建打歌广场既可以安排游客参与体验，亦可作为彝族表演性舞蹈如"南涧跳菜""哑神舞""圆圈舞"表演之用。

③扎染工坊。彝族扎染历史悠久，早在 1000 多年前，彝族和白族先民便掌握了印染技术。巍山彝族扎染采用天然植物染料，发挥传统民间扎花工艺特色，做工精致，图案多变，具有古朴、典雅、自然、大方的特点。扎染工坊采取开放式生产模式，旅游者既可参观欣赏，又可购物洽谈。

④姑娘房。彝族姑娘房是彝族延续青年男女自由恋爱的传统习俗。姑娘房仅限未婚的青年男女出入，已婚者禁止入内。作为彝族婚恋文化的一种反映，修建姑娘房主要为彝族青年对唱山歌、梅葛之用。

（2）滇中地区彝族——一颗印院落：

①一颗印。一颗印由汉、彝先民共同创造，最早在昆明地区流行起来，基本规则为"三间两耳倒八尺"。随着昆明城市扩张，一颗印民居已经越来越少。在景区内恢复重建"一颗印"建筑聚落既是向昆明地区古建筑致敬，也是为都市里不胜喧嚣的"发条人"打造一片心灵宁静之所。

②三弦广场。彝族"大三弦"富有强烈的感染力。彝族火把节期间，没有"大三弦"就如同傣族泼水节没有"象脚鼓"一样缺乏活力。策划大三弦广场可作为群众性参与性舞蹈"打歌""左脚舞"的活动场所，同时考虑在广场周围将彝族传统乐器具如月琴、品弦、三弦、巴乌、马布、阿乌等用雕塑、植物造型予以表现。

③刺绣工坊。彝族刺绣种类繁多、丰富多彩、制作精美、异彩纷呈，是彝族传统文化的一种体现，是彝族服饰中不可缺少的部分。修建彝族刺绣工坊一方面可以挖掘彝族传统技艺，同时也可将刺绣场景打造成可观、可赏、

可学、可买的彝家姑娘生活风景线，每月定期开展彝族刺绣技艺大赛，胜出者可给予物质或工作机会奖励。

④虎娃群雕。彝族从图腾信仰到祖先崇拜，从耍虎舞到崇虎敬虎，从虎历虎星占到绘虎绣虎，虎的形象无时不有，无处不在。在景区内设立虎娃群雕寓意虎的子孙生生不息，绵延不绝。

（3）滇南地区彝族——土掌房院落：

①土掌房：彝族土掌房为彝族先民的传统民居，距今已有 500 多年的历史，层层叠落，相互连通，远远看去甚是壮观。修建土掌房建筑群落以反映滇南彝族建筑文化，其用途可作为乡村民俗特色酒店，同时选择 1~2 户作为滇南彝族文化传习所，为游客对比欣赏不同区域、不同时代彝族传统文化提供场所。

②跳月广场。阿细跳月是彝族阿细人最具代表性的民族民间舞蹈，发源于云南省弥勒市西山阿细人聚居区，流行于云南弥勒、石林、泸西等地，是青年男女社交娱乐形式。策划跳月广场有两大用途，平时用于群众性自娱自乐舞蹈，节时用于专业彝族音乐歌舞表演，如花腰彝女子舞龙等。同时根据跳月由来在广场周围遍植青松、翠竹、花卉。

③黑陶工坊。黑陶被誉为"土与火的艺术，力与美的结晶"，彝族黑陶具有黑、薄、光、细等特点，在艺术制作上保持了"黑如漆、明如镜、声如磬"的特色。黑陶工坊采取前店后坊式运作，力求在保持传统特色的基础上，进行艺术化再造与创新。

④竹饮阁。火塘是彝族饮食、待客、议事、祭祀、敬神的核心。选择竹林平整地带修建火塘竹饮阁，作为学术沙龙、休闲交流的场所，提供烤茶、罐罐茶、彝酒（杆杆酒、转转酒）等饮食服务，为游客提供"观天然竹林美景，品生态彝家美酒"的美好体验。

3. 糯恒部落

（1）瓦板房。瓦板房是凉山彝族传统民居，双坡屋顶，木架搭成，屋顶不用瓦或草盖，而以木板作瓦。随着生活水平的提高，在凉山彝区瓦板房逐步退出历史舞台，家家户户搬进了砖瓦房。因此，可使用木质仿真材料恢复重建凉山瓦板房聚落，使彝族传统建筑在此复活、升华。

（2）凉山碉楼。碉楼是四川凉山彝族地区常见的标志性建筑。碉楼具有防火、瞭望、射击、收藏贵重物品等功能，多为土木结构。碉楼可按阴阳对称原则修建两座，既是彝族建筑景观小品，也可作为景区观景台，同时可考虑将彝族的图腾崇拜物在碉楼上进行表现。

（3）秀美广场。四川凉山地区彝族的选美已有上千年历史，拥有诸多有关美女的传说，最为经典的是带领彝人用火把烧死蝗虫的美女尼扎阿芝。传说中彝族英雄支格阿龙的母亲蒲莫涅依，是彝族美女的偶像。可将凉山彝族选美活动进一步扩大至全国彝区，利用现代声光电技术修建永久性彝族民间选美大舞台，使彝族选美成为全国著名民族选美品牌。

（4）漆器工坊。漆器是彝族传统文化重要组成部分，以餐具和酒具为主，涉及彝人生活的方方面面，堪称彝族文化的重要符号。漆器的原材料，是生长于海拔 3500 米以上高寒地带的优质紫荆木，以及土漆、银朱、石黄等珍贵天然原料。漆器造型古朴厚重，兼具实用和美观的功能。

（5）泥染工坊。彝族泥染，作为一项古老的技艺，主要用于披毡、擦尔瓦的染印，在 20 世纪初叶还通行于大小凉山各地的彝族民间。凉山金阳县阿勒南瓦印染以染法独特，质量盛好，不褪色而闻名。泥染工坊以生产传统披毡为己任，同时也肩负着工艺的传承与创新。

（6）结盟雕塑。彝海结盟是中国共产党的民族政策在实践中的第一次体现和重大胜利，为革命胜利后制定民族政策和民族区域自治制度打下了坚实的基础。可将红军禄劝巧渡金沙江与威宁彝海结盟事件结合起来，用立体地图与红军群雕、连环画还原长征历史，弘扬民族团结、彝汉一家时代主旋律。

4. 布默部落

（1）板壁房。贵州彝族建筑比较典型者当数毕节市大屯土司庄园，是全国仅存的保存较为完整的彝族土司庄园之一，具有独特民族风格和浓郁的地方特色。历史上当地民居建筑分板壁房（板木结构）和土墙房（土木结构）两种，将板壁房作为贵州彝族建筑的代表可唤醒人们对流逝岁月的记忆。

（2）水西广场。水西是由彝族默支系慕齐齐的后裔妥阿哲所建立的勾则（彝族政权名），是元明两朝彝族土司贵州宣慰使司辖地，泛指贵州鸭池河以西广大地区，包括毕节市大部（威宁、赫章二县除外）及六盘水市部分。修建水西广场主要用于展演贵州彝族有"中华戏剧活化石"美誉的撮泰吉，同时用于表演其他贵州彝族地方特征的舞蹈如铃铛舞、月琴舞等。

（3）乌撒茶艺馆。"烤茶"是乌撒彝族最具特色的茶文化。因其烤制方式独特，色、香、味俱佳，深受人们喜爱。茶艺馆以乌撒传统烤茶工具，将茶艺与表演结合起来，为游客提供品茗、欣赏、学习等系列服务。

（4）奢香雕塑。奢香是元末明初彝族土司、贵州宣慰使陇赞·蔼翠之妻。其夫病逝后，奢香摄理贵州宣慰使职，筑道路，设驿站，沟通了内地与西南边陲的交通，巩固了边疆政权，促进了水西及贵州社会经济文化的发展，目前在贵州黔西、大方等县都修建有纪念奢香夫人的博物馆、景区等。建议雕刻奢香夫人汉白玉雕像，同时用连环画形式塑造奢香夫人重要时点场景。

（五）火把狂欢区

【景区概况】位于整个旅游区西部，洗马河西岸，与六部博览区东西呼应，地形以山地缓坡为主（见图1.8.15）。

【功能定位】功能定位为是彝族民俗文化的集中展现地，以民族节事为线索，以演艺秀场为舞台，打造彝族追求幸福生活的炫美空间，展示彝族的街场、酒坊、漆器、刺绣、银器、广场、选美、赛装、体育、秀场、歌舞、音乐、服饰等典型民俗事象。

【开发思路】该区按照彝族民俗内容分三个板块，彝家作坊——展示彝族传统技艺，风情秀场——展示彝族歌舞艺术，竞技广场——展示彝族民间体育活动。

图1.8.15　火把狂欢区鸟瞰图

1. 彝家作坊

（1）虎街龙场。虎街龙场是串联彝族生产工艺、市场交易等民俗文化的线索之一。街面以宽大条石铺就，沿街布置反映彝族土特产品、工艺产品、服装银饰、日用产品等文化的商铺。虎街为工艺步行街，严禁机动车辆驶入。

（2）茶马商会。茶马互市源于唐宋时期，是将川滇及内地的茶叶、布匹、盐巴等商品运输至藏区、川滇边区的骡马、毛皮、药材等相互交易市场。根据茶马互市历史，在虎街与龙场之间修建茶马商会，商会既是商品物资汇集之所，同时也是反映茶马互市历史的展览场所。茶马商会利用滇西常见的木楞房作为建筑形态，配有仓库、马厩、客房、商铺等。

（3）彝酒作坊。用传统彝族酿酒工艺进行生产。临街制作，既展示制酒工艺亦可作为DIY学习场所，同时也可应顾客需求，在周边寻找储酒洞穴，收取一定管理费用为其长期保存。

（4）银器作坊。以彝区银饰工艺为主，邀请彝族银饰非遗传承人指导、展演彝族传统银饰工艺。在传承馆内划分银饰展览区与购物区，传承馆内商品严格遵循"无假货"约定。

（5）竹编作坊：竹编工艺有着悠久的历史，富含着彝族人民辛勤劳作的结晶，竹编工艺品分为细丝工艺品和粗丝竹编工艺品。竹编作坊以细丝竹编为主粗丝竹编为辅，主要向旅游者展示彝家竹编技艺，同时销售细丝竹编工艺品。

（6）剪纸作坊：彝族剪纸是彝族妇女灵性自为的艺术创作。作品主要用作服装、卧具、居室和特定用品（如祭祀用品）的装饰，图案多以花鸟虫鱼，飞禽走兽以及自然崇拜的"神物"为表现对象。剪纸作坊邀请非遗传承人现场为旅游者定制个性化产品，并作为剪纸技艺传承地。

（7）苦荞店。彝族对苦荞有深厚的感情，苦荞是维持彝民族生命、繁衍的主要食品之一。根据苦荞的食用、保健价值，开发多系列苦荞产品，如苦荞茶、苦荞粉、苦荞方便食品、苦荞生粉、苦荞麦日用品等。

2. 风情秀场

（1）彝秀剧场。参考汉秀、傣秀经验，与国际文创团队合作，修建大型科技与艺术结合的彝秀剧场。剧场建筑形式可参考彝族传统纹样，将其打造成五线谱律动音乐模样，表演主题可参考《阿诗玛》《支格阿鲁》《南诏归唐》等传说、史诗（见图1.8.16）。

图 1.8.16　风情秀场效果图

（2）跳菜广场。彝族跳菜集美食与杂技于一身，具有丰富的文化内涵。跳菜广场具有民间歌舞展演与群众歌舞体验两种用途。歌舞展演主要包括跳菜、烟盒舞、铃铛舞、花鼓舞、达体舞等，歌舞体验主要为彝区普遍流行的"打歌""左脚舞""跌脚舞"。

（3）赛装中心。赛装时尚中心以反映彝族爱美、寻美、爱生活、爱家乡的心理诉求为基础，将彝区先有的赛装、选美、对歌等民俗整合起来，用现代商业运作手法将其打造成彝区甚至整个藏羌彝文化走廊上的时尚盛事。时尚中心以法国巴黎时装周举办地卢浮宫卡鲁塞勒大厅为创意原型，以彝区向天坟坟形制为造型，利用钢架、特种玻璃将其建造成三层阶梯式圆柱体建筑，以期与卢浮宫前玻璃金字塔相媲美。

（4）彝饰中心。彝族服饰种类繁多，创作空间广阔。设立彝族服饰文化中心可为进一步继承、创新彝族服饰文化提供基地，同时也为彝秀剧场演出提供取之不尽的服装服饰资源。服饰文化中心成立后可与国内外著名纺织学校合作，将其打造成研究基地。

（5）彝族乐器行。彝族是一个能歌善舞的民族，乐器为其锦上添花。乐器商行以经营销售彝族传统乐器如月琴、品弦、三弦、巴乌、马布、阿乌等为主，同时也可作为学习、体验彝族音乐的教室。乐器商行运作时可考虑音乐茶座形式。

（6）舞蹈教室。舞蹈教室设立的目的在于让每一个体验彝族"打歌"的旅游者学会基本的舞蹈动作。舞蹈教室紧靠跳菜广场，采取真人示范与视频讲解相结合的方式为旅游者简要介绍。舞蹈教室可采取"一颗印"建筑形式。

3. 竞技广场

（1）摔跤场。彝族以勇猛刚健民族性格著称。以古罗马斗兽场或福建土楼为建筑范本，在山坳中间修建摔跤场。摔跤活动运营可学习河南"梨园春"或"武林风"组织方式，分设专业组和业余组。摔跤场周边注意生态环境的恢复与营造，根据彝族图腾崇拜布置雕塑景观小品。

（2）弩箭场。紧靠斗牛场修建弩箭场，主要为旅游者体验彝族传统狩猎文化而设立。弩箭场采取购买与租用两种形式，购买弩箭免费射，亦可租赁箭场用具。根据射击成绩，箭场可给予礼品与减免活动，以进一步增加弩箭场吸引力。

（3）武术馆。彝族武术馆主要为适宜室内开展的传统体育活动而修建，如打陀螺、摔跤、武术等。民族体育馆同时也是一个体育赛事中心，每隔一定时期召开全国彝区打陀螺比赛、摔跤比赛、室内射击比赛等。

（4）坨坨肉餐厅。坨坨肉反映了彝族"大块吃肉、大口喝酒"的豪爽民族性格特征。餐厅建筑采用凉山瓦板房形式，纯木结构，以体现历史上凉山彝族与大山、森林休戚相关的建筑美学。根据食客需求，餐厅可将坨坨肉做成伴手礼馈赠亲友。

（5）野菌餐厅。野生菌餐厅可为国内外旅游者品尝野生菌美食、认识地方物产、加深彝族文化认识提供场所。餐厅建筑可参考泸西彝族土掌房形式，茶座为一个个盛开的蘑菇。室外部分可设立烧烤美食区。

九、旅游设施

（一）游客中心

根据彝人圣都旅游区的空间格局、功能分区、线路组织和游客游览需要，将游客服务中心分为三级：一级游客服务中心、二级游客服务站、三级游客休息点（见图 1.9.1 和图 1.9.2、表 1.9.1）。

1. 游客服务中心

在太阳历法区建设多功能综合性的一级游客服务中心。建设内容包括管理中心、展览厅、信息服务台、商品部、放映厅、儿童活动室、办公用房等，配置影视厅、触摸屏、游览引导、宣传展示、门票、导游、咨询、投诉、救援等设备。一级游客服务中心建筑面积约为 5000 平方米。

2. 游客服务站

在雪山圣水区、祖灵祭祀区、六部博览区、火把狂欢区各建设 1 个二级游客服务中心。建设内容包括配置工艺品、食品饮料、公用电话亭、导游服务、旅游公厕等设施，并为游客提供咨询、接受投诉、导游指南等服务。二级游客服务站建筑面积 2000 平方米。

3. 游客休息点

在游览路线沿线适当位置设置若干游客休息点。游客休息点一般不设置建筑物，只设置若干观景平台、摄影平台、石凳、木凳、电话亭、垃圾箱等，满足游客驻足、休息、观景、摄影等需求。

表 1.9.1 游客服务中心建设规模

服务设施	档次	标准	规模（平方米）	容量（人次/日）
太阳历法区游客服务中心	一级	5A 级	5000	5000
雪山圣水区游客服务站	二级	4A 级	2000	2500

彝人圣都将构建 "一级游客中心、二级游客服务站、三级游客休息点" 的游览网络。

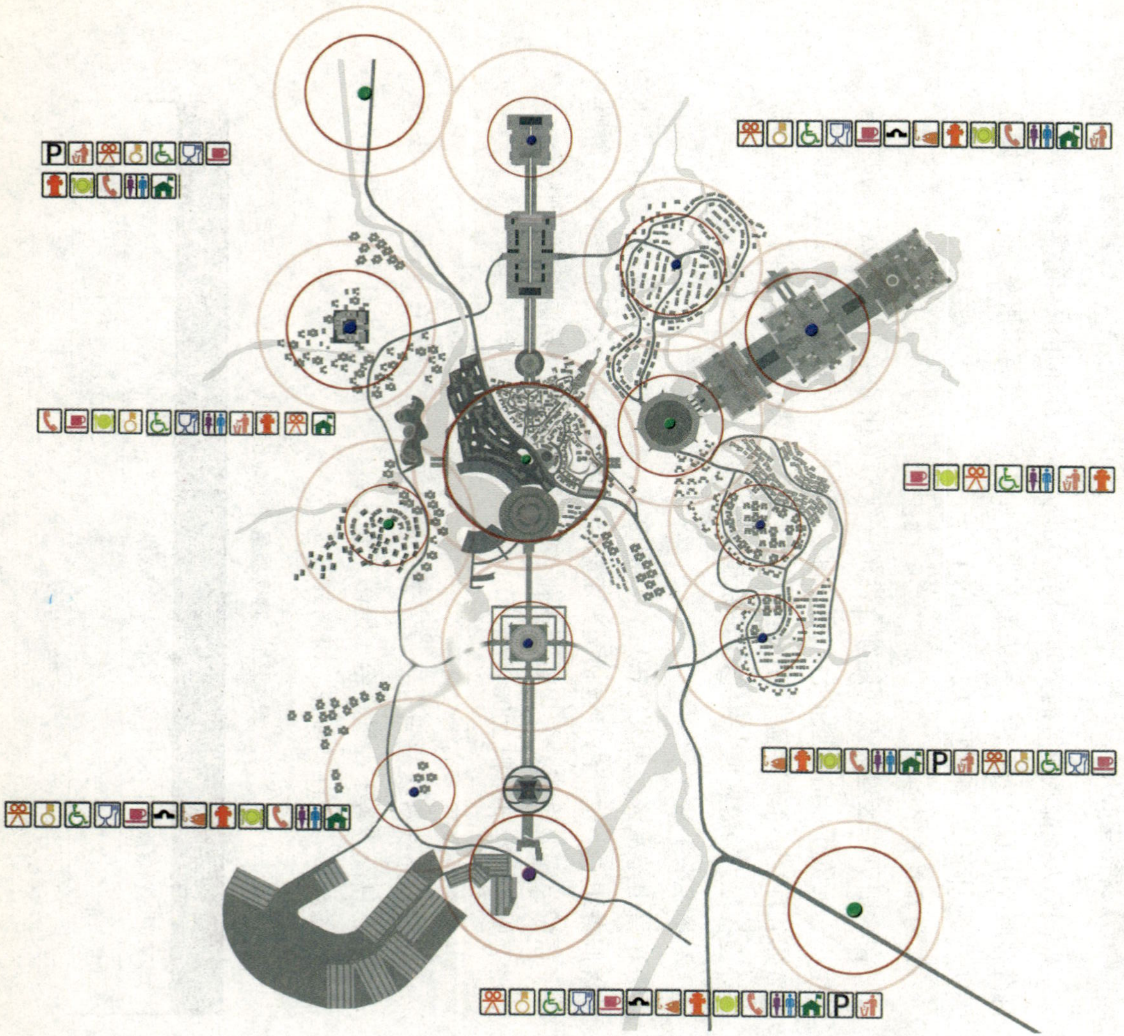

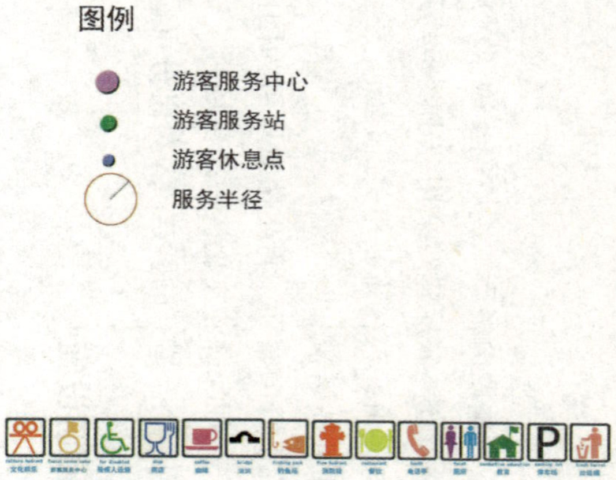

图例

游客服务中心
游客服务站
游客休息点
服务半径

图 1.9.1 旅游设施规划图

续表

服务设施	档次	标准	规模（平方米）	容量（人次/日）
祖灵祭祀区游客服务站	二级	4A 级	2000	2500
六部博览区游客服务站	二级	4A 级	2000	2500
火把狂欢区游客服务站	二级	4A 级	2000	2500
合计			13000	15000

图 1.9.2　景区大门效果图

（二）接待设施

1. 住宿设施

根据彝人圣都旅游区客源市场预测、旅游高峰期住宿游人比例和游客停留时间分析，预测至 2019 年接待旅游者为 35 万人次，2022 年接待旅游者为 184 万人次，2025 年接待旅游者为 326 万人次；各目标年度游客住宿率分别为近期（2019 年）5%、中期（2022 年）7%、远期（2025 年）10%，相应各年的住宿人数约为 1.75 万人次、12.88 万人次、32.6 万人次；住宿游客市场定位主要面向中高档消费的度假型游客、商务会议型游客，床位平均利用率近期为 60%、中期为 70%、远期为 80%（见图 1.9.3）。

根据旅游区的特点，床位需求数拟采用全年住宿总人数计算法推算床位需求规模，计算公式为：

$$C = R \times N / T \times K$$

其中：C——住宿床位需求数；R——全年住宿游人总数；N——游人平均住

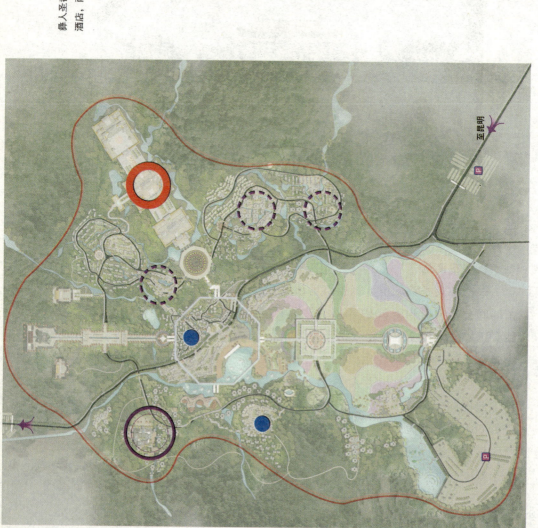

彝人圣都将形成 "一个大酒店、一个精品酒店,三个产权酒店,两个民宿系列" 的住宿体系。

图例

- ⭕ 彝王酒店
- ⭕ 精品酒店
- ⭘ 产权酒店
- 🔵 民宿系列
- ✦ 主出入口

图 1.9.3 住宿设施规划图

宿天数，近期1天，中远期1.5天；*T*——全年可游览天数取330天；*K*——床位平均利用率。经测算，共需住宿床位总数为：

$C_{近期}=（17500×1）/（330×60\%）≈88$ 张

$C_{中期}=（128800×1.5）/（330×70\%）≈558$ 张

$C_{远期}=（326000×1.5）/（330×80\%）≈1235$ 张

以上床位预测数可依市场促销情况和建设速度进行调整，考虑到旅游区的自然生态环境承载力，旅游住宿量弹性较大，住宿设施规模不宜过大，以免影响投资回收期，近期、中期和远期旅游区床位数控制在总需求床位的60%左右为宜，旅游旺季需求不足时依托彝人圣都旅游区现有住宿旅舍及民居客栈来解决，具体床位需求数及空间分布详见表1.9.2。

表 1.9.2　旅游区床位分布及需求规模预测

住宿设施名称	比例（%）	近期（张）	中期（张）	远期（张）
太阳历法区	3	2	10	22
雪山圣水区	20	11	67	148
祖灵祭祀区	2	1	7	15
六部博览区	45	24	151	333
火把狂欢区	30	16	101	222
合计	100	53	336	740

2. 餐饮设施

根据彝人圣都旅游区的总体布局、功能分区和发展需要，旅游区的餐饮设施布局如下（见表1.9.3和图1.9.4）。

（1）太阳历法区：打造药膳餐厅、火疗宫，形成150人的餐位规模。

（2）雪山圣水区：打造彝王盛宴厅、滇中风味、滨河酒廊等，形成1800个餐位；

（3）祖灵祭祀区：打造烤茶馆、食祭博物馆、毕摩院，形成350人餐位规模。

（4）六部博览区：建设跳菜餐厅、酒歌餐厅、四川风味、滇南风味、贵州风味等，形成700人餐位规模。

（5）火把狂欢区：建设野菌餐厅、滇西风味、茶马商会、坨坨肉餐厅，形成400人餐位规模。

表 1.9.3　餐饮设施分布

旅游功能区	餐厅类型	容人数（人）	档次
太阳历法区	药膳餐厅	100	中档
	火疗宫	50	高档
雪山圣水区	彝王盛宴厅	500	高档
	滇中风味	200	中档
	滨河酒廊	500	中档
	长龙宴	500	低档
	彝族克智社	100	中档
祖灵祭祀区	烤茶馆	50	中档
	食祭博物馆	100	低档
	毕摩院	200	中档
六部博览区	跳菜餐厅	200	高档
	酒歌餐厅	100	中档
	四川风味	100	中档
	滇南风味	100	中档
	贵州风味	100	中档
	竹饮阁	50	高档
	乌撒茶艺馆	50	高档
火把狂欢区	野菌餐厅	100	高档
	坨坨肉餐厅	100	中档
	滇西风味	100	中档
	茶马商会	100	中档
合计	—	3400	—

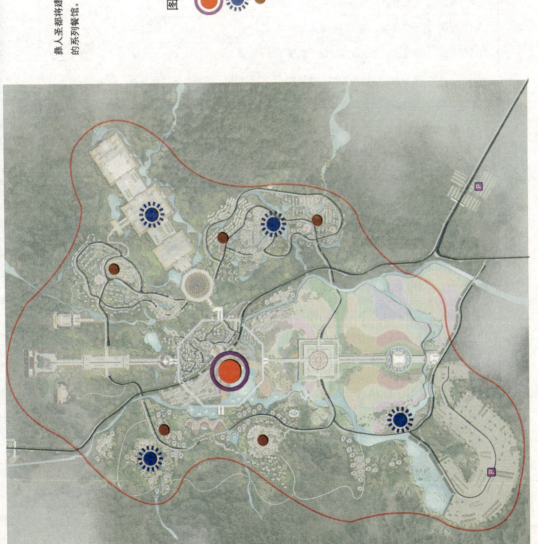

彝人圣都将建设"一大餐厅、四大餐馆、五个风味特色"的系列餐馆。

图例

● 彝王盛宴厅

● 四大餐馆

● 五个风味餐厅

图 1.9.4　餐饮设施规划图

3. 购物设施

根据当前旅游区的发展情况和未来旅游区的发展前景，实现旅游商品开发的民族化、规模化、精品化，合理开发旅游商业购物设施，以满足游客多样化、个性化的购物消费需求（见表 1.9.4）。

表 1.9.4　购物设施分布

旅游功能区	购物设施分布
太阳历法区	彩陶工坊、焕章纪念馆、彝药馆
雪山圣水区	工艺作坊、精品农庄、彝人礼俗馆
祖灵祭祀区	纸祭圣墙、笃慕殿、毕摩院
六部博览区	家支基因库、扎染工坊、刺绣工坊、黑陶工坊、漆器工坊、泥染工坊、乌撒茶艺馆
火把狂欢区	茶马商会、彝酒作坊、银饰作坊、竹编作坊、剪纸作坊、苦荞店、彝饰中心、彝族乐器行、弩箭场

4. 娱乐设施

根据旅游区的总体布局和重点项目的设施，彝人圣都旅游区的娱乐设施分布如表 1.9.5 所示。

表 1.9.5　娱乐设施分布

旅游功能区	娱乐设施与项目
太阳历法区	天象馆、彩陶工坊、漂浮馆
雪山圣水区	彝王盛宴厅、工艺作坊、水舞秀、彝族克智社、滨河酒廊
祖灵祭祀区	竹林迷宫、纸祭圣墙、创世画廊、葫芦阵
六部博览区	九重宫殿、打歌广场、姑娘房、三弦广场、跳月广场、秀美广场、扎染工坊、刺绣工坊、黑陶工坊、漆器工坊、泥染工坊
火把狂欢区	彝酒作坊、银饰作坊、竹编作坊、剪纸作坊、跳菜广场、赛装中心、舞蹈教室、摔跤场、弩箭场、武术馆

5. 环卫设施

按照"布局合理，方便使用，整洁卫生，利于环境卫生作业"的原则，结合旅游区总体发展布局，旅游厕所的设置与建设采用国家标准设计的水冲式公厕和应用新科技的免冲式公厕，在旅游区各服务点及主要功能区附近设置公厕，主要游览线沿途每隔 2 千米设置公厕一处，从而逐步实现旅游区环境卫生现代化、旅游环境整洁化。旅游厕所布局如表 1.9.6。

表 1.9.6　环卫设施分布

旅游功能区	旅游景区	厕所标准	厕所类型	厕所数量（个）
太阳历法区	太阳广场	5 星级	冲水式、免冲式	2
	彝文碑林	4 星级	冲水式、免冲式	1
	彝药堂	4 星级	冲水式、免冲式	1
雪山圣水区	民宿彝寨	5 星级	冲水式、免冲式	3
	激光水舞	4 星级	冲水式、免冲式	2
	彝王盛宴厅	5 星级	冲水式、免冲式	1
祖灵祭祀区	万年圣火堂	4 星级	冲水式、免冲式	1
	祭祀广场	5 星级	冲水式、免冲式	2
	笃慕雕像	5 星级	冲水式、免冲式	1
六部博览区	彝王宫殿	5 星级	冲水式、免冲式	2
	武乍部落	5 星级	冲水式、免冲式	3
六部博览区	糯恒部落	4 星级	冲水式、免冲式	2
	布默部落	3 星级	冲水式、免冲式	1
火把狂欢区	彝家作坊	4 星级	冲水式、免冲式	3
	风情秀场	5 星级	冲水式、免冲式	3
	竞技广场	4 星级	冲水式、免冲式	2
合计	—	—		30

（三）解说系统

1. 系统分类

（1）交通标志系统：在进入旅游区道路两侧设置明晰的导示标识及说明，并从游客需要角度加以设置。按照彝人圣都旅游区规划设计旅游路线，在游客服务中心以及进入旅游区的主要入口处设置大型导游图，可采用平面图、鸟瞰图、简介文字等表现形式，也可采用手绘的卡通图片，表明功能分区。

（2）游客服务中心（站）：在游客服务中心放置各式各样的宣传手册、印刷品，其中包括旅游区的宣传手册、功能分区介绍手册、项目介绍手册、文化介绍手册等。同时在服务中心内进行多方位展示、多媒体播放、服务人员讲解等。在每个主要的功能分区入口处设置游客服务站，全面介绍整个功能分区的旅游产品、服务设施等。

（3）接待设施系统：该系统包括客房、餐饮、娱乐、购物等场所的介绍，各类接待设施应根据行业标准采用统一规范的公共信息图形符号。将"请勿入内""小心路滑"等标语贴于相应位置告知旅客，附设设施的使用方法、位置等配置说明。

2. 系统规划

（1）解说系统构成：该系统由软件部分（导游员、解说员、咨询服务等能动性的解说）与硬件部分（导游图、导游手册、牌示、录影带、幻灯片、语音解说、资料展示柜等多种手段）构成。在导游员、解说员的人性化服务基础上，旅游区应以各种书面、图形、语音等设施设备为游客提供最佳游览服务，让游客读懂旅游区。

（2）牌示式硬件解说系统：①指路牌示。向游客清晰地标示出方向、前方目标、距离等要素，有时可以包含一个或多个目的地的信息。②景点牌示。说明各景点性质、历史、内涵等信息的标牌，以吸引游客阅读这类景点标牌。③忠告牌示。即告知游客各种安全注意事项和禁止游客各种不良行为的牌示，此种牌示多用红色，在旅游区以游览须知等形式设立安全、警告牌示。④服务牌示。主要指服务功能建筑物的导引牌示，包括更衣室、厕所、餐厅、冷饮、公用电话等牌示。

（3）景区解说系统方式：①文字解说，在主要功能区立牌用文字对景点进行说明；②绘图解说，塑造度假区全景（声光景流动画面及微缩展示）加以直观说明；③牌示解说，在游览途中岔口处设立与周围环境材质一致的指路牌示；④定点解说，在主要功能区安排解说员为游客免费、义务解说；⑤水上荧幕解说，此项解说方式主要安排在夜晚，场地是在山河湾区域，在游客休闲的同时提供解说。

3. 系统设计

（1）标识类型：通过在该点所要表达的必要信息来定义所布置的标识类型，每个标识应该具有独一无二的特点。

（2）标牌形状：标牌形状尤其是交通标牌形状要符合国家标准或国际标准；在无标准规范的情形下，应注意符合易辨识、不雷同的原则，与周围环境协调。

（3）标识文字：标识所采用的文字应为中英彝文对照，文字的大小、颜色、字体、高度等都应根据游客的视觉、标牌的大小进行设计。

（4）图例：对于有方向性的图标应用箭头准确表达方位，设计可大胆创新。其他的图示可用旅游区的资源和文化表达，图例可作为标识底版或作为插图进入，大小适中，色彩鲜明。

（5）语言：标识要表达的语言应采用新鲜积极的语气，意思的表达不应太刻板，要生动活泼，表达要人性化。

（四）智慧旅游

智慧旅游是包括信息通信技术在内的智能技术在旅游业中的应用；以互联网、大数据、云计算等技术为支点，通过电脑、手机、显示屏、触摸屏等智能终端，以增强旅游体验、改善旅游服务、提升旅游资源利用、创新旅游管理为目标，使旅游企业竞争力得到提高、旅游行业管理水平得到增强的同时，也为公众提供一个了解各类旅游信息的综合性应用平台。在我国智慧旅游大发展背景下，需着力推进彝人圣都智慧景区建设。

1. 建设目标

基于互联网与旅游业的深度融合，加强对信息技术的有效运用，把彝人圣都打造成智慧型民族文化旅游景区。

（1）通过智能化平台建设，实现彝人圣都旅游管理智慧化、旅游服务智慧化和旅游营销智慧化；

（2）推进旅游信息化建设，保障旅游安全和旅游品质，提升旅游者的旅游体验，树立起彝人圣都品牌形象；

（3）利用移动互联网技术，实时发布旅游资讯，将彝人圣都打造成具有高新技术支撑的精品旅游目的地。

2. 建设原则

（1）统筹兼顾，协调推进。智慧景区建设是一个不断创新优化的过程，需要在统一规划的前提下分期、分批实施，优先建设周期短、见效快的项目。目的在于使智慧景区建设速见成效，加速智慧化建设进程；

（2）统一标准，资源共享。按照国家关于智慧景区建设的指导意见，统一标准、统一规范、统一接口、统一编码，保证景区资源共享无障碍，确保景区与相关部门的资源共享；

（3）安全可靠，实用优先。智慧景区系统必须安全可靠，需要有安全保障体系防止恶意攻击。规划方案及主要设备符合景区实际需要，不要盲目追求最先进的技术；

（4）整合资源，开放互联。智慧景区建设需要有集中管理平台，用于整合、协同景区资源，各应用系统之间应当遵循开放的标准进行互联互通，具有良好的可扩展性。

3. 建设内容

彝人圣都智慧旅游建设的内容概括起来包括两个层面（基础层、应用层）和两个中心（指挥调度中心、数据分析中心）的建设。

（1）两个层面的建设

①基础层。包括通信网络设施、信息安全保障、物联网软硬件系统、视频系统、数据中心等。通过基础层硬件和软件的建设，形成完善的有线和无线通信网络，并实现无线宽带网（WLAN）在景区内的全覆盖。

②应用层。包括面向各职能部门的应用信息系统，以加强资源保护为目的建设的环境监测系统、生物、文物资源监测系统、规划监测系统；面向日常经营管理的 OA 办公系统、规划管理信息系统、GPS 调度系统、视频监控系统、电子票务系统、LED 大屏幕信息发布系统；面向产业发展的电子商务、旅行社和酒店管理、客户关系管理系统；面向游客服务的信息呈现和互动系统等。

（2）两个中心的建设

①指挥调度中心。是智慧旅游景区的核心平台，它对于实现管理资源整合以及各职能部门组织协调至关重要，具有实现资源监测、运营管理、游客服务、产业整合等多种功能。

②数据分析中心。实现对各业务系统数据的集中管理和共享服务，包括地理信息（GIS）数据、GPS 数据、多媒体数据、游客数据、产业链商家数据以及其他综合业务数据。

4. 建设重点

推进智慧景区建设过程中，彝人圣都应紧紧围绕旅游者"游前、游中、游后"时间轴，着重建设以下项目：

（1）游客体验中心

游客体验中心为旅游者提供自助式服务或互动应答平台，可多维度展现景区全貌，提升景区旅游服务质量。游客体验中心主要提供两大服务：一是触摸屏多媒体终端机为游客提供旅游产品查询、景区景点介绍、票务预订服务、旅游资讯查询、旅游线路查询、交通线路查询等服务；二是多媒体展示系统，借助地理信息系统、虚拟现实和多媒体技术，展示彝族发展历史、传说故事、生活习俗、节日庆典、天文历法等各种文化。

（2）电子票务系统

建设电子票务系统目的在于代替景区原有的人工检票模式，实现门票的自动识别，提高效率，杜绝假票，快速准确统计各时段进入景区的游客量，实现景区的客流量控制，更好地保护景区资源环境。电子票务系统主要由数据中心、票务管理子系统、售票终端和入口检票终端系统、控制网络等组成。系统的业务流程环节可以分为：中心统一授权管理、分点售票、门禁系统验票、统计分析等。

（3）自主导览系统

智能手机终端自主导览可使游客了解景区概况，规划游玩路径，显示景区关键点信息，如售票点、停车场、景区出入口、酒店、餐厅、购物店、厕所等信息。根据导览图指示，游客可获取景点的信息介绍，实时接收景区信息中心发出的推送信息。通过旅游网站、应用商店、二维码扫描，游客可实现景区内自动触发导游词、线路规划、社区互动等。

（4）监控管理系统

景区视频监控管理系统通过摄像头采集重要景点、客流集中路段、事故多发地段实时场景数据，利用有线或无线网络传输至指挥调度中心，为游客疏导、灾害预防、指挥调度以及应急预案的制定和实施提供保障。视频监控系统包括三部分：前端摄像系统、数据传输系统、控制和显示系统。前端摄像系统完成数据采集，传输至监控中心，在监控中心完成数据的保存以及对前端摄像机焦距、景深等的控制，并通过大屏幕或电视墙实时播放多路视频画面，供工作人员集中监控。

（5）营销管理系统

利用新媒体技术，建立彝人圣都门户网站、官方微博和微信公众平台，为游客提供旅游资讯、电子商务、意见反馈、心得分享等全方位服务。例如通过门户网站，景区可开展全时段营销宣传，为游客出行提供信息、购票服务，并能及时收集游客反馈信息，促进景区与游客间互动。

十、基础设施

（一）土地利用

1. 利用现状

彝人圣都旅游区土地利用涉及旅游景区、旅游小镇、旅游交通、旅游设施、旅游环保等内容。按照目前土地利用情况，旅游区土地利用分为旅游设施用地（1.5%）、村镇建设用地（5.6%）、交通设施用地（1.4%）、林地（45%）、农业用地（32%）、水域（5%）、滞留用地（9.5%）。如表1.10.1所示。

表 1.10.1　土地利用现状

用地类型	面积（公顷）	所占比例（%）
旅游设施用地	18.27	1.5
村镇设施用地	68.21	5.6
交通设施用地	17.05	1.4
林地	548.10	45
农业用地	389.76	32
水域	60.90	5
滞留用地	115.71	9.5
合计	1218	100

2. 利用依据

依据《风景名胜区规划规范》（GB 50298—1999）的用地分类标准，彝人圣都旅游区用地可分为如下类型。

（1）甲类：风景游赏用地——风景点建设用地、风景保护用地、风景恢复用地、野外游憩用地、其他观光用地；

（2）乙类：游览设施用地——旅游点建设用地、游娱文体用地、休养保健用地、购物商贸用地、其他游览设施用地；

（3）丙类：居民社会用地——居民点建设用地、管理机构用地、科技教育用地、工副业生产用地、其他居民社会用地；

（4）丁类：交通与工程用地——对外交通通信用地、内部交通通信用地、供应工程用地、环境工程用地和其他工程用地等；

（5）戊类：林地——成林地、灌木林、苗圃、竹林、其他林地；

（6）己类：园地——果园、茶园、其他园地；

（7）庚类：耕地——菜地、水浇地、水田、旱地、其他耕地；

（8）辛类：草地——天然牧草地、改良牧草地、人工牧草地、人工草地、其他草地；

（9）壬类：水域——水库和其他水域用地；

（10）癸类：滞留用地——未利用地和其他滞留用地。

按照"土地利用规划应扩展甲类用地，控制乙类、丙类、丁类、庚类用地，缩减癸类用地"的要求，彝人圣都旅游区土地利用规划应遵循下列基本原则：

①突出旅游景区土地利用的重点与特点，扩大旅游用地；

②保护风景游赏地、林地、水源地和优良耕地；

③因地制宜地合理调整土地利用，发展符合旅游景区特征的土地利用方式与结构。

3. 利用规划

彝人圣都旅游区的土地利用重点在于适当扩大游览设施用地、风景游赏用地等用地方面的比例，保护水源地、林地、优良用耕地，提高旅游区的环境水平和增加旅游区的景观层次，完善游览服务设施，强化旅游吸引力，以满足发展旅游业的需要。土地利用所涉及的项目包括以下类型。

（1）旅游设施用地：游客服务中心、接待设施、游娱设施、购物商贸设施等；

（2）村镇建设用地：村庄、农村配套设施、绿化等；

（3）交通设施用地：停车场、游览道路、公路、游憩带、道路绿化等；

（4）林地：成林地、灌木林、竹林、其他林地；

（5）农业用地：农田、农业设施等；

（6）水域：水面、湿地、滨水栈道等；

（7）发展滞留用地。见表 1.10.2。

表 1.10.2　土地利用规划

规划用地类型	规划用地（公顷）	所占比例（%）
旅游设施用地	207.06	17
村镇建设用地	73.08	6
交通设施用地	48.72	4
林地	426.30	35
农业用地	138.60	23
水域	280.14	5
滞留用地	121.80	10
合计	1295.7	100

（二）水电设施

1. 供水排水工程

（1）给水设施工程

①给水设施现状

彝人圣都旅游区水源主要来自洗马河及四周山间溪流，通共德、高高山等村寨农户基本使用自来水，日常生活用水可以得到保障。但随着旅游业的发展，旅游区供水条件需要进一步改进。

②给水设施目标

旅游区给水以满足旅游区发展为目标。按照 5A 级旅游景区的标准要求，合理布局水源点，配置取水、输水、净水、配水等给水系统要素，优化完善供水系统，建立安全、合理、经济的给水系统。

③给水设施建设

水网设施建设。修整、开挖人工沟渠、筑坝拦水，在旅游区形成两大水圈，即南环水景圈、北环水景圈，象征彝族沿金沙江"逐水而徙"的水文化，利用洗马河河水形成三大水域空间，即喷泉水景、门前水景、交汇水景。

合理测算供水量。各旅游区按近期、中期、远期三阶段估算用水量，根据各旅游区的常住居民数量、旅游人数增加，逐渐增加供水量。

各旅游景区分散供水。各旅游景区采取分散供水，分别设置给水泵站，严格管理蓄水池，确保水质符合国家生活用水卫生标准要求。

增加供水管道。根据各旅游区不同情况，安装 DN400、DN300、DN200、DN150、DN100 不同标准尺寸的给水管，从供水地连接到各个景区。

（2）排水设施工程

①排水设施现状

目前彝人圣都旅游区排水为雨污混流，排水设施主要为自然或人工沟渠，雨季水流对环境有一定影响。

②排水设施目标

旅游区排水以适应旅游区发展为目标。根据各旅游景区的条件，合理确定排水体制；积极治理生产生活污水，最大限度地减少污水水体的污染；综合考虑污水系统布局，建立旅游区修建污水处理装置，集中处理旅游区产生的污水。

③排水设施建设

建立污水处理站。按近、中、远期结合要求，修建旅游区排水系统，在五个旅游景区分别设置污水处理站；污水自行处理后达到排放标准，进入旅游区内总污水管道与其他生活污水一并集中处理；排水设施结合旅游区建设，一次规划分步建设实施。

排水采用分流制。旅游区内雨水天然径流按原自然地形排放，或采用道路边沟就近排放；旅游区内的生活污水采用排水暗管，排放到污水处理井和处理站，处理达标后方可排放。

增加排污管道。污水管、雨水管根据实际情况，适当采用 DN400、DN300、DN200、DN150、DN100 排水管，水管安装需按照相关技术要求进行安装。

2. 电力电信工程

（1）电力工程

①电力设施现状

彝人圣都旅游区供电线路与周边乡镇村落供电线路连在一起，近期内供电需求可以满足。随着未来旅游区开发建设，各个旅游区的供电量将会增加，需要提高供电电压，升级各旅游区输电变压器。

②电力工程目标

旅游区电力以保障旅游区电力需要为目标。电力工程设施建设需要一定的前瞻性，在供电能力方面留有余地；配套完善各旅游区供电系统，尤其新建功能区电网系统，加强电力系统的可靠性；电力设施建设应与旅游区环境相协调，在确保电力设施安全可靠基础上做到美观适用。

③电力工程建设

增加供电能力。随着旅游区项目建设和旅游人数的增加，需要增加各旅游区的供电能力。建设 10 千伏高压线路，设置变电站和调压站。

园区与路灯的亮化。旅游区内主要道路须设置路灯照明，各类旅游建筑应进行灯光设计。灯具选择应结合旅游区特点，并与环境相协调。照明线路采用直埋敷设。

注重节能安全。供配电线路、设备均应采用国际先进低损耗设备，以便节约电能；变电站均采用电脑管理，线路采用地埋式电缆。在旅游区内不得有架空电线穿越，以确保不破坏景观并保障游人安全。

（2）电信工程

①电信通信现状

通信网络已覆盖整个旅游区及各村寨，只有部分山区存在信号网络不通达现象。旅游区内已建立移动信号接收塔，移动通信总体良好，还有局部地区存在少信号盲点，网络可靠性需要进一步加强。

②电信通信目标

电信通信建设以满足旅游区发展需要为目标。按照"统一规划、统一建设、邮电专用"原则，不断提高通信能力和技术水平；综合协调邮电通信设施与其他设施建设，避免其他设施对通信网络的干扰，保证通信线路安全畅通。

③电信通信建设

通信管道建设。通信管道建设应与道路建设同步进行，使电信管道网化，实现通信主干电缆埋地化。在重要区域做到光缆到区或街道，满足数据通信的需要。电信线宜设在电力线走向的道路另一侧。

建立现代化通信网。以高起点、高速度、高效能、智能通信网为基础，建成通信能力强、业务类别多、运行效率高、安全可靠、质量优良的现代化通信网。

开通国内外长途电话。旅游区应全方位开通国内、国际长途电话，其中酒店住宿点采用总机形式，游览区、管理处等采用直拨形式。

建立各景区电话亭。在各旅游区、旅游景区、服务站都须设立公用电话亭。

清除旅游区内移动通信的盲区，增加其可靠性。

（三）道路交通

1. 外部交通

（1）南北出入口：随着转龙旅游小镇建设及彝人圣都旅游区开发推进，昆明至轿子山旅游专线作为城镇外部交通主干线需要改道，现有轿子山专线作为旅游区的内部道路。由此形成旅游区南部与北部两个出入口，也即旅游区的两个人流交会枢纽。

（2）低空游览线：开辟轿子山、红土地、大峡谷的低空飞行游览线，形成彝人圣都空中的外部交通线路。根据旅游区地势高差，在火把狂欢区与六部博览区外部修建直升机停机坪。

2. 内部交通

（1）停车场：在旅游区南部、中部、北部修建停车场。停车场主要功能为汇集南、北两个方向人流，非旅游区车辆只能停留于此，并配套修建南部游客服务中心，游客中心既是外来车辆泊放地，也是换乘旅游区交通工具的集散地。

（2）电瓶车游览线：电瓶车游览线是旅游区内部游览线主干线，旅游区内部各旅游景区之间以电瓶车游览线连接。在五个旅游景区建设电瓶车停靠站，作为电瓶车与步行游览线的交换站。

（3）自行车环线：在东部六部博览区、西部火把狂欢区两个景区开辟自行车环线，形成环两个景区东西的自行车游览环线：①西部火把狂欢景区修建自行车绿道；②东部六部博览区修建自行车绿道。

（4）慢行游览线：慢行游览线包括徒步游览线、攀登游览线。①徒步游览线，包括太阳历法区步道、雪山圣水区步道、祖灵祭祀区、六部博览区、火把狂欢区步道；②攀登游览线，包括祖灵祭祀区攀登步道、六部博览区攀登步道、火把狂欢区攀登步道。

（5）水路游览线：水路游览线是彝人圣都旅游区的辅助游览线。在对洗马河拓宽疏浚的基础上，沿天然沟谷开挖横穿旅游区的水道支线。由于地形地势原因，水路游览线为单返线。修建洗马河上、下站码头与西区码头，作为水路游览线集散地。①洗马河游船线：连通旅游区南门至祖灵祭祀区，全长 1.5 千米，游船采用手摇木船，乘船游览时间 0.5 小时；②沟谷支线：连通祖灵祭祀区至火把狂欢区，全长 1.4 千米，游船采用手摇木船，乘船游览时间 0.5 小时。

（四）社区发展

1. 社区调控

（1）社区调控原则

彝人圣都旅游区属于旅游景区与居民社区、接待基地共处的复合空间地域，因此彝人圣都旅游区社区的开发，必须在尊重历史发展遗存、统筹兼顾综合发展需要、坚持以人为本理念的前提下，实现旅游品质的全面提升、形成良好的旅游氛围、提升旅游收入的目标。彝人圣都规划区内需要采取以下措施。

①控制人口规模。旅游区内居民点人口发展过快会影响到旅游景区的经营管理，甚至会对景区建设、游客游览、人文环境、自然条件等造成严重干扰和破坏，故应严格控制人口规模。

②合理布局居民点。布局应兼顾到环境保护和旅游发展需要，在现有居民点适当保留前提下，部分居民点向旅游景区外搬迁，逐步减少旅游区常住人口数量。

③引导社区产业转型。居民点的产业结构与旅游区发展紧密相关，通过

旅游开发引导产业由生产型向服务型转型，发展以旅游业为龙头的现代服务业，实现劳动力向现代服务业的合理转向。

（2）社区调控类型

根据现有居民点分布状况和居住环境，社区规划调控应采取如下分类。

①搬迁拆除型。分布在景区出入口、出入口通道两侧、水体边缘等较敏感地块的民居建筑，严重影响了旅游景区的景观效果、游客游览、景区管理等，可统一拆除，向搬迁安置点搬迁。

②搬迁改造型。对于没有形成较合理的村庄肌理或处在敏感地块的居民点，居民迁出，人口向安置点转移，保留居民建筑或场地作为旅游服务、民俗展示、休闲娱乐、科普教育等建筑场馆加以改造利用。

③保留控制型。针对村落较为集中的地区，考虑居民长期生活于此，搬迁成本巨大，因此不对其实施大量搬迁，保留居民原有生活模式，同时实行产业转型和植入旅游元素，向旅游接待、特色社区、民俗展示区等转变。

④保留利用型。在部分居民中增加具有参与特色的活动，形成与当地居民生产生活模式、民风民情相关的游览项目，如改造为游客服务中心、民俗博物馆、民居客栈、民居作坊等，使居民点向旅游服务业逐步转型。

⑤保留迁入型。旅游区内分布的村庄，布局已成规模，自然环境较好，既可满足当地居民的生活要求，又不会对环境造成危害性影响，是理想的村落发展聚集地，可保留原有村落风貌，经过统一规划后作为今后拆迁人口的迁入地。

（3）社区调控措施

①完善和优化旅游区城镇及乡村居民点体系。根据居民点现状以及未来经济发展趋势，建议将居民点按照集聚为主的原则，搬迁合并一部分规模太小的乡村居民点。

②严格控制功能区人口数量。根据旅游区发展需要，对旅游区内各类人员（包括管理人员、服务人员、维护人员、度假游客、养生游客、体验游客等）进行科学合理调控，以保证旅游区的体验质量和旅游区的品质。

③分区分类实施居民社会调控。旅游区村庄建设应满足居民社区规划和相关村镇规划，将不同类型的村庄民居景观、风貌建设按照保护、控制、改造、搬迁四种方法进行建设，并提出建设对策。

⑤革新与健全社会组织。建议在旅游小镇内建立和完善乡村社区，作为旅游小镇内的基本社会组织单位，从事保护、治理、开发等有关方面的社会服务活动。各级行政组织应通过有效的基层社会组织进行广泛宣传，不断提

高广大居民的环保意识和法制观念，有计划、有组织地开展各项社会事业活动。

2. 重点区域

①重点旅游设施建设用地。以游客服务中心、停车场、酒店、广场、博物馆等为代表的旅游设施建设用地必须得到保障，对规划为上述重点旅游设施的建设用地范围内的居民点必须进行搬迁。

②主要景区出入口通道区域。景区出入口通道为旅游景区的形象门面，主出入口通道应保证100米宽度，通道两侧各后退50米作为商业空间，以形成旅游景区的环境氛围。

③滨水休闲带等水体区域。为了保护水体的生态环境及保障旅游的景观效果，应根据基础设施、接待设施、配套设施的建设要求，对滨水休闲带附近妨碍旅游接待基地建设的居民点进行搬迁。

④村庄产业结构转型。通共德村、高高山村、响水村等位于彝人圣都旅游区的中心位置，属于游客聚集区的公共空间，应根据基础设施、接待设施、配套设施的建设要求，建设成集住宿、娱乐、休闲、集散、餐饮为一体的旅游特色村。

⑤村庄村容村貌整治。对通共德村、高高山村、响水村等村庄需要控制人口规模，按照"一村一品"的思路进行环境整治和景观改造，并注重对彝族文化的保存。

⑥属于文物古迹保护的范围。作为文物分布密集区，根据《文物古迹保护法》，凡是有碍文物古迹保护的居民点都应该搬迁。

3. 社区参与

在彝人圣都旅游区的发展过程中，不但要对社区进行调控，还要积极地吸引社区居民参与到旅游发展过程中，实现旅游业发展带来的利益共享，避免出现在旅游业发展中社区居民对旅游业发展漠视甚至是对立的现象。社区居民参与的方式主要有以下几种：

（1）"公司＋社区居民"模式。即社区居民将自己的资源完全交由旅游公司进行开发，在旅游公司成立并对景区进行经营管理之后，社区居民再以员工的身份参与到旅游社区当中来。

（2）"股份合作制"模式。即旅游公司以资本入股的方式组建旅游开发公司，社区居民以资源和劳动入股的方式参与到旅游开发的过程中来，同时吸纳外来的各种形式的股份，这是一种兼有资本合股和劳动联合的经营组织形式。

（3）"部分业务承包"模式。即旅游区内部或外围居民直接包揽环境卫生、保安服务、物业管理、游览车营运等业务，可以组建公司形式承包，也可以个人形式承包，将旅游区的分布营利性项目优先承揽给社会居民。

（4）"旅游区上班"模式。即社区居民以个人身份到旅游区上班获取工资，在排除特殊工资岗位（水电、安全、财务等）的前提下，旅游区应优先录用旅游区及其周边社区居民作为公司员工，让旅游区的开发能够使社区受益。

（五）环境保护

1. 环保目标

在坚持保护优先、开发有序、永续利用的前提下，保护彝人圣都旅游区自然生态环境的可持续发展，保护旅游区民族民俗文化的历史传承，实现旅游开发与经济发展、环境保护、社会进步的和谐统一，使彝人圣都旅游区成为全国自然生态环境优良、彝族文化特色鲜明、社会经济发展可持续的高品质彝族文化展示区。

2. 环保原则

（1）系统保护原则。彝人圣都旅游区开发建设是一个综合的产业发展系统，因而旅游资源与环境保护不仅包含了旅游资源及其周围的生态环境，而且还包括了整个彝人圣都旅游区的自然与人文环境，在旅游开发建设发展过程中，必须树立"大旅游，大保护"的原则，用系统的眼光对整个区域的旅游资源及环境进行系统保护。

（2）因地制宜原则。根据彝人圣都旅游区总体布局与功能分区，对各分区的旅游资源及环境保护结合各旅游景区（点）的景观特征和区域背景来确定合理的、可操作性强的管理措施和方式，区别对待，因地制宜。

（3）分段实施原则。旅游资源与环境保护是一个长期的、复杂的系统工程，在旅游开发的不同阶段，所面临的旅游资源与环境问题和保护目标不同，因此旅游区有必要制定阶段性的旅游资源与环境保护目标、防治重点和保护措施，分期实施，以推动资源与环境保护总体目标的逐步落实。

（4）社区参与原则。旅游资源与环境的保护关系到全区人民的生活、生产环境，因此不仅是旅游行业、环保部门的工作，也需要社区的共同参与，需要整个旅游区居民的共同努力，人人都要有保护资源与环境的意识，担负起保护资源与环境的责任。

3. 旅游资源

（1）分级保护

①分级标准及保护要求。在旅游区域范围内，由于旅游资源价值的不同，

资源开发时序也不同，有必要对旅游区内的旅游资源进行分级，对其实施不同的分级保护，制定不同的保护重点及要求。保护范围按管理目标和强度可分为四级，详见表 1.10.3：

表 1.10.3　旅游保护区划分标准

限制开发区	旅游资源的禀赋和价值极高，是旅游限制开发区，严格禁止与旅游业发展无关的一切人为活动，保护区内生物资源的原生环境，提高生态系统的自净和更新能力。
一级保护区	旅游资源禀赋良好，景观价值较高，能反映地方旅游特色的精华资源分布区，是旅游景观重点保护区。在此保护区内要严格按照环境保护法律法规和各种资源保护法的规定，保护区内生态系统和生物资源的完整性；确保区内空气环境质量、声学环境质量、饮用水质量达到并保持国家标准；地面水体质量至少达到二级要求；保持区内古建筑的风貌，保持和突出原生资源的本质特色，应尽量保持区内自然环境和人文环境原貌。
二级保护区	具有重要游览价值，对景观风格保持具有重要意义的景区，是生态保护协调区。二级保护区为旅游区内外围环境协调区，以生态环境、旅游区外围景观的完整性和环境质量为主要保护对象，对景区周边影响景观的企业、建筑等进行搬迁，不能搬迁的进行改造，以实现整个环境的协调和谐；控制大气、噪声等环境指标，维护优良的动植物生长空间；大力植树种草、绿化美化环境；注意构景建筑与主体旅游资源的和谐统一。
三级保护区	具有一定游览价值，对景观资源的构成有影响，存在保护必要性的二级保护区界限以外的外围地区，是环境污染控制区。三级保护区为旅游区和外围环境的缓冲地带，以保护旅游资源和旅游活动的和谐为主要目标，要处理好生活污水和生活垃圾；做好森林抚育改造工作，有目的、有计划地将非游览更新改造为风景林和观赏林地；对区内的农、牧等生产活动要加以严格控制和管理。

②景区景点分级保护。按照上述旅游资源保护区的分级标准及保护要求，彝人圣都旅游区的旅游景区保护可划分为一级、二级和三级保护区，根据其旅游资源的空间分布特点对该区旅游资源进行分级保护，详见表 1.10.4。

表 1.10.4　彝人圣都旅游区旅游资源分级保护表

保护级别	保护区域	保护重点
一级保护区	祖灵祭祀区	旅游设施建设应建立在自然景观、人文景观、生态系统的完整性与原真性的基础上。
二级保护区	六部博览区、太阳历法区	保护区内的生态系统、生物资源、土壤、水文、大气质量，注重旅游基础设施建设与自然景观的协调性。
三级保护区	雪山圣水区、火把狂欢区	做好整个保护区的绿化和环境保护工作，妥善处理旅游发展与整个社区建设的关系。

分级标准及保护要求。在旅游区域范围内，由于旅游资源价值的不同，资源开发时序也不同，有必要对旅游区内的旅游资源进行分级，对其实施不同的分级保护，制定不同的保护重点及要求。

彝人圣都旅游区旅游资源分级保护表

保护级别	保护区域	保护重点
一级保护区	祖灵聚祖区	旅游设施建设应立在自然景观、人文景观、生态系统的完整性与原真性的基础之上。
二级保护区	六祖德览区、太阳历法区	保护区内的生态系统、主体洞潭、土壤、水文、大气质量，注重旅游基础设施建设与自然景观的协调性。
三级保护区	雪山圣水区、火把狂欢区	做好整个保护区的绿化和环境保护工作，妥善处理旅游发展与整个社区建设的关系。

图例

一级保护区

二级保护区

三级保护区

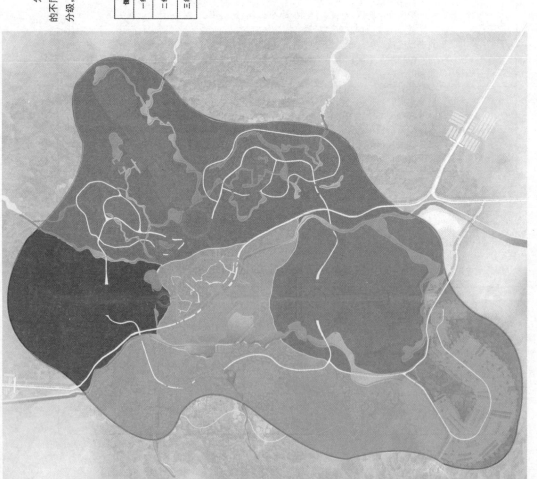

图 1.10.1 环境保护规划图

（2）分类保护

①自然旅游资源

水土保持。坚持"以防为主，防治结合，综合治理，突出重点"的基本方针，全面实施坡度 25 度以上退耕还林，以各旅游区内道路、水岸为重点，小区域为治理单元，山体上、中、下统一规划，实行山、水、林、田、路综合治理；大力植树造林，提高山体的绿化覆盖率；加强旅游开发建设活动中的环境管理；强化水土流失治理，尤其在地质灾害多发地段应加强管理，采取工程措施、生物措施等综合防治。

地形地貌保护。加强对旅游区地质地貌环境的科学保护，避免由于地质地貌环境破坏而对景观造成影响；在进行旅游开发建设时，要统一规划、科学施工，实现人工建筑与自然环境的相互协调；同时，根据实际情况种植各种植物，美化环境景观。

生物资源保护。加强对旅游区内动植物资源尤其是珍稀动植物的保护，加强生物多样性保护的宣传和教育工作；通过营造良好的生态环境，为本地动植物及过境动物提供良好的生长和栖息环境。

水资源保护。加强对旅游区内水资源的普查和保护，严格限制私人"作坊式"开发所带来的破坏；禁止修建与环境氛围不协调的景观建筑，保持水域景观的原生态性；做好水域景观的开发规划、建设、施工工作，加强对相关工作人员的培训，对游客进行环保教育，保护水资源的可持续利用。

②人文旅游资源保护

民族文化保护。尽量保护民族村寨原有的民族风情，通过建筑形式、旅游活动、民族服饰等营造浓郁的文化氛围，提升民族的文化底蕴、旅游吸引力和旅游竞争力；对反映地方民俗和地方文化的传统手工艺、节庆、习俗、活动、建筑等，如彝族祭祖活动、阿细跳月、漆器等，要大力挖掘、加工提炼、充分利用、宣传发扬，使之在保留、传承的同时，为旅游业的发展增添精彩内容；加强当地居民对自己特有的少数民族文化的热爱和民族自豪感；建立基金，以鼓励和支持为本民族文化的保护和传承做出杰出贡献的民间艺人。

历史遗迹保护。重视人文环境的保护，提高当地居民的辅助接待与环境维护能力，鼓励当地居民参与古建筑、古文物的开发保护；构建"文化遗产"保护体系，加大对历史遗迹全方位、多层次、宽领域的整合保护力度，采用现代化的景观设计等手段，参照文化遗产地的保护条例与方法，重点保护文化遗存的真实性和完整性；对已经异化的民居建筑，按"修旧如旧"的原则，尽量恢复其原有形态；加强景区内外设施的审批工作，对景区的辅助设施的数量与布局进行合理的规划，力争为景区的长远发展做好准备。

4.旅游环境

在旅游环境保护中，坚决贯彻执行相关的法律、法规，加强法制宣传和生态意识教育。通过各种形式开展法制宣传，加强公民的环保教育，提高环境保护意识和素质，让当地群众充分认识到生态环境保护的重要性，逐步树立环境意识。

（1）保护措施（见表1.10.5）

表1.10.5 旅游环境保护措施

旅游环境分类	保护措施
水土环境保护	大于25°陡坡开垦实施退耕还林还草；所有新建项目必须申报并实施水土保持方案；加强水土保持预防监督执法队伍建设，建立水土流失监测网络和水土保持信息管理系统；控制污水、废水向旅游区排放，减轻水体污染，保护水资源；坚持"防""治""管"三者结合的原则。
森林植被保护	建立健全各项制度措施，明确规范游客各项参与活动的许可行为规范，明确违反规定的责任和处罚措施；严格执行已有的保护环境和资源的各项法律、法规；强调保持其原始性，在自然保护区内尽量减少人工景点，提倡以自然景观为主。
大气质量保护	统筹规划，合理布局；减少和治理交通废气污染；植树造林，净化空气。
固体废弃物处理	加强环卫设施规划和建设；工业固体废物资源化利用；生活垃圾综合处理；危险废物与电子垃圾处理处置；电子垃圾处理处置；各个主要景点设置专职环保人员，及时清扫垃圾，捡拾各种固体废弃物，负责景区内的环境保护与清理工作。

（2）保护方法

①法制方法。旅游区可根据《中华人民共和国环境保护法》《中华人民共和国森林法》等国家基本法律法规，结合地方实际情况，制定地方性法规及文件，区旅游部门、环保局、林业局等相关单位实施，做到"有法可依，有法必依、执法必严、违法必究"，进而达到环境保护的目的。

②行政方法。在旅游区设置专门的环境保护管理机构，落实旅游区内各种专项保护要求，实现旅游区的"分域管理""垂直管理""责任到人"，使旅游环境保护责权落到实处。

③经济手段。主要指利用经济杠杆调控旅游环境污染。按照国家有关规定，对项目区内以及周边企业排污大户征收排污费，控制旅游区的环境污染；通过经济利益的转移，鼓励项目区的单位、集体以及个人完成植树造林、荒山绿化工作。

④科技方法。主要包括数字手段、物理手段、化学手段、生物手段和工程手段等，利用和发挥各个部门的优势，将它们单一或组合使用达到保护旅

游资源环境的目的。针对旅游区自然生态环境的特点，建议使用生态手段为主、工程手段为辅、多种方式结合的模式。

⑤教育方法。指借助教育手段，提高人们的环境意识，使社会了解环境问题的复杂性和严重性，激发人们关心和保护环境的自觉性，增强对环境保护的紧迫感和责任感。为此，旅游区可加强对社区居民和游客的环境教育，在旅游区内定期开展环境教育活动。

（六）防灾安全

为保障游客在旅游活动中的人身财产和生命财产安全，必须采取必要的预防保护措施，建立旅游安全预防体系，加强危机的预警机制建设，建立旅游经营者安全管理责任制，建立旅游紧急救援和事故应急处理制度，完善旅游保险体系，重点强化旅游医疗保障等。具体包括项目施工安全、自然灾害安全、医疗救护安全、治安管理安全和游客游览安全等方面。

1. 施工安全

项目施工建设是防范众多灾难的源头，并且其安全性在一定程度上是易于进行人为控制的，因此建立项目施工安全保障体系至关重要。

（1）旅游区范围内局部地形险峻、部分项目临水而建，因此建设前对建设地段的地质条件进行论证，对建设项目可行性进行分析，在施工时做好质量监督管理，保证设施的质量和施工安全性。

（2）针对建筑设施、交通设施、服务设施，必须严格按照国家标准与规范进行施工建设，建立施工安全技术监测与预警及应急救援，保障基础设施的质量。

（3）为保障游客的安全，道路的修建、旅游项目设施的兴建，贯穿在游客的旅游活动行程中，旅游区需要在施工时做好对游客的安全保护措施，确保设施的安全性并保证游客的安全，正在施工的项目周围都要有游客止步的标识牌等。

2. 自然灾害

对旅游活动产生不利影响的自然灾害主要有泥石流、火灾、洪水、地震等。虽然它们并不时常发生，但对游客产生的伤害较大，甚至造成财产和生命损失，因此旅游区必须做好自然灾害安全防护措施。

（1）利用现代科技加强自然灾害信息系统的建设，建立自然灾害紧急预警、实时监督及排灾措施，及时通报自然灾害的详情及预报，使游客科学安排旅游活动。

（2）旅游景区景点在开发过程中要充分考虑防洪、排涝、防台风、防震、防火等要求，提高抵御自然灾害的能力，并按照国家有关防灾规范要求对各功能区服务设施、旅游接待点配置设施设备，建立详细的管理和检查制度。

（3）旅游开发中也要尽量避开地质灾害重点防治区、次重点防治区，采取检测、避让为主的方针，并开展整治工程。根据旅游区旅游资源类型和重点规划的旅游项目，制定不同程度的防灾减灾对策。

3. 医疗救护安全

医疗条件是保障旅游活动安全基本服务体系，是旅游区基础设施完备性及优质性的体现，因此旅游区必须建立良好的医疗卫生体系。

（1）建立完善的救护系统应对景区突发事件。制定中长期应急医疗救助规划，以药品供应系统为保障，以信息化远程会诊系统为纽带，建立一个"立足景区，服务周边，能够完成一般的急诊救治工作，具有控制小规模突发性公共卫生事件能力"的基层医疗卫生服务机构。

（2）在服务指南和旅游区全景图中标明医疗卫生点的位置，并在线路中设置医疗卫生导向牌，医疗卫生服务点标牌的设置清晰易找，以确保发生意外时能及时救援。

（3）建立健全应急医疗救助人才培养体系。加强全科医师和社区护士的培养力度，以每年不定期组织的系统训练班与专题短训班等形式，切实提高景区专职医务人员的技术水平。

4. 治安管理安全

（1）建立旅游区安保管理体系，健全景区各项安保制度，确保游客的人身和财产安全。认真执行公安、交通、旅游等有关部门安全保卫和防范制度，消除一切对人身安全构成威胁的隐患。

（2）建立健全和实施各项应急预案，做好各项预案的演练、演习工作，确保在突发事件发生时能及时有效处理。

（3）在旅游区游客密集区域及事故敏感地带设立治安保卫处，有专职治安人员值班，为游客提供安全保障。

5. 游客游览安全

（1）根据景点分布、景点内容，科学绘制游览线路图，图上标明有关景点、方位的信息。设置道路指示牌、服务设施位置、禁止游览等标识。在旅游区危险或不宜进入的地段、场所应设置警示标志或禁止进入标志。危险地段警示标志明显，防护设施齐备、有效。

（2）在危险区域设置必要的安全护栏，并加强对旅游设施的定期检查，保证设施的安全运行。建立游客疏散通道和紧急逃生出口，服务人员和管理人员应帮助游客逃离事故现场。

（3）定期或不定期地对旅游区服务人员和管理人员进行安全知识和急救知识培训，以便于在危急情况下对游客进行提醒和救治，尽量保障游客的人身和财产安全。

十一、保障措施

（一）建设分期

1. 建设周期

按照统筹兼顾、分期建设的发展思路，综合考虑项目的建设条件、投融资情况等因素，将建设周期划分为三个阶段。

（1）近期（2016—2019年）：项目启动期。以基础设施建设为重点，打造旅游区吸引力，构建旅游区基本框架，为开发建设提供条件，初步形成旅游区的接待能力。重点建设南部太阳历法区、中部雪山圣水区和北部祖灵祭祀区。将旅游区建设成为"两区"旅游的集散地，"两区"经济的强劲增长点。

（2）中期（2020—2022年）：项目深化期。以打造重点项目为重点，培育旅游区核心竞争能力，打造彝人寻源的圣地，游客认知彝族文化的窗口，形成旅游区的综合竞争力。重点建设东部六部博览区。将旅游区建设成为昆明北部旅游目的地，云南省民族文化与旅游产业融合的示范区。

（3）远期（2023—2025年）：项目完善期。以全面完成建设项目为重点，加强管理、提升服务质量，建立完整的旅游产业体系，把彝人圣都旅游区建设成为集文教科普、娱乐养生、休闲度假为一体的，具有浓郁彝族风情和深厚文化底蕴的旅游度假目的地。重点建设西部火把狂欢区，并完成和完善五大区的相关配套设施，将旅游区建设成为全国彝族文化旅游的标志性项目。

2. 分期项目

根据规划，项目建设将分为建设启动期、建设深化期和建设完善期三个阶段，各阶段中各景区主要建设项目进度如表1.11.1和图1.11.1所示。

按照统筹兼顾、分期建设的发展思路，综合考虑项目的建设条件、投融资情况等因素，将建设周期规划分为为三个阶段。

项目建设时序表

主要区域	近期	中期	远期
太阳历法区	●		
雪山圣水区	●		
祖灵祭祀区	●		
六部博览区		●	
火把狂欢区			●

图例

近期（2016—2019年）项目启动期
中期（2020—2022年）项目深化期
远期（2023—2025年）项目完善期

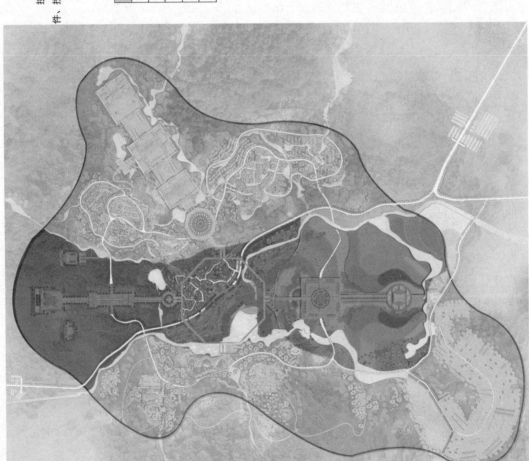

图 1.11.1　建设分期规划图

表 1.11.1 项目建设时序

主要区域	近期	中期	远期
太阳历法区	●		
雪山圣水区	●		
祖灵祭祀区	●		
六部博览区		●	
火把狂欢区			●

（二）投资估算

1.估算依据

本估算包括总体规划的旅游项目工程、基础设施工程、环境保护工程、搬迁费用和其他项目经费。估算的主要依据有以下几点。

（1）建筑安装工程投资：参照云南省现行的建筑工程概（预）算定额，并结合当地已建成的类似项目的投资标准和项目的实际情况进行估算。

（2）道路建设工程投资：参照交通部颁布的公路工程预算定额，并结合当地近年来建设同等级公路的造价指标确定。

（3）供电、通信、给排水等工程投资：参照国家相关行业的投资估算编制办法，并结合当地实际造价指标进行估算。

（4）其他工程费用：主要包括规划设计、宣传促销、培训教育、建设管理等。

2.投资估算

总体投资 60 亿元。按照近、中、远分期进行测算，其中近期（2016—2019 年）建设投资 31 亿元，占总投资的 52%；中期（2020—2022 年）建设投资 18 亿元，占总投资的 30%；远期（2023—2025 年）建设投资 11 亿元，占总投资的 18%（见表 1.11.2）。

表 1.11.2 投资估算汇总表

功能区	项目	投资	分期
太阳历法区	太阳公园	7.7	1
	彝文碑林	2.2	
	彝药堂	1.5	

功能区	项目	投资	分期
雪山圣水区	民俗彝寨	2.1	1
	激光水舞	3.7	
	王宴餐厅	4.6	
祖灵祭祀区	万年圣火堂	1.7	1
	祭祀广场	2.7	
	笃慕雕像	4.8	
六部博览区	彝王宫殿	6.1	2
	武乍部落	5.8	
	糯恒部落	3.9	
	布默部落	2.2	
火把狂欢区	彝家作坊	3.6	3
	风情秀场	5.5	
	竞技广场	1.9	

上述投资估算需要考虑以下因素：①投资估算不包含土地使用费；②投资中未包括贷款利息等费用；③投资估算仅为市场参考价格，未考虑价格波动因素。

3. 资金筹措

投资周期为 2016 年至 2025 年，项目建设所需资金巨大，投资周期长，为了保证项目建设的顺利实施，既要做到及时足额供应资金，又要做到防止造成资金积压。遵循分期建设、滚动发展、逐步完善的原则和"政府主导、市场化运作、多元化投资"的策略，应采取多渠道筹集资金，吸引外资、内资和社会资金等参与项目建设。根据旅游区的实际情况，项目建设资金除了建设单位自有资金外，还可积极申请银行贷款、不同级别的旅游专项建设基金等。

（1）争取国家专项基金支持。2015 年，由国家发改委、国家开发银行、中国农业发展银行等部门联合启动国家专项建设基金工作，基金总规模 1.2 万亿元，财政部予以 90% 贴息，主要方式包括债权和股权投资，期限长，利率低，主要采取直接注入项目资本金的方式，解决项目启动资金缺乏的困境，放大倍数，撬动金融资金、社会资金投入。2015 年共有专项建设基金 200 亿元用于支持旅游业的发展，以"支持房车自驾车营地、邮轮游艇码头、旅游小城镇、研学旅行基地等回报率较低、回报周期较长的旅游基础设施建设，带动社会资本参与，不断丰富旅游产品供给"。

（2）争取地方旅游发展专项资金支持。旅游发展专项资金即政府部门为促进旅游发展，划拨一定资金专门用于完善旅游基础设施建设，改善旅游发展的基础条件，分为国家级、省级、市级、县级等不同级别。另外交通、文物、林业、环保、经贸、水利等都有部门资金或专项资金，可直接或者间接地支持旅游开发项目。

（3）建立企业联合体模式融资。即建立一级开发商为龙头，组建若干二级开发商联合的企业集团，通过项目或资金纽带形成合作开发建设的格局。

（4）通过众筹渠道。众筹指通过互联网方式发布筹款项目并募集资金。相对于传统的融资方式，众筹更为开放，能否获得资金也不再是由项目的商业价值作为唯一标准。只要是网友喜欢的项目，都可以通过众筹方式获得项目启动的第一笔资金，为更多小本经营或创作的人提供了无限的可能。目前国内主要的众筹模式是产品众筹和股权众筹。产品众筹就是商品的预售＋团购的模式，参加后会得到商品。对于商家的好处就是宣传加销售。股权众筹是指公司出让一定比例的股份面向普通投资者，投资者通过出资入股公司获得未来收益。"大众创业，万众创新"，彝人圣都旅游区作为优秀人才、思想、资本的聚集地，将成为新产品、新思维、新产品等的产生地，众筹不仅指资金的众筹，还有思想、人才的集中和交流。众筹有助于融资，也是项目营销的重要途径。

（5）银行贷款。银行贷款是比较传统，但很重要的筹措资金的来源，良好的信誉、较好的偿贷和盈利能力，有助于获得更多数量、更低利率的银行贷款。

（三）效益分析

1. 经济效益

有利于促进当地经济发展，主要表现在区内居民直接提供旅游服务，获得经济收益；区外居民提供辅助服务，扩大收入来源；旅游人流的到来，直接为旅游接待行业如餐饮、住宿、娱乐、购物、观光休闲增加收入，旅游企业缴纳税收丰盈，旅游不仅富民更富财政；旅游具有关联带动作用，引起旅游相关产业如建筑建材、园林绿化、能源交通、金融保险等收益提升，促进旅游目的地的产业结构转型。

2. 社会效益

有利于推动当地社会进步，主要表现在旅游业为当地居民提供上千个就业岗位，帮助贫困乡村脱贫致富；旅游区利用当地及其他地区彝族优秀文化，促使彝族传统文化保护传承；旅游推动本地居民与外来游客交流，开拓了眼界，增强了现代社会竞争力；旅游促进当地水电、能源、医疗等公共服务设施改善，提高了生活品质。

3. 生态效益

有利于保护当地自然生态，主要表现在旅游区景观美化、亮化、绿化工程，有利于生态植被恢复提升；旅游建设开发形成的污水排放系统、垃圾收集系统、绿道绿地系统，可以改善当地环境；旅游开发过程贯彻保护开发统筹兼顾思维、企业社区互动中的教育培训，可使居民形成自然为本、绿色发展理念，保障旅游区可持续发展。

（四）经营管理

1. 盈利模式

（1）动态盈利模式

应建立动态的盈利模式，遵循"节事、旅游、地产"三步走的动态盈利模式。

①节事造势。以彝族火把节为龙头，通过开展彝族火把节、笃慕祭祖、节日祭祀活动、歌舞表演等形式，已形成一定的影响力，成为"两区"最为吸引公众关注的热点节事。

②旅游空间。以彝族历史文化为魂，以旅游为载体，通过建设纪念性建筑、游览设施、接待设施，打造游览空间，形成以彝族历史文化为主题的旅游区，成为两区人文型旅游区与轿子山形成功能互补。

③地产支撑。在节事造势、旅游成区基础上，以投资回报直接的旅游地产作为盈利核心手段，开发景观地产、山地别墅、民族民居等形式的房地产，形成分时度假、养老度假、赏景度假、风情度假等旅游业态。

（2）盈利点分析

收益实现途径包括门票收入、铺面出租、住宿餐饮、演艺活动、旅游地产、物业管理等。按照收益大小排列依次如下。

①旅游地产：包括房屋销售和出租收益；

②住宿餐饮：包括自建或出租的酒店、客栈、餐馆、酒吧等收益；

③景区门票：包括景区门票、演艺场所门票收益；

④经营收益：包括电瓶车、停车场、物业管理等收益；

⑤延伸收益：旅游区产业链延伸创造的收益等。

2. 游览组织

建造大型停车场，自驾车辆、公交车辆、旅游大巴等一律停放于旅游区停车场。进入旅游区后可采取两种游览方式。

（1）电瓶车游览线：在旅游区形成连接五大旅游景区的机动车游览线，各旅游景区之间以电瓶车作为主要交通工具。

（2）步行游览线：五大旅游景区内部形成步行游览线，围绕太阳历法、雪山圣水、祖灵祭祀、六部博览、火把狂欢五大主题游览。

3. 管理体制

应采取总公司、子公司两级公司管理体制。

（1）总公司：由投资商组建旅游开发总公司，与两区管委员会协调，负责整个旅游区前期规划设计、土地征用、投资融资、建设手续等。旅游区具一定规模后，需要建立不同职能的子公司开展营运。

（2）子公司：根据旅游区营运特点，需要组建投融资业务、市场招徕、景区管理、后勤保安、物业管理等子公司。子公司具体负责市场化的商业运营和管理、旅游咨询和投诉、旅游信息与咨询、市场秩序规范和服务质量监督等工作。

（五）保障措施

1. 政策保障

旅游项目建设离不开地方各级政府的关注和支持，因而在项目的建设过程中应以国家政策为准绳，结合地方实际，从财政税收、项目监管、项目审批和土地开发等方面制定配套政策，从而推动当地旅游发展和项目进展。

（1）财政税收政策。对旅游建设项目，在征收固定资产投资方向调节税时，可适当降低税率；区内新建的旅游项目达到一定规模时，对其投资主体给予减免部分税收或提供资金补贴的优惠；对于重点发展产业范围内的各大企业给予诸如"三年免税、五年减半"的税收优惠。

（2）土地使用政策。对纳入旅游发展总体规划、符合土地利用规划、符合国家土地政策的旅游项目，酌情减缴土地有偿使用费；利用区域内的荒山、荒坡、荒滩进行旅游项目开发的，可以无偿享有土地使用权；有效平衡旅游用地和其他用地之间的关系，为重点旅游项目提供优先占地权。

2. 组织保障

有效的组织管理是项目建设不可或缺的重要条件。依靠强有力的组织管理措施，不仅可以提高项目的开发建设效率，还可为项目顺利实施创造条件。

（1）成立项目建设领导组。成立以相关分管领导为组长，相关职能部门领导为成员的项目建设领导小组。领导小组对项目建设进行统一部署，综合决策，协调相关部门做好项目规划、招商引资、投资建设、运营管理等工作，广泛争取社会各界的投入和配合，以保证旅游项目建设的顺利完成。

（2）成立项目咨询专家组。为确保整个项目有序进行，可以充分借助外部专家的智库力量，邀请省内外规划建设、旅游管理、项目管理、文物保护、彝族文化等方面的专家学者对旅游项目建设进行分阶段安排部署，编制科学可行的规划方案，同时负责项目实施过程中的技术把关和相关咨询，对项目的质量实行严格的控制机制。

（3）成立项目推进委员会。组建一个项目推进委员会，主要负责项目开发建设过程中的项目进展促进和监督管理，为旅游区内各景区之间的相互配合、合作提供更强有力的组织形式保障。

3. 技术保障

通过现代物联网、云计算、电子技术等手段，对旅游区进行全方位、立体化、多层次的渗透，打造智慧型的民族文化旅游区。具体需要建设包括如下内容。

（1）管理系统的信息化控制。建立基础服务系统的智慧化控制，如实施进门系统、景点控制、客流监控、治安防控等的信息化管理。

（2）游览系统的电子化导游。建立导览观光过程的智慧化操作，如建立电子导游系统、展示和讲解系统。

（3）景点游览展演的高科技应用。利用现代生物技术、现代仿生仿真技术展示天文、历法等，如十月太阳历科普中心。

（4）营销系统的电子商务服务。建立营销的电子商务系统，如采用 App 在线预订、展示和互动，形成集展示、预订、销售、问询、投诉等于一体互动型的电子商务系统。

第二部分　专题报告

一、历史文化

彝族是我国具有悠久历史和古老文化的民族之一，也是我国第六大少数民族，有诺苏、纳苏、罗武、米撒泼、撒尼、阿西等许多不同自称。他们主要分布在云南、四川、贵州三省和广西壮族自治区的西北部，人口为871多万（2010年数据），此外在越南、老挝、缅甸、泰国等东南亚国家还有近百万人。

（一）名称来历

中华人民共和国成立前，彝族被冠以"倮倮"或"夷人"等多种称呼，中华人民共和国成立后被称为"夷族"。彝族原来自称"罗倮"，在彝语中"罗"（音）意思是虎，"倮"（音）意思是龙，以两种代表力量与神秘无畏的动物自称，意思是说彝族是勇敢和强大的民族，更多意义上反映了彝族人对自己民族的自豪感，但旧社会各民族之间缺乏交流，外族人称彝族人为"倮倮族"含有侮辱性。

中华人民共和国成立以后，国务院开展对各个少数民族名称的确定工作，毛泽东主席和周恩来总理在北京会见彝族代表研究讨论，在会议上提到以前彝族名称不统一，其中"夷族""倮倮族"都有侮辱性的意思，"夷族"也不好，因为夷原意是蛮夷，大家认为中华人民共和国是由兄弟民族组成的大家庭，大家应该平等互爱，更不应该有夷内之分，"夷"不利于民族团结。

毛泽东主席提出了把"夷"字改为"彝"字，他认为鼎彝是宫殿里放东西的，房子下面有"米"又有系，有吃有穿，代表日子富裕，大家听了很满意，一致表示赞成。从此"彝族"就被正式定为彝族各支系的统一族称。

（二）民族起源

彝族族源是学术界长期以来争论较为激烈的问题。多年来，国内外专家学者纷纷著文发表自己的观点，但众说纷纭。概括起来，主要有土著说、东来说、南来说、西来说、北来说等。

东来说认为，彝族来自战国时期的楚国，居住在洞庭湖流域，是楚将庄蹻进军西南时迁来的。

南来说认为，彝族是古代越人或古僚人的后裔，是从我国西南边界，甚至西南各邻国发展起来的。

西来说一种认为彝族来自欧洲，与雅利安人同源，或与高加索人种有关；还有一种认为彝族来自西藏，或者来自西藏与缅甸交界的地区。

北来说认为，彝族为古羌人（古羌人也称氐羌或西羌）的后代，是从我国西北甘青高原南迁来的。

随着彝学研究的不断深入，彝族东来说、南来说、西来说由于缺乏证据已被学术界否定，一些学者认为彝族源于古羌人的北来说成为过去一定时间内探讨彝族族源问题的主导观点。实际上，部分古羌人南迁融入西南彝族等土著人之中是商周时期发生的事。史书明确记载，大约在商周时期，居住在我国北方甘青一带，长期过着游牧生活的强悍古羌人从河湟流域开始向四方发展。向东发展的部分古羌人融入周族之中成为姜姓，向南发展的部分古羌人进入金沙江南北地区后，很快融入西南彝族等各土著部族之中，在西南地区形成武都羌、广汉羌、旄牛羌、越嶲羌、青羌等，古羌人的某些习俗自然为后来有的彝族所承袭和保留。

通过半个世纪以来对西南地区特别是云南各地，发现和发掘的大量考古实证资料、彝文典籍资料、汉文献资料，以及民族学田野考察资料的积累研究，大多数专家学者的科研成果充分证明：彝族自古以来就生活在中国西南地区，彝族的主源是西南地区土著人，先秦时期的彝族自称"宜""尼"，汉文献讹称为"夷"，今天滇、川、黔、桂、渝等地的彝族均发源于中国西南或云南。

（三）历史沿革

1. 先秦汉时期的彝族

（1）古莽国：西南第一个氏族部落政权

约公元前13世纪，在今天澜沧江两岸的景东彝族自治县、云县及怒江沿岸一带，居住着一个主要从事游牧生活的土著部落。约公元前12世纪，这个土著部落中的一部分进入洱海地区，与当地的土著部落融合，并以洱海为中心，建立了西南历史上第一个氏族部落政权——古莽国。

研究成果表明，古莽部落与昆明部落有直接的渊源关系，秦汉时期的昆明族群为古莽部落的后裔。随着社会历史的发展，古莽国分化为众多的部族，活动在今天的滇西、滇中一带的古莽部落后裔，演变发展成为昆明族群。昆明族群的曲头、木耳、环铁、裹结等风俗习惯，一直为后来的彝族所承袭。

（2）笃慕与彝族六祖分支

现流传在滇、川、黔等各地的彝文古籍记载，大约在东周末年春秋时期，彝族历史上发生了一件十分重要的事件：各地彝族同胞普遍认同共同尊奉的人文祖先阿普笃慕在乌蒙山一带的"乐尼白"举行六祖分支大典。

传说中的阿普笃慕具有超凡的能力，上知天文，下知地理，能文能武，统率氏族治理天下。阿普笃慕娶三妻生六子，统称六祖（武、乍、糯、恒、布、默）。阿普笃慕的长妻蛊以武吐，生慕雅切、慕雅考，封武侯、乍侯。二妻能以咪冬，生慕雅热、慕雅卧，封糯侯、恒侯。三妻尼以咪哺，生慕克克、慕齐齐，封布侯、默侯。

六祖分封后，武、乍二侯前往滇中，向滇南方向发展，今天滇南的很多彝族支系是武部和乍部的后裔；糯、恒二侯向北拓展，后又向四川凉山方向发展，成为凉山彝族的祖先；布、默二侯向云、贵金沙江两岸发展，成为今天贵州、云南交界地区彝族的祖先。

（3）万家坝早期青铜文明

云南青铜文化大约开始于商代，结束于东汉时期，春秋战国至西汉时期为青铜文化鼎盛繁荣时期。位于楚雄市城东南的万家坝青铜文化是春秋战国时期云南早期青铜文明的代表，这里曾出土青铜器1002件，其中包括兵器647件。

2. 秦汉时期的彝族

（1）巍巍夜郎国

西汉时期，中国西南地区出现了数十个大大小小的地方民族政权，其中夜郎国势力最强大、疆域最广阔。夜郎国的主体民族，有学者认为是百越族群中的僚人所建，现越来越多的专家学者认为，夜郎国的主体民族是彝族，夜郎国是以彝族为主体建立的地方政权。

（2）滇池沿岸古滇国

古滇王国也是西汉时期在今昆明滇池沿岸建立的强大地方民族政权，古滇人创造了璀璨辉煌的青铜文明。关于古滇国的主体民族，有人认为是傣族，有人认为是白族等。现大多数专家学者根据大量的考古发掘资料证明，古滇国的主体民族是彝族，古滇国是以彝族为主体建立的地方民族政权。

（3）东汉时期哀牢国

哀牢国是西汉末东汉初在今天保山、大理一带建立的一个地方民族政权，因地处哀牢山而得名。哀牢国是秦汉时期昆明人的后裔建立的地方民族政权，其主体民族是昆明族群后裔，是唐代南诏国主体民族乌蛮蒙氏的祖先，也是今天滇西地区彝族的先祖。

（4）西南丝绸之路：最早陆上国际大通道

西南丝绸之路即蜀—身毒（印度）道是秦汉时期由西南地区彝族等民族共同开辟的，是我国最早开辟的陆上国际大通道，比我国北方丝绸之路还早60年。

（5）璀璨的石寨山和李家山文化

璀璨的石寨山和李家山文化是秦汉时期辉煌的云南青铜文明的典型代表。石寨山位于晋宁县晋城镇，李家山位于江川县，这两个地方曾出土大量的铜器、铁器、陶器等文物，其中李家山出土了我国已知最早的笙类乐器——葫芦笙。石寨山和李家山文化与楚雄万家坝文化一脉相承，其青铜文化是楚雄万家坝青铜文化的延续和发展。石寨山和李家山青铜文化中呈现的服饰文化、编钟文化、铜鼓文化、葫芦笙文化、铜铃文化、舞蹈文化等与彝族文化密切相关。可以说，彝族等各民族共同创造了璀璨的青铜文化。

（6）滇东北彝文印章与朱提堂琅铜洗

两汉时期，滇东北彝族地区进入高度发达的青铜文明时代。近年来在昭通、巧家、会泽、东川等地相继出土发现的东汉青铜铃、青铜面具、青铜鸡、青铜彝文印章与朱提（汉晋时期称昭通为朱提）堂琅铜洗，是这一时期滇东北青铜文明的重要标志。其中，在昭通等地所出土的青铜彝文印章包括"统管堂琅印""以诺印章""孟琴字母铜印"等。

铜洗是一种用来盛水的盥洗用具。东汉以来，滇东北彝族地区生产的朱提堂琅铜洗风靡全国，闻名遐迩。朱提堂琅铜洗形制为圆形、盆状，底部铸有年代、产地、吉祥语、花纹等。在今昭通、鲁甸等地生产的铜洗铸有"朱提造"款，而在今东川、会泽、巧家等地生产的铸"堂琅造"款。

（7）东汉画像石与画像砖

中原地区的画像石与画像砖最早出现在西汉时期的墓葬内，云南发现的画像石与画像砖最早见于东汉时期。先后发现于今昭通、陆良、保山、大理、昆明、姚安等地的画像石、画像砖，内容清晰地反映了当时彝族地区人民的生产生活习俗。

3. 魏晋时期的彝族

（1）爨氏称雄南中

魏晋以来，彝族地区分布区域不断扩大，史书统称这一时期包括云南、川南、黔西、桂西等广大彝族居住地区为南中。

南中地区是彝族等土著民族的主要居住区。两汉以来，中央政权在这里设置郡县，推行屯田制度，于是到南中地区屯田戍守的孟、霍、雍、爨等汉族大姓势力日益强大，他们既强烈地受到彝族社会经济的影响，也从不同方面影响彝族的经济生活，从而加速了"夷汉"之间经济文化的交融。

公元339年，爨氏在地方权力争夺过程中取得统治地位，统一了南中地区，开始了长达近400年的统治。爨氏统一南中后，不断加强与南中地区彝族等土著民族的相互通婚，自觉接受彝族等土著民族的文化生活习俗，爨氏最终被彝族等土著民族所同化，变成了"夷化了的汉族"。史书称这一时期的彝族为"爨人"，把彝文称为"爨文""爨字"，通行使用"爨文""爨字"的地区称为"爨区"。爨文化可谓是彝族等土著文化和中原文化有机结合后形成的云南地方特色文化。

（2）爨区文化艺术

两晋以来，云南滇东北、滇中等爨区的碑刻文化艺术十分发达，形成独特的石刻墓碑文化现象。南碑瑰宝"两爨碑"（爨宝子碑和爨龙颜碑）等碑刻艺术，堪称"爨文化"奇葩，不仅代表着这一时期云南书法艺术的最高水准，也是中国书法艺术的最高水准。霍氏墓室壁画，则是迄今为止云南发现唯一的古代壁画墓。

4. 唐宋时期的彝族

（1）南诏政权的建立

7世纪初叶，分布在云南哀牢山北部和洱海地区的乌蛮形成了蒙舍诏等6大部落联盟，史称六诏。其中，蒙舍诏位于今天巍山坝子内，地处其他五诏的南部，史书称南诏。

公元738年，蒙舍诏在唐王朝的扶持下统一六诏，统一洱海地区，建立南诏政权。唐王朝于是封蒙舍诏首领皮罗阁为越国公，赐名归义，同时封皮罗阁为云南王。公元739年，皮罗阁迁居太和城（今大理），南诏成为雄踞一方的强大地方民族政权。

（2）南诏政治军事制度

南诏的行政机构设置完备，南诏国内地位最高的是南诏王，南诏王位采用父传子、父子连名制的特殊继承方式，确保乌蛮蒙氏家族世代传承。

南诏实行乡兵制，平时人人皆耕，战时人人是兵。南诏军队的武器主要有剑、刀、枪、弓箭。

（3）苍山誓盟：重启唐诏关系的新篇章

公元 751—754 年的天宝战争，严重影响着唐朝和南诏的政治经济关系，唐朝和南诏的友好关系一度出现波折。公元 793 年，异牟寻登基南诏王位，审时度势重新归附唐朝。

公元 794 年正月，受唐王朝派遣，西川节度使巡官崔佐时一行到达南诏都城，向异牟寻宣读诏书。异牟寻带其子寻阁劝及众大臣，与崔佐时一行在苍山之巅举行南诏与唐王朝结盟仪式。双方签署了南诏臣属唐朝、唐朝尊重南诏充分自主权的盟约，并以《云南诏异牟寻与中国誓文》的形式告知天下，这就是中国历史上著名的苍山誓盟。这一重大事件谱写了唐王朝与南诏关系史上的新篇章。

（4）灿烂的南诏文化

南诏时期，云南的文化艺术取得了长足进步。南诏文化是南诏境内以乌蛮和白蛮等各民族文化为基础，兼收中原文化，吸收东南亚各国文化而形成的庞大的区域性民族文化系统，它具有很强的兼容性，主要表现在语言、文字、文学、绘画、雕刻、乐舞、宗教等各方面。南诏文化的代表包括画卷《南诏图传》，乐舞《南诏奉圣乐》，民族团结姊妹碑：南诏德化碑，袁滋题记摩崖，石宝山石窟，南诏铁柱，佛塔建筑，南诏古都太和城与阳苴咩城，南诏土主庙，禄劝密达拉摩崖石刻，等等。

（5）乌蛮三十七部与宋代自杞国

公元 902 年南诏灭亡。公元 937 年，通海节度使段思平在以彝族为主体的乌蛮三十七部支持下，推翻大义宁国，建立大理地方民族政权。

大理国建立后，分封彝族贵族为大小封建领主。例如，封乌蛮贵族阿而为罗婺部长。彝族大小领主受封以后，负责对大理国王纳贡、征发本领地内的兵役和劳役。大理国同时通过与彝族首领会盟的方式，加强对乌蛮三十七部地区的统治。

1100 年，大理国政混乱，社会动荡，乌蛮三十七部中的彝族"些摩徒"部势力迅速发展壮大。"些摩徒"以今滇东弥勒、泸西、石林地区为中心，在西南地区建立了重要的地方少数民族政权"自杞国"。自杞国的建立者"些摩徒"，是南北朝时期从叟、昆明族群中分化出来的。唐代初年，"些摩徒"与乌蛮为同一民族群体族系，是南诏、大理国时期对彝族的一种称呼，至明代被称为"罗罗撒摩都"。

5. 元、明、清时期的彝族

（1）土司制度与彝族土官

土司制度是元、明代以来中央封建王朝对我国部分少数民族地区分封各民族首领世袭官职，以统治当地各族人民的一种政治制度。

元王朝统一中国后迅速建立了云南行省，同时以宣慰使、宣抚使、安抚使等官职封赠各民族首领，形成了较为完备的土司制度。元朝先后在滇东北设立了乌撒、乌蒙宣慰司，在四川凉山地区设置罗罗斯宣慰使和马胡路，以加强对彝族地区的统治。

明代承袭元代土司制度，并不断加以完善。针对云南彝族地区社会经济发展不平衡的历史现状，明王朝在彝族地区分别建立了专设流官、土流兼设、专任土官3种类型的土司制度。

明末清初，云南各彝族区开始了声势浩大的改土归流。1420年，曲靖府亦佐县首先"改土归流"。其后，临安府等其他地方也相继进行。1732年，乌蒙土城等彝族不服流官的暴力统治，奋起抗暴。彝族、苗族人口急剧减少，大批移民迁至乌蒙，乌蒙改称"昭通"。

至此，云南全境除边远山区还保留有少数土司外，靠近坝区的彝族土司已完全改任流官统治。

（2）元代彝族地区交通枢纽

元王朝在云南建立行省后，十分重视交通的建设和发展，在各彝族地区普遍设置了"站赤"。"站赤"就是设置于各地的交通驿站，也就是在全国范围内建立的交通路线站点。

元代以昆明为中心，各彝族地区驿站交通网四通八达，主要的交通驿道有九条：一是昆明经昭通至宜宾道；二是昆明经昭通达泸州道；三是昆明经安顺达黄平道；四是昆明经楚雄、大理至景洪道；五是昆明经四川凉山至成都道；六是昆明经通海至蒙自道；七是昆明经楚雄、大理至保山道；八是昆明达南宁道；九是北至大雪山道。

（3）轰轰烈烈的反帝反封建浪潮

近代以来，西方资本主义国家的侵略魔爪逐步伸到广大彝族地区，彝族等各族人民不断举起反帝反封建起义大旗，沉痛地打击了帝国主义侵略活动，为捍卫祖国领土完整做出了巨大贡献。1853年，锈水塘彝族杞彩顺率领彝族农民起义，揭开哀牢山各族人民反清起义的序幕。1856年，弥渡彝族李文学率5000多个彝族农民在天生堂誓师起义，成为全国性的太平天国运动的一个组成部分。1895年，元阳、金平的彝族、哈尼族等各民族，多次联合起来抗击法国侵略军。1903 年，个旧锡矿彝、汉各族矿工爆发起义。

（4）明清时期的文化艺术

①最古老的彝文石刻：禄劝镌字摩崖

位于禄劝县法宜村边高达数丈的峭壁上，为国内最早的彝文碑记之一，相传为彝族凤阿雏、凤来玉二人所刻。石刻记述了明代凤氏 14 代世袭土知府 350 多年的家族谱系，追溯了彝族开发滇池地区，发展政治、经济、文化的历史。

②昭通彝文碑与石屏彝文墓碑

近年来在昭通境内发现了多方明清时期的彝文碑刻，包括禄米勒彝族文碑、《千秋万代碑》彝文碑、曾延元彝文碑等，这些碑文对研究滇东北彝族历史文化和彝族文字等方面都具有重要价值。

1985 年发现于石屏县的李茂墓碑，则是滇南地区首次发现的彝文古墓碑，该碑对研究南部彝文和方言具有一定的史料价值。

③建水文庙：云南最大的文庙

建水文庙是目前全国规模较大、云南最大、保存较完整的文庙建筑群，位于红河州建水县城文庙北路，最早建于元代，现在可见的文庙由明、清两代按照当时全国的统一布局和规划扩建而成。它占地面积 114 亩，共有三进院落，整个建筑群主次分明，布局科学严谨。

④姚安文峰塔和德丰塔

文峰塔位于姚安县城南独树山巅，始建于 1569 年，1596 年重建，塔高 28.26 米，呈六方形，至今已有 400 多年的历史，仍巍然屹立，充分反映了我国古代能工巧匠的精湛技艺。

位于姚安县城南大街的德丰塔，是目前楚雄州尚存最早的明代木构架建筑，堪称云南建筑艺术的杰作。它创建于明洪武年间，全无钉楔的痕迹。

⑤巍山《松下踏歌图》与《罗色壁画》

现存于巍山文昌宫龙潭殿文龙亭亭壁上的《松下踏歌图》，绘制于清乾隆二十四年（1759 年），是至今乃至国内发现最早的彝族踏歌壁画。它描绘了 18 世纪中期巍山彝族风情习俗景象，内容为节日期间彝族男女老少相聚在一起踏歌的情景。

罗色壁画位于红河州石屏县冒合乡的罗色庙正壁上。罗色为彝语，意为部落首领。为纪念率众抵抗外族入侵异龙湖一带而战死沙场的明末世袭土知州彝族首领马赫奴，当地群众于清道光二十五年（1845 年）修建了罗色庙。壁画创作于 1846 年，共有 9 壁，壁画全长 16.96 米，宽 2 米，内容分"出师""拒敌""凯旋"三部分。整个场景宏达，人物众多，栩栩如生，是研究明清时期异龙湖地区彝族政治、经济、民族服饰、礼俗及壁画艺术的珍贵资料。

⑥明清著名彝族文人

彝族历史上的文人文学作品，历尽沧桑，多已散失，现流传下来的大部分是明清两代文人的作品。明清时期的彝族文人和他们的作品，在彝族文学史上占有重要地位，明清时期是标志彝族作家崛起的一个重要里程碑。有如下文人：

巍山左氏三父子：明代蒙化（今巍山）诗人左正、左文臣、左文象。华宁诗人禄洪。姚安文人高乃裕和高𦊆。禄劝诗人鲁大宗。石屏文艺评论家李云程。

6.民国时期的彝族

（1）龙云主政云南

龙云（1884—1962），子志舟，原名登云，彝名纳吉伍撒，是凉山黑彝古侯部落纳吉家支后裔，云南昭通炎山人。中华民国时期滇军第三任统帅、陆军一级上将、国民政府云南省主席。中华人民共和国成立后，历任中央人民政府委会、国防部副主席、西南军政委员会副主席、西南行政委员会副主席等职。

1928—1945年，是龙云主政云南，掌握云南军政大权的18年；是云南政局相对稳定，经济发展，文教事业兴旺的18年；是开发边疆与奋起抗日并举的18年。龙云在这一时期为云南政治、军事、经济和文化的发展做出了重大贡献。

（2）红军长征过彝区

红军长征经过四川凉山彝区时，刘伯承司令与彝族头人果基小叶丹在冕宁彝海边举行歃血结盟仪式，红军顺利走出大凉山，从而使"彝海结盟"成为红军长征途中千古佳话的史实，已是家喻户晓的事情。在红军长征经过云南期间，云南的彝族人民也为红军长征献上一片深情，助了一臂之力。

红军长征过云南，共有两支队伍穿境而过。第一支是包括党中央机关在内的红一方面军，于1935年2月从"鸡鸣三省"的威信县进入云南，途经威信、镇雄、巧家、禄劝等县区，5月初在禄劝金沙江皎平渡口胜利渡江北上。第二支是红二、红六军团1936年3月6日从滇东北的彝良县进入云南，途经彝良、镇雄、富源、禄劝等地，4月25日顺利从丽江石鼓渡过金沙江，5月初离开中甸北上与红四方面军胜利会师。

（3）抗战时期的彝族儿女

1937—1945年的8年抗日战争时期，在国共合作，建立全民族抗日统一战线的历史背景下，作为中华民族的一员，彝族人民积极投身于抗日救亡的硝烟烽火中。在长征中追随红军北上抗日的队伍里，在徐州会战的抗日前线，在修筑滇缅公路的抗日群众中，在阻击日军于怒江以西的滇西抗战中，勇猛善战的彝族将士和憨厚质朴的彝族民众都在为抗日战争抛头颅洒热血。以龙云、卢汉、安恩溥、张冲为代表的滇军彝族将士的抗战事迹有口皆碑，流芳百世。

（4）解放战争中的云南彝族

1945年抗日战争胜利后，蒋介石国民党政府不顾民生疾苦，悍然发动内战，中国人民随之也开始了历时3年的解放战争。在中国共产党的领导下，云南彝族人民也相继开展了反蒋反内战的武装起义和游击战争，积极推动了云南的解放事业。

1947年7月，中共云南省工委提出了"开展全省武装斗争"的口号，派遣大批干部深入各地，组织各族群众开展武装斗争。在这样的历史背景下，禄劝彝族游击大队、楚雄镇南县（今南华县）彝族罗宗荣和起贤亲领导的"三抗"大队、路南（今石林县）彝族毕恒光为首的圭山游击队、永胜县彝族余海清领导的凉山夷务支队等彝族游击武装如雨后春笋般先后在彝山大地蔓延燎原。

1948年2月，党组织在群众基础较好的滇东南地区发动了路南圭山、弥勒西山起义，组建云南人民讨伐蒋自救军第1纵队，开展游击战争，建立了彝族聚居区的弥（勒）泸（西）根据地。此后，在党组织的领导下，彝族同胞与其他兄弟民族一起，又相继在其他地区开辟了多个根据地，为云南全省的最终解放和加快大西南的解放进程做出了不可磨灭的贡献。

（5）卢汉云南起义

卢汉（1895—1974），原名卢邦汉，字永衡，彝姓吉狄，属凉山吉狄姓黑彝家族成员，1895年生于云南昭通炎山西达村。卢汉是中华民国末期云南地方军政事务中举足轻重的历史人物，是领导滇六十军赴鲁中赢取台儿庄大捷的滇军著名抗日爱国将领，是1949年12月9日云南起义的领导者，推动云南和平解放和祖国西南省区解放事业进程的关键人物。

1949年10月1日，中华人民共和国宣告成立，但地处祖国西南边陲的云南，此时仍然被国民党政府所控制，蒋介石还企图把昆明建成"最后的反共基地"。1949年12月9日，在设计扣押软禁国民党西南军政长官张群等8名在昆国民政府军政要员的前提下，身兼国民政府云南省主席、云南绥靖公署主任、云南省保安司令的卢汉，在昆明率领所属滇九十三军、七十四军、保安团队和省、市政府于当晚10时通电全国，举行起义，宣布脱离国民党阵营，接受中国共产党和中央人民政府的领导。后来，又指挥滇军起义部队和3000余人组成的昆明义勇自卫总队投入昆明保卫战，并最终赢得了胜利。

二、政治宗教

（一）社会组织

1. 家支——彝族社会组织的基本单位

家支是以内部严禁通婚并以父子连名制作为链条贯穿起来的一个稳定的血缘体。它的形成和原始部落氏族的形成一样，由一个大的氏族慢慢地发展之后再分出一个小的氏族部落，从而形成了一个庞大的倒立树状的血缘体系，即家支。作为有统一祖先的父系宗族集团，家支不仅是彝族传统社会的根基，也是彝族传统社会的基本政治单元。

2. 家支的基本特征

（1）同一家支有共同的谱系。该谱系是以祖先之名为氏族（家支），采用父子连名制记录的一个氏族（家支）的发展情况。每个彝族人（特别是男性）都把自己的生死挂在这一根无形的链条上，这一根根的链条就编织成一个网——这就是古老的彝族家支文化历史。

（2）同一家支有共同的祖灵、墓地和特殊的祭祀活动方式。人的一生都离不开生老病死，而最能体现彝族宗教的就在其中。从一个人的一生中可以看到彝族的原始宗教、自然宗教、图腾崇拜、祖先崇拜的痕迹。他们相信万物有灵和灵魂不死，对亡灵有一套特殊的祭祀方式。

（3）同一家支有一套完整的习惯法。家支习惯法是指为了维护和调节家支利益而制定共同遵守的不成文的规定。家支作为一种社会组织，习惯法就是家支的"组织纪律"。

3. 家支的重要功能

（1）增强凝聚力

彝族家支伦理道德重团结互助，和睦相处，"亲家听到就跑，家支听到就来"的格言就是最好的证明。在这种伦理道德规范下，彝族家支成员之间血浓于水，联系紧密，从而形成一个共同体，维护家支甚至整个民族的利益。当家支成员在日常生产生活中遇到困难，整个家支成员之间都会自发、自觉地联合起来，无私地给予帮助。在彝族传统家支伦理道德中，这样的互相帮助被认为是理所当然的，是每个家支成员的应尽责任。所以，传统彝族家支伦理道德有利于增强彝族家支内部、家支与家支之间，甚至整个彝族的凝聚力。

（2）调整家支关系

家支关系主要包括家支的内外关系以及家支人伦关系。调整家支内外关系主要是指当家支成员或者家支与家支之间发生矛盾时，遵循团结互助、和睦相处的伦理道德，一般是由家支头人出面调停，不管事件的大小或轻重，家支头人都要进行走访，了解详情，调查分析，做到心中有数，然后再对双方进行说明、解释和劝解，并找前人对相似问题的裁定来佐证自己裁定的正确性。这样的做法在一定程度上促进了家支成员之间以及家支和家支之间的和谐共处。彝族传统家支伦理道德的另一个调整作用表现在对家支人伦关系的调整。主要是指以家庭为基础的人伦关系，主要包括父女、母子、兄妹等之间的关系。家支人伦关系主要涉及家支伦理道德中的尊老爱幼、注重孝道。

（3）具有德育功能

彝族地区的学校教育，由于民族语言、文化的差异、彝族人居住分散的特点以及学校教育本身的功能局限性，致使学校教育无法承担全部的道德教育功能，必须要家庭教育和社会教育为之共同努力。而彝族传统家支文化中的伦理道德观念扮演着家庭道德教育和社会道德教育的重任，他们大多由家支成员中个体家庭的父母、兄长或整个家支的德古、苏易等头人通过口耳相授、行为示范、文本记载等方式传给家支的其他年轻成员。

4. 凉山彝族社会组织的等级制度

（1）兹（或兹莫），自古以来的首领，属最高的社会等级（自元代起被中央王朝封侯的被称为"土司"），所有的"兹莫"都具有纯正的血统，都有宗族家支体系，实行严格的等级内婚的婚姻制度。

（2）诺（或诺合），汉语称"黑彝"，原来也受兹莫统治，后来取代兹莫成为新兴统治者，在婚姻上仿效"兹莫"，遵循严格的等级内婚的婚姻制度。

（3）曲（或曲诺），汉语称"白彝"，被统治者，很大一部分是由兹莫或诺合等级中，因母系血统方面出现问题后降级而来的。他们的人身权利、财产所有权受到一定限制，但有较多的人身自由，有相对独立的经济生活，一般占有一定的土地和其他生产资料，少数还占有阿加和呷西等级。

（4）阿加，意为主子门里门外的人，汉语称"安家娃子"，被统治者。全部阿加分别被兹莫、诺合和少数曲诺占有，他们很少有人身自由。

（5）呷西，意为锅庄旁边的手足，汉语称"锅庄娃子"，被统治的最低等级，他们一般都是单身，一无所有，毫无人身自由。

上述等级中，阿加和呷西没有家支谱系，在彝区生活经历数辈以后可以挂靠其他家支或自身形成一个家支组织。

（二）宗教信仰

彝族的宗教信仰，是彝族意识形态的重要内容。由于彝族分布较广，社会、经济、文化发展不平衡，居住上又具有小聚居、大分散的特点，其宗教信仰也比较复杂。

在历史发展进程中，彝族的宗教信仰基本上仍然处在原始宗教的发展阶段，万物有灵、鬼神崇拜、自然崇拜、图腾崇拜、祖先崇拜等形式的宗教信仰还普遍地存在于社会生活中。拥有特殊技能与素质的毕摩和苏尼是宗教活动的中心人物，各种祭祀、巫术、兆术等相当流行。由于彝族长期与周围许多民族杂居，信仰上还吸收了道教、佛教和儒教的某些成分和因素。近代以来，也有为数不多的部分彝族信仰天主教和基督教。

1. 毕摩文化

（1）毕摩与苏尼

毕摩源于父系氏族公社时代的祭司。其发展大致分为三个不同的时期：一是执政时期，担任酋长，时间为唐、宋以前，其名曰耆老及鬼主；二是佐政时期，作为酋长的智囊，时间为元、明至清初，一般称为奚婆；三是专司宗教职事时期，时间为清初改土归流以后，一般称为毕摩。彝族的宗教信仰是一个以祖光崇拜为核心，集自然崇拜、图腾崇拜和多神信仰为一体的复杂的宗教体系。各种祭祀、巫术仪式频繁多样，仪式程序神秘烦琐，有关的彝文经书晦涩难懂。要做一个合格的宗教神职人员，必须具备专门的知识和与鬼神交流的特殊技能。这就需要专门的教育和培训。毕摩教育的内容是从仪式开始展开和延伸的，主要包括神鬼知识、经书知识、家谱及史地知识、历法占星知识、造型艺术知识以及仪式仪轨等方面的知识。在彝族人看来，毕摩不仅是祭司，而且是教师、军师、医师和法官。毕摩掌握了人们的生死大事，同时又是创造文字，撰写、收藏彝文经典，通晓彝族历史、地理的知识分子。毕摩身兼数职，其主要任务有司祭仪、行巫医、决占卜、主盟诅。

男性巫师称作"苏尼"，女性巫师称作"嬷尼"，苏尼的职责主要是跳神、禳鬼、占卜、治病。苏尼的主要法器是羊皮鼓，苏尼不通彝文，没有经典可据，所行法事没有毕摩重要。

（2）毕摩文献（经书）

毕摩文献（经书）是彝族先民思想文化的宝库，也是彝族核心文化的载体内容，其内容包罗万象，涉及历史地理、伦理道德、天文历法、法律军事、文学艺术、医药卫生、哲学、美学、生产生活等，不仅促成了彝族意识形态领域的形成，而且推动了彝族社会的发展，并渗透到彝族社会生活的各个方面。毕摩文献（经书）主要包括以下几种载体。

手抄本是毕摩经典的主要形式。毕摩们按照传承习俗，拜师纳徒，代代沿袭。手写经文是将纸、布、动物皮等剪成长方形，经从左到右，从上到下的字序书写后，卷成筒形，用布作封壳，麻线装订。属于祖灵经文的，通过祭祀祖先，续谱仪式后，放入竹筒内，摆在祖灵坛上。逢期才取下，享受祭祀。

红河州内有少量的彝文木刻印刷本，以《劝善经》为例。这种字体工整、严谨，受汉文印刷正楷字的影响较深。

铅印本发现于云南弥勒县，属于天主教的教经之一。清光绪年间，法国传教士邓铭德在云南路南、弥勒两地彝族撒尼、阿细人聚居区开办教会小学，发展教徒，宣扬上帝神灵的外来宗教。清光绪二十七年（1901年），昆明天主教会到阿盈里村建盖一所教堂，法国神父主持教务，传播教义，发展教徒。《赞美诗》是邓铭德在刊印《法俫字典》时同期印刷的经书之一。

书写于竹片上成捆的经书，保存于弥勒长冲，但"文化大革命"破四旧时被迫销毁。

刻于碑上的彝文，最早于康熙年间，保存于石屏。嘉庆、道光、光绪的碑刻，红河州仅有十多块。

（3）毕摩祭祀

祖界观念和送灵归祖的仪式行为是彝族祖灵信仰的重要内容之一，也是历史上彝民族内部认同、内聚的信仰手段。祖界是传说中先祖发祥分支之地，同时也是始祖笃慕和后世各家族历代祖先灵魂聚集之所。我们知道，彝族大分散、小聚居，除公元7—9世纪200多年的南诏地方政权外，历史上没有形成其他长期统一的政权。在长期分散性的社会体制下，在其他民族的包围、杂居中，彝族祖灵信仰以祖界为各地彝区各个家族、家支祖灵归宿的共同依托，号召"人死归祖"即返归祖界，大举指路送灵活动，并以祖灵的名义如"笃慕的后裔""六祖的子嗣"来加强自己的文化传统，达到民族内部自识、团结的目的。彝族祖灵信仰中反映出来的共祖崇拜和同源观念，是民族凝聚力的体现，是维系彝民族共同体的一种精神力量。

祖界在川、滇、黔、桂彝人的观念中基本一致，即为本民族祖先发祥分支之地。在凉山彝文经典中称为"恩木普古"，意即祖先居住的地方。据近几年整理翻译的彝文《指路经》分析，滇、川、黔三省的彝族一般均把祖灵送回到传说中笃慕和"六祖"发祥、分支之地，在一些经籍中具体指向乐尼山，属乌蒙山系。彝族先民在历史的进程中为了生存发展，曾经历了分支、迁徙，但对于传说中民族发祥的大本营的追念崇仰，在川、滇、黔各支系彝族的经典文献和祭仪活动中都有充分流露。在祖灵信仰的祭祀典礼中，在指路送灵的仪式中，就是引导祖灵溯着历代先辈迁徙的道路返归故土，回到民族分支发祥的源头。

（4）毕摩文化中的宇宙观和时空观

①宇宙观。宇宙观是对宇宙探讨研究得出的看法和相关的一系列理论阐释。彝族的宇宙观建立在雌雄阴阳相生制化的对称论基础上，认为任何事物都由雌雄二性构成，任何事物都可以分为雌雄二性的结构形式。合而为一是再生与升华的一般方式，一分为二是化生与演变的普遍规律，万事万物都遵循着这种规律在不断发展、壮大、演变、转化。毕摩文化里的宇宙观具体包括"雾气生天地""水为万物之源""地方天圆"等。

②时空观。时空观念对一个民族来讲，是标志着这一民族神话学说、哲学思想、数理概念、天文历法水平的发展层次。彝族对时间的认识是长期对自然界观察的结果，而对时间的概念设定是根据日月运转规律，在万物有灵观念的驱使下，对太阳进行崇拜，以太阳为核心创造了一系列神话传说和天文学说（包括著名的十月历）。

彝族对方位的确定，是根据太阳和星星。从大的范围来讲，彝族对上下空间的认识是模糊而无穷尽的。发展到后来，用神的等级方位来设定天地之间的范围构架。东西方位用太阳升沉来确定，用"直都"日出代替东方，"直得"日落代替西方。南北用星星代替，南方叫"斋移"，意为"南箕星王"——彝族认为，南箕星是葫芦寿星，掌握生的命薄，因此，用南箕代指南方。北方叫"施纳"，意为"七玄星"，北斗星是确定南北方位的星星，北斗星尾围绕北斗转动，出现了不同节气的转换。

2. 崇拜文化

（1）自然崇拜

自然崇拜是原始宗教最早的也是最普遍的形式。自然崇拜的特点是把直接可以为感官所察觉的自然物或自然力当作崇拜对象；然而，人类并不是崇拜一切自然现象，而是崇拜某些对人类最有影响的自然力，如日、月、星、火、山石、雷、电、风、雨和动植物等。根据有关学者研究，彝族自然崇拜具有三大特点：一是始于氏族公社时代，是原始氏族最主要的公共活动之一；二是自然崇拜大都与农、牧、猎生产有关，目的是祈求丰收；三是自然崇拜在彝族进入阶级社会之后，成了统治者维护统治的重要手段。表现有：天崇拜、地崇拜、石崇拜、山崇拜、火崇拜、水崇拜、日月星辰崇拜、其他自然崇拜。

（2）图腾崇拜

图腾崇拜是自然崇拜、鬼魂崇拜和祖先崇拜相互结合起来的一种崇拜形式，它是自然崇拜的发展和深化。图腾崇拜是多神崇拜，尤其是动植物崇拜与血缘观念相结合的产物，是人们幻想超自然的力量与超社会的力量相结合的产物。由于彝族分支很多、分布面广，图腾崇拜的对象颇为繁杂，竹崇拜、松树崇拜、葫芦崇拜、鸟兽崇拜和关于各种图腾崇拜的各种神话传说，在彝族民间广为流传，根深蒂固，可谓俯拾皆是。有学者统计，现存于彝族各支系中被奉为图腾的动植物即多达60余种。表现有：龙虎崇拜、竹崇拜、松树（栎树）崇拜、葫芦崇拜、马缨花崇拜。

（3）祖先崇拜

祖先崇拜是人类对自己血亲先辈的敬仰，崇拜与自己有血缘关系的祖先。祖先崇拜是整个彝族宗教信仰的核心。图腾崇拜发展到祖先崇拜是生产力发展、社会进步和人类认识发展的产物。彝族祖先崇拜产生在母系氏族社会的外婚制向父系氏族社会对偶婚的过渡时代。祖先崇拜的对象包括父母双方。彝族祖先崇拜的思想基础是"三魂说"和"祖界"观念。祖界在各地彝族的信仰中是本民族先祖发祥分支之地，是始祖笃慕和后世各代先祖灵魂聚集之所。

彝文《指路经》中描绘的祖界"草上结稻穗，蒿上长荞麦，背水装回鱼儿来，放牧牵着獐麂归"，是片美丽丰饶的乐土。

三、文化典籍

民族典籍中蕴藏着丰富的知识，充实了中国历史和文化的内容。彝族历史文化典籍，广泛涉及历史、哲学、宗教、医学等诸多方面，内容浩繁。微观层面上看是对彝族历史和社会文化进程的客观描述，宏观层面上看是真实反映中国历史的重要依据之一，是珍贵的民族文化遗产和宝库。

（一）历史文献

1. 岩石丹书——古彝文献

最早的古彝文献是岩石丹书。在云南省弥勒县的金子洞坡，书有 10 个彝文，意为别、女、三、对、礼、人、天、地、恳、敬，与新石器时代的涂抹岩画同在，字和画都应为当时人创作。

2. "夷经"——彝文典籍

汉文史书《华阳国志》记载，早在晋代，在古蜀国区域内就流传着"夷经"，不仅是少数民族，就是汉族学者，"言论也半引夷经"，说明彝文典籍的影响很大。

3.《彝族源流》——谱牒叙史

《彝族源流》是一部以谱牒为脉络而叙史的彝文古文献。作为全国少数民族古籍整理重点项目，其原本的搜集整理翻译从 1986 年年初开始，到 1996 年年末结束，《彝族源流》1~19 集的译编工作经历了数十年，三代人的努力。他是众多彝族古籍中的一部，彝语谓之《嗯数恒勺》，意即彝族源流。彝族先民创造了光辉灿烂的古代文明、重要的标志是古老文字的发明、创造、使用。正是这些古老的文字，忠实地记录了彝族漫长的历史，论述万物的产生，自然的变化，人类的进化，家支世系的形成，迁徙的路线，创造了丰富的文化，周全的礼仪，歌颂了在历代代表人物带领下，彝族人民创立的业绩，总结了人类在社会中的斗争精神，从而形成了卷帙浩繁的古籍文献。作为古乌撒彝区流传的一部有着重要影响的彝文文献，《彝族源流》有多种传抄本，作者在整理翻译时做了多个版本的整理，并参考了许多文献资料。

已译编的《彝族源流》全书 30 万彝文记录了天地形成，自然变化的现象，承载了彝族发展迁徙的分布格局，氏族世系史，记述了彝族各部的分支，发展、开创基业及其政治、经济、文化和各部之间的亲缘关系、互相交往等方面的内容。不失为古老的民族文化、优秀的彝族古史典籍。《彝族源流》一书，以父子连名谱为线索，记录哎哺、尼能、什勺、慕靡、（武婁）、举偶（亦作格俄或根英）、六祖六个时期的彝族历史，认为彝族起源于哎哺，由哎哺分支并先后占据彝族社会历史舞台的尼能、什勺、慕靡连接六祖、武婁四大系统是彝族的族源主体，举偶（亦称额索）是彝族文字文化的代表与象征。从《彝族源流》所记载的内容上可以看出，彝族与古老的昆明、蜀、僬、叟、濮、哀牢、卢等族群有直接联系，在进入阶级社会后，又同古巴蜀国、古滇国、古夜郎国、古牂牁国、古朱提国的建立有关，至于建立罗殿国、罗施鬼国、南诏国、自杞国及以百"什数"的君长制政权，更是不言而喻的。

4.《西南彝志》——百科全书式

《西南彝志》原名《哎哺啥额》（音译），全书彝、汉文对译本共26卷，290个标题，彝文约计34万字。《西南彝志》是一部古代彝族最古最全的百科全书。从开天辟地写起，记述彝族历史长达数千年，对彝族先民的物质、精神生活的各个方面都有所描述；书中对彝族各支、当地的汉族以及各兄弟民族的历史，均有记载，是研究我国西南各民族史的重要史料；用五言句式写成，讲究排比、对偶和比喻。文字通俗，适于传唱，还包括很多优秀的彝族神话传说，也是一部较好的文学作品集。《西南彝志》的编撰者，是黔西北古代罗甸、水西热卧土目家的一位摩史，姓氏已无可考，人们习惯称他为"热卧摩史"据说，他收集了彝族历代许多的文史篇章，经过整理编撰而成。

5.《西南夷列传》——民族史诗

《西南夷列传》出自《史记》，是一篇民族史传，记述了我国西南（包括今云南以及贵州、四川西部）地区在秦汉时代的许多部落国家的地理位置和风俗民情，以及同汉王朝的关系，记述了汉朝的唐蒙、司马相如、公孙弘和王然于等抚定西南夷的史实，描述了夜郎、滇等先后归附汉王朝，变国为郡，设官置吏的过程，揭示了中国不同地域，不同民族，最终将形成一个和睦的多民族国家的必然趋势，反映了司马迁民族一统的历史观念，表现了他的维护中央集权和国家统一的思想，有其进步意义。文章头绪甚多，但结构安排却井然有序，前后映照，重点突出（主要写夜郎和滇），"文章之精密"（吴见思《史记论文》），达到"无隙可蹈，无懈可击"（李景星《史记评议》）的程度，有较高的艺术性。

6.《六祖史略》

清华大学图书馆藏10种《六组史略》，记彝族始祖笃慕及其六个儿子繁衍成六大部落的源流，起自天地混沌初开，叙述笃慕迁徙避难并与西南诸部落联姻结盟的史事等，虽是同名书，但是内容差异较大，史料价值极高。

7.《爨文丛刻》和《增订爨文丛刻》——彝文译著

《爨文丛刻》是由地质学家丁文江先生主编，罗文笔先生翻译整理，在中华人民共和国成立前唯一正式公开出版的一部彝文古籍。翻译的方法是彝文第一行，汉语注音字母译音为第二行，汉文直译为第三行，汉文意译为第四行，开启了彝文古籍四行译法的先河。《爨文丛刻》于1936年由商务印书馆出版，编入前"中央研究院"历史语言研究所专刊之十一，共收入《千岁衢碑记》《说文（宇宙源流）》《帝王世纪（人类历史）》《献酒经》《解冤经上卷》

《解冤经下卷》《天路指明》《权神经》《夷人做道场用经》《武定罗婺夷占吉凶书》《玄通大书》等 11 种经典。1981 年春由贵州毕节彝文翻译组、四川省岭光电先生、云南省的张兴、唐承宗先生等与中央民族学院少数民族语言研究所彝族历史文献编译室协作，对原书进行了增订。

《增订爨文丛刻》较原本数量增加了三倍多，分上、中、下三部出版。上册书目有《训书》《古史通鉴》《金石彝文选》《献酒经》《祭龙经》《解冤经上卷》《解冤经下卷》《指路经》，中册有《玄通大书中的《署舍》，下册有《玄通大书》中的《署莫》《武定罗婺夷占吉凶书》《呗摩献祖书》。原书主要内容如下：

（1）《训书》。彝语称为《把署》是彝族在丧葬场中吟诵的一个歌种。由摩史（歌师）互相对唱，主要以讲述某种事物的道理，借以训导后人，故汉译为《训书》。它反映了彝族的宇宙观、人生观、政治、经济生活以及社会伦理道德、婚丧习俗等。如《天生经》《地生经》《人生经》中，彝族先民认为清浊二气是形成天、地、人的根本，清阳为天，浊阴为地，清浊二气凝聚而成人。他们认为人体取法于天体，因此天人之间才会感应。四时筋顺脉和，五行相生人就健康。若气候变化无常，饮食无度，不注意随气候的变化加减衣服，五行相克人就会生病，以及武奢哲的辨证施治都反映了彝族先民对医学理论的正确认识。《治国论》提出的君与民奴的关系，治国要施仁政，任人唯贤的看法反映了勿阿纳的治国方略。这些方略使勿阿纳成了彝族历史上的一代明君，成为其后裔治理水西、芒布、阿旺惹等彝族政权的指导思想。《婚姻歌》则反映了彝族的婚俗已发展到要有媒妁之言才能结为夫妻的阶段。《治丧吊唁》和《悼念父母》反映了丧祭是彝族的隆重大典，是孝子对父母尽孝，亲戚对死者表达情谊，寄托哀思。

（2）《古史通鉴》。它分为《笃慕源流》《君代母系》《德施氏》《土地民奴和则谟的管理》《吴三桂侵占彝地》五个部分，主要记录了彝族武、乍、糯、恒、布默六大支系的父子联名谱系、部分君长的母亲名字。记载了水西地方政权对属地民奴、仓库的管理以及吴三桂平水西等内容。

（3）《金石彝文选》。它由《千岁衢碑记》《水西大渡河建石桥记》《明成化钟铭文》编译而成。叙述了默支系的历史、修路、建桥、铸钟的缘由和结果。

（4）《献酒经》。它记载了献酒的好处和彝族人向 21 类 59 个神灵献酒时的献酒词。

（5）《祭龙经》。它记述了彝族祭祀龙神的缘由和礼仪。

（6）《解冤经》。这是彝族人在遭遇灾祸后，请布摩禳除灾祸时念诵的经文。

（7）《指路经》。它是布摩指引死者灵魂逆向沿着本家支迁徙路线去同自己的祖先团聚时念诵的经书，对研究彝族的迁徙史有着很高的价值。

（8）《玄通大书》。它分为"署舍"和"署莫"两部分。"署舍"意为金书，是推算命理的著作。"署莫"意为大书，主要是选择吉日辰、占卜祸福吉凶以决定人们在社会生产和社会生活中的各种行为。

（9）《武定罗婺夷占吉凶书》。该经文有看鸡卦、胛骨卜、祭祖、播福、被污、被淫污入祖列等。

（10）《呗耄献祖经》。布摩（毕摩）在向祖污灵献祭时，要背诵布摩（毕摩）的起源和历史。

《增订爨文丛刻》内容丰富、所使用的四行译法为彝文古籍整理提供了科学的方法，是彝文古籍译著中一部不朽之作。

8.《劝善经》——哲学典籍

其内容为劝诫人们戒恶行善，直译为《太上行善书》，常被意译为《劝善经》。此经为明代毕摩对道教典籍《太上感应篇》的译述之作。在《太上感应篇》译文之后，摘出章句，结合彝族的社会生活和风俗习惯加以注释、解说，体例类似于汉文章句注释。这部彝文哲学典籍是迄今发现的彝文典籍中最早的刻本直译，实属善本真品，具有多方面的学术研究价值。

9.《彝汉教典》——教育典籍

《彝汉教典》为彝族伦理道德、地理、历史、社会生活、政治经济等多门知识的总汇，辑录了49位彝汉先师的教育言论，既是教育培养后代的教科书，也是研究彝族教育思想和彝汉文化交流的重要文献，至今仍有参考和借鉴意义。

10.《宇宙人文论》——百科全书式

《宇宙人文论》是一部重要的彝族历史文献，据记载其成书地点应为贵州省毕节地区大方县，作者及其写作年代不详。其内容涉及哲学、天文、历算、宗教、医学、经济、历史等方面，又以哲学、天文、历算研究见长。内容是通过彝族六祖第五支系德布氏的布慕笃仁和布慕鲁则两兄弟的"一问一答、一答一问"对话形式展开的。全书约10万字，体裁大体上是五言诗，基本押韵，共分为28章，主要是提出和回答自然界的种种问题的。举凡天地的形成，万物的产生，日月的运行，日食月食的成因，年界月界的制定，历法的推算，风雨、霜露、云雾、雷电的形成根源，人体的构造等，都做了说明与回答。

书中还附有图解多幅。

11.《突鲁历咪》（宇宙太极历理）——天文历法

彝族同汉族一样，非常重视八卦。在很古的时代，彝族先民在长期生活实践中，仰观天象，俯察地情，结合人生而创造了天文、地理、人文三合一的精气八卦理论。精气八卦理论渗透在彝族先民的全部政治生活、经济生活和文化生活中，并贯穿他们的所有历史活动。彝族精气八卦天文历法是以堂琅山为中心测度推算而成的。耄史把它编写成《突鲁历咪》（宇宙太极历理）歌文世袭流传，全书二十二节，分别为精气结合衍生万物、四象五行与八卦的方位、气象时制与人类社会的结合应用、日月归线定局、阴阳象卦配合运生星辰数、五行方位的拟布、四象演生八卦、四象八卦的称谓与五行属性、天干属相的五行属性、天地阴阳象数布局、五生十成河图术数布局、十生五成图、天地精气运行路线、天干属相与八卦演生二十四象布局图、乾坤男女阴阳生克论、人体同于天体布局、人的生理同于天象、日月出没方位、日食和月食、定年界月界、六气月份的划分、天地人三合历法理论纲纪。

12.《尼亥尼司》——天文历法

《尼亥尼司》是一部彝译汉典籍文献，其内容可分为律历篇和民俗篇。其中，律历篇是对 1864—1923 年一个甲子中每一年大月小月的推算、闰月的推算、每一个节气的推算和每月晦、朔日的推算；民俗篇是对生辰属相、合婚择吉、婚喜、丧葬、建房、出远门、吉凶等日子的推算和部分民俗事项的解释。

13.《七十贤子传略》——历史人物传记

彝文《七十贤子传略》是极为重要的彝族历史人物传记，记述了彝族六祖中的第六个祖先慕阿齐的后裔，德勒氏族首领稿宗阿教在培通照矣（今贵州普安一带）当政的历史，并记述了德勒氏族历史上有所作为的人物。辑录如此多的历史人物，在彝文典籍中极为少见。

（二）宗教典籍

彝族的宗教经典反映了古代礼俗、初民心态、社会生活和民族文化，以及在宗教影响下形成的社会组织等，与其他历史、文学等作品同样是研究彝族文化的宝藏。

1.《彝族毕摩经》

目前发现的古彝文距今有 8000 年至 1 万年。有关专家研究表明，古彝文可以与中国甲骨文、苏美尔文、埃及文、玛雅文、哈拉般文相并列，是世界六大古文字之一，而且可以代表世界文字的一个重要起源。彝文，是一种表意的单音节文字，主要以祖传的固有字和以汉字为蓝本的仿制字组成，为毕摩使用，故又称毕摩文。此册为毕摩在葬礼上送鬼、叫魂时所使用的经书。《彝族毕摩经》高 26 厘米，宽 32 厘米，征集地为红河县大新寨。

2.《作祭经》和《作斋经》

在彝族宗教典籍和宗教仪轨中，作祭和作斋是两项最重要的内容，是彝族追悼死者的一种仪式，作祭导引鬼魂超越生死界限，作斋超度灵魂直达天堂。

3.《指路经》

彝族人死后，在起灵前有毕摩念《指路经》，为死者灵魂指点通往祖先发源地的道路，经文叙述亡灵从出生地出发，沿循祖先迁徙路线返回祖先的最早发祥地，记述沿途的风土人情，各地不同的《指路经》可以从地理上描绘出彝族繁衍发展的路线，汇集起来，可绘成一幅谱系分衍图或一棵巨大繁茂的谱系树。各地《指路经》指引由各自所属地区出发的路程地名，所以各地《指路经》各有各的不同路线，但殊途同归，都是回归先祖发源地。

4.《实勺祭猴典故》

《实勺祭猴典故》抄写于清光绪三十三年（1907 年），记述实勺祭猴故事，以及彝族祭奠亡灵习俗的缘由，是反映彝族传统宗教礼仪和殡葬习俗的珍贵文献。

5.《神座插枝图录》

《神座插枝图录》共绘制了 23 幅神座柴枝布插图，并在每幅图中用文字加以解说和注释，实属珍贵的宗教典籍。彝族毕摩从事宗教活动，都要通过插枝仪式，达到与神灵沟通，帮助人们驱凶除祸、祈福吉祥安康。

其他典籍关于插枝图的记录——描绘毕摩仪式场所的插枝图就有 100 多种，根据具体法事进行布阵，各类插枝图形式各异，结构错综复杂。学者阿牛阿支（2005）对彝族毕摩文化艺术形态中的插枝图从数学的角度进行了研究。

（三）文学艺术

彝族民间文学形式多样，内容丰富，涉及彝族社会生活的各个方面，几乎占全了神话、传说、故事、歌谣、史诗、叙事长诗、抒情长诗、谚语、谜语等各大门类。

1. 恢宏的古典史诗

彝族是云南少数民族中拥有古典史诗最多的民族，不仅拥有众多气势磅礴的创世史诗,而且拥有悲壮的英雄史诗。《查姆》《梅葛》《阿细的先基》《勒俄特依》是古典史诗中最具代表性的作品。

（1）史前的史诗:《查姆》

《查姆》是一部用老彝文记载的反映史前社会的古典史诗,是一部古朴凝重、反映彝族古代社会演进、发展的历史画卷。它主要流传于楚雄州双柏县,红河州石屏、建水、元阳等县和玉溪市新平彝族傣族自治县、峨山彝族自治县等地彝族民间。"查姆"是彝语的音译,意为万物的起源,彝族人民把叙述天地间一件事物的起源叫一个"查"。据说《查姆》共有120多个"查",而现今搜集到的只有11个"查"。全诗共3500余行,分上下两部。上部讲述天地、日月和人类起源;下部讲述农作物、棉麻绸缎、金银铜铁、医药和纸笔书等生活物品的来源。《查姆》关于天体演化和早期人类演化的神话以及对彝族远古社会、经济、风俗等的记载,不但反映了彝族先民朴素的唯物观念和辩证思想,而且还具有重要的史料价值。

（2）百科全书:《梅葛》

《梅葛》是流传于楚雄彝族自治州姚安、大姚等县及其周边临近彝区的彝族长篇古典史诗,是一部文采斑斓的古代彝族社会生活百科全书。"梅葛"是彝语的音译,"梅"意为经典,"葛"意为说、唱,梅葛即诵经。它本是一种曲调的名称,因史诗用"梅葛调"演唱而得名。全诗长5775行,共分四大部分:一是创世,包括开天辟地和人类起源;二是造物,包括修建房屋、狩猎、畜牧、农事、造工具、生产盐和蚕丝;三是婚事和恋歌,包括相配、说亲、请客、抢棚、撒种、芦笙、安家;四是丧葬,包括死亡、怀亲。史诗反映了彝族先民对自然、宇宙的认识,以及他们的生产生活方式和婚丧习俗等社会生活。《梅葛》无文字记载,但被人们视为彝家的"根谱",每逢年节,人们都要聚在一起吟唱,以口耳相传的方式时代传承,历久不衰。

（3）最古时候的歌:《阿细的先基》

《阿细的先基》是流传在红河州弥勒县西山一带彝族支系阿细人中的一部创世史诗,因使用"先基调"演唱而得名。有的译作"阿细颇先基"。"先基"是阿细彝语音译,歌或歌曲的意思。"先基调"很多,常用的有12种调子。在表现形式上,多使用五言句式,采用提问与对答相互配合的对唱方式,以"先基调"吟唱风格展开,韵律优美,抑扬顿挫。全诗约5500行,包括引子,开天辟地,造太阳、月亮、星星,造山、赶山,造人,洪水漫天,房屋的来历,劳动的起源,婚嫁、年节、跳月的起源,一担清水定终生,尾声和后记等12部分。这部气势磅礴的古典史诗,生动、形象地反映了阿细人民从古老的原始社会到阶级社会这一漫长历史阶段的社会生活，内容朴素，形式优美，具有很高的美学意义和历史价值。

（4）英雄祖先的礼赞：《勒俄特依》

《勒俄特依》是流传在北部方言彝区的彝族创世史诗，云南境内主要流传在迪庆州香格里拉县，丽江市宁蒗彝族自治县、华坪、永胜等县以及怒江州兰坪白族普米族自治县、楚雄州元谋县等地彝区。"勒俄特依"系彝语音译，"勒俄"即古事、历史，"特依"即经书或书，意为"历史传说书"。《勒俄特依》基本上以五言诗句为主构成，异文很多，长短不一。除了口头传播外，还有不同的彝文手抄本。汉彝本的《勒俄特依》全诗共 2270 余行，由天地演变史、开天辟地、阿俄署布、雪子十二支、呼日换月、支格阿龙、射日射月、喊独日独月出、石尔俄特、洪水漫天地、兹的住地、合侯赛变、古侯主系和曲涅主系等 14 章组成。这是一部由创造英雄神向塑造英雄人发展的过渡型古典史诗，它叙述了天地万物的发生、发展和演变过程以及彝族先民迁徙的历史，在创造诸多英雄神的同时，也塑造了英雄支格阿龙的艺术形象，在古典史诗中首次完成了英雄艺术典型的任务。该史诗反映出彝族先民早期的朴素唯物主义自然观与宇宙观，对彝族社会的研究有着重要的史料价值。

2. 优美的叙事长诗

早在唐宋时期，彝族叙事长诗已发展成一条与抒情长诗并行的创造潮流，形成了彝族诗歌史上一道别具风貌的人文景观，在彝族文学史上占有重要地位。据不完全统计，彝族是云南少数民族中发掘叙事长诗最多的民族。《阿诗玛》《则谷阿列与依妮》《力芝与索布》和《美丽的彩虹》是叙事长诗的代表性作品。

（1）《阿诗玛》与《美丽的彩虹》

《阿诗玛》是流传在石林彝族自治县圭山一带彝族支系撒尼人民间的长篇叙事诗，被撒尼人称为"我们民族的歌"。全诗 1600 余行，由应该怎么唱呀、在阿着底地方、天空闪出一朵花、成长、说媒、抢亲、盼望、哥哥阿黑回来了、马铃响来玉鸟叫、比赛、打虎、射箭、回声等 13 个部分组成。《阿诗玛》是一首反抗压迫，歌颂劳动、自由和智慧的叙事长诗。它以诗的语言，动人的故事情节，赞美和塑造了一位美丽、勤劳、勇敢、富有反抗精神的撒尼姑娘的艺术形象。阿诗玛虽然牺牲了，但她的灵魂不灭，精神不灭，她那光彩照人的形象幻化成回声，永久回响在彝族山乡，永存在彝族人民的心中！

《美丽的彩虹》是流传在石林彝族自治县圭山一带彝族民间的又一部凄美叙事长诗。在这部长诗中，撒尼青年沙那和若资姑娘是一对情侣，但有钱人木格看上了若资姑娘，便请媒人来说亲，若资姑娘不答应嫁给木格。于是，木格妖言惑众，把若资姑娘一家撵出村子后，又暗害沙那。沙那尸体被焚烧时，闻讯而来的若资姑娘呼唤着沙那的名字纵身跳进葬火中，"紧抱沙那，火中做新娘"。只见"两股青烟起，升上蓝天去"，一对情人的灵魂化作美丽的彩虹，高高挂在天边。

（2）《则谷阿列与依妮》与《力芝与索布》

《则谷阿列与依妮》主要流传于红河、玉溪、思茅及双柏县等地彝族地区。长诗讲述龙宫龙女与人间孤儿相恋成亲的故事。故事将"龙女型""鱼姑型""田螺型""含羞草型"及"难题型"等多种小故事串联其间，故事情节曲折生动，戏剧性强。让有情人历尽种种不幸遭遇和磨难而终成眷属的创作情节，体现了彝族人民特有的审美情趣。

《力芝与索布》是一首以凄美的爱情故事为主题的叙事诗，主要流传于红河彝族聚居地区。长诗讲述了英俊的猎人之子力芝，辞母寻伴侣，历尽艰辛找到意中人索布，与之相亲相爱。但垂涎于索布美色的头人儿子阿吾，极尽阻挠迫害之能事，设计害死了力芝。誓死不从阿吾的索布姑娘，跳进焚化力芝的熊熊大火中殉情而死，他们的灵魂幻化成一对鸳鸯鸟。心有不甘的阿吾便下令家奴射杀，鸳鸯鸟的羽毛便飞上天空，一根飞到太阳里，变成了太阳姑娘；一根飞到月宫里，变成了月亮伙子。从此"月亮绕着太阳走，月亮太阳永不离"。

3. 言真意切的抒情长诗

彝族民间抒情诗源远流长。有关学者认为，彝族民间抒情长诗的萌芽，可追溯至商周时期，先秦两汉时期形成魏晋南北朝至唐时期成熟，宋、元、明、清时期繁荣。在众多的彝族民间抒情长诗中，《阿惹妞》《我的幺表妹》《妈妈的女儿》《哭嫁歌》是最具代表性的作品。

（1）《阿惹妞》与《我的幺表妹》

《阿惹妞》和《我的幺表妹》是同一首抒情长诗的两种版本，广泛流传于金沙江南北两岸的彝族民间。长诗以表哥对表妹的痛苦思念作为抒情主线，使用反复比拟的艺术手法，以"表哥"的口吻，用"阿惹妞"歌体抒唱，抒唱了一对相爱甚深的表兄妹，因受到父母包办和买卖的婚姻阻挠，被拆散以后的相思之情和相念之苦。长诗以哀怨凄苦的语调深刻揭露和痛斥了奴隶制社会买卖婚姻制度下彝族青年男女的爱情悲剧。

（2）《妈妈的女儿》与《哭嫁歌》

《妈妈的女儿》和《哭嫁歌》是一代代的彝族妇女用眼泪谱写出来的、饱含丰富思想内容和彝族女性心理特征的长篇悲歌、怒歌、哀歌，也是一首极富感染力、动人心弦的抒情长诗。

4. 影视剧与长篇小说

彝族上千年的传统文化底蕴和民间丰富的文学艺术题材，在新的时期给我们带来了很大的文艺创作空间，各类文艺作品百花齐放，层出不穷。影视剧《阿诗玛》是中国电影史上一部彩色宽银幕立体声音乐歌舞片，《欢笑的金沙江》是彝族有史以来第一部长篇小说，《支格阿鲁》是彝族史上首部神话电影。

（1）影视剧《阿诗玛》

1964 年，作为中国电影史上一部彩色宽银幕立体声音乐歌舞片，由著名电影表演艺术家杨丽坤主演的电影《阿诗玛》在全国播映。在这部由彝族人主演的彝族题材的影视剧中，杨丽坤塑造的坚贞、美丽、善良的人物艺术形象与云南秀美的山川湖泊、苍茫大地融为一体，以美的化身、爱的化身很好地宣传了远在祖国西南边陲的云南和云南的民族。从此以后的很长一段时间乃至今日，因该影视剧的宣传作用，"杨丽坤—阿诗玛—彝族—云南"的认识思维模式感召和教育了数代后来人。

（2）长篇小说《欢笑的金沙江》

由《醒了的土地》《早来的春天》和《呼啸的山风》组成的《欢笑的金沙江》三部曲，是被誉为"彝族当代文学的奠基人"的彝族作家李乔的代表作。在反映少数民族历史与现实生活画卷的这部巨著中，李乔以鲜明的民族特色、浓郁的乡土气息，丰富了当代文学的题材内容，开辟了彝族文学发展史的一个新纪元。他的《欢笑的金沙江》成为彝族有史以来第一部长篇小说。

（3）电影《支格阿鲁》

支格阿鲁是彝族公认的英雄祖先，历史上确有其人。数千年来关于支格阿鲁的神话传说一直以口头与文字的方式流传在滇、川、黔、贵、渝等彝族聚居地。《支格阿鲁》是彝族史上首部神话电影，电影由彝族年轻导演贾萨杨万执导，以人性化视角讲述了支格阿鲁青年时期为拯救民众，骑着飞马一路斩妖除魔，为民除害，保护彝族部落的故事。影片以大量特效，烘托了故事的曲折与神奇，展示了彝族从母系社会末期进入父系社会初期这段古老的历史。

《支格阿鲁》从服装、化装造型、道具上保持了原汁原味的民族风格，是一部由彝族人编、彝族人演、彝族人聚居地实景拍摄的影片。电影先后参加了西班牙、葡萄牙等国家的影展，并在第四届北京国际电影节上获得"民族电影展优秀展映影片"。

（4）电视剧《奢香夫人》

奢香夫人（1358—1396），彝族名舍兹，又名朴娄奢恒。元末明初人，是彝族土司、贵州宣慰使陇赞·蔼翠之妻，婚后常辅佐丈夫处理政事。蔼翠早逝，她20岁代夫从政，面对朝代更迭、各方势力混战的局面，奢香以高度的历史观主动接近明朝，采取路通九驿、加强商贸往来等措施，稳定西南局势，促进汉彝文化交融，是少数民族历史上最著名的女政治家之一。备受关注的电视剧《奢香夫人》让彝族文化进入全国各地观众视野，剧中展示了独具特色的彝族民俗风情，奇异的彝族文字，色彩艳丽的服饰，美丽如画的风景，跌宕起伏的剧情。奢香夫人是一个既有民族团结意识和爱国情怀，又睿智、大气，非常仁义、仁德的伟大女性。

四、建筑文化

（一）民居建筑

彝族民居建筑的类型有很多种，就云南而言，传统的彝族民居有土掌房、木楞房、闪片房、石板房、吊脚楼房、三坊一照壁和俗称"一颗印"的庭院式建筑等多种类型。这些彝族传统民居各具特色，大都就地取材，因地制宜修建而成，是彝族人民适应周边自然环境和气候条件的智慧结晶。

1. 选址文化

彝族文化具有独特的认知视界，在这种认知视界观下孕育出独特的建筑形式，它是彝族民族中最为独特的心理意识和审美情趣的反映。彝族民众认为，建房是一件神圣的事情，建房的每一个程序都会有神灵与邪怪看着，要平安吉祥，就应当适时避开邪怪所在的天时与方位，以求将来五谷丰登、人丁安康。所以自古讲究地勘的选择，房屋坐向依地形而定，无"坐北朝南"的严格限制，而在房屋营造时非常注重住宅的选址，尤其注重门向选择。若坐向不适主人的"八字"，则用"改路"纠正进出路道口。按传统习惯，若想建房，先相基址。选择住宅基址一般都要经过相宅和卜宅两个步骤，这与民间俗信是分不开的，如《彝族虎星占法》《豹星占法》即是可用于此术的专门天文历算知识。

彝族民间对待住房基址有一套独特的相法，但各地不尽相同。一般相宅皆以"屋北有坡能牧羊，屋前有坝能种稻，坝上有坪能赛马，坝前沼泽能牧猪，房边青年游玩处，院内妇女聊闲处，门前还有待客处"为理想之居地，住宅主张选在依山傍水，土肥草美之处。由此有许多选择屋基的禁忌，如谅山彝族区忌门户所对山为秃山，否则不吉，忌房后有水，否则易发山洪，危及房屋等。杂居区则多受汉族风水的影响，择房基多考虑"龙脉"宝地。相宅还须卜宅以定凶吉，要按日月星辰和户主、主妇的岁位命宫推算。四川美姑彝族相传的卜宅方法则有滚鸡蛋、立米和烧羊胛骨等类。这些独特的民族文化正是彝族独特的认知视界在建筑民俗中的反映。

2. 建筑类型

（1）滇南的土掌房

土掌房是居住在红河州石屏县、玉溪市新平彝族傣族自治县和峨山彝族自治县、楚雄州双柏县等地及其邻居周边滇南彝族的传统民居。修建时，先以石块垫底做墙基，墙基上用黏土夯土筑墙，待墙高达3米左右时，用梁木和交错密排的木椽、竹条或树枝来封顶，顶上再铺以黏土，经洒水抿捶而成。此类民居建筑依山而建，多建在山梁斜坡上，土石及木料等建筑用料均就地取材，建造成本低。多为一楼一底的三开间平顶土房，也有设2~3层楼的。平整厚实的屋顶不但防晒防雨，还可作为夏日纳凉的阳台和晾晒粮食、衣物的晒台。人居其中，感觉冬暖夏凉，十分舒适。

（2）滇西北的木楞房

俗称"木罗罗"或"跺木房"的井干式木楞房，是居住在高山森林地区的彝族民居建筑类型，云南境内主要在滇西北的小凉山彝区盛行。这是一种纯木结构的房屋，多为高达4米左右的二开间或三开间平房，房屋壁体、大梁、立柱、椽子等都以直接从山上采伐来的松木为原料，有的还用薄木板来盖屋顶，木板上压以石块。房屋壁体由已剥皮的圆木或方木层叠交错，层层垒制而成。屋顶呈双斜面，利于疏导雨水。如今，居住坝区的彝族大多盛行兴建以瓦片盖顶的木楞楼房。小凉山地处横断山脉中段东侧，是地震发生较频繁的区域，木楞房起到了很好的抗震减灾作用。

（3）滇西的三坊一照壁

"三坊一照壁"是大理巍山一带彝族的主要民居类型，是一种土木结构的庭院式建筑，具有很好的避风性。由主房、耳房和照壁三部分组成，主房高于两侧耳房，主次分明，布局协调。主房和耳房除正面以木板为隔墙外，其余三面均以土墙夯筑而成，大都建成设有上下楼层的楼房。主房前设有由4根立柱来支撑的屋檐，形成前出廊格局。下层通常隔成一大二小的三开间形式，大格房间设在左边，是人们生活起居的主要场所。两侧耳房楼下储藏粮食或住人，楼上存放农具或饲料。

（4）滇中一颗印

俗称"一颗印"的民居建筑是居住在滇池周边坝区彝族的主要住房类型，昆明市官渡区子君村的彝族撒梅人至今较好地保留着这种四合院式的古老建筑。

"一颗印"民居由正房、厢房和门廊三部分组成，因其建筑平面和外观呈方形，形似一颗方方正正的印章而得名。房屋主体由土墙夯筑而成，通常为双斜面瓦顶的两层楼房建筑，主要有"三间两耳"和"三间四耳"两种形式。"三间两耳倒八尺"是一颗印式民居的传统建设规则。正房居中，底层设为三开间，左右间做主人卧室，中间为待客堂屋，两侧间住人。厢房以耳房形式毗连于正房两侧，底层分别设为厨房和牲畜栏圈，楼层多用于储存农具和农作物等。俗称"倒座"的门廊正对主房设立，一般进深为八尺，古称"倒八尺"，隔扇式大门开在门廊中央。人们一般在四合天井中间打有水井，铺以石板，作为洗菜、洗衣和休闲的场所。

（5）滇东北的带碉楼四合院

带碉楼的四合院是滇东北昭通一带彝族官宦人家或大富之家的典型民居，系土木结构或木石结构的合院式建筑。墙体或由夯土筑成，或用石块砌筑，墙体上再铺设栋梁和椽木来构建屋顶。其形制与四合院基本一致，院落分别由三开间的正房、两侧厢房和密布枪眼的碉楼组成，院落中间的天井大都铺以石板。因昭通地处入滇咽喉要冲，历来是兵家必争之地，饱受战争之苦的彝族人民为保护家园，而将传统的四合院创造发展成这种具备防御功能的民居建筑。

3. 建筑装饰

装饰是彝族民居建筑的重点，大门口和屋檐是装饰的重点，常常在大门上作各种拱形图案。门楣刻有日、月、鸟兽等图案，封檐板刻有粗糙的锯齿形和简单的图案；屋脊中部及两端有简单的起翘及起拱，山墙的悬鱼、屋檐的挑拱、垂花柱、屋内的梁枋、拱架等也雕刻有牛羊头、鸟兽、花草等线脚装饰和连续案浮雕；室内锅庄石上及石础、石门槛上雕刻怪兽神鸟、卷草花木等彝族传统图案；门窗隔扇及室内木隔花、小花格窗等极富建筑装饰效果，体现了彝族人民的审美情趣和建造艺术。

彝族房屋的门朝向主要根据主妇的岁数、位置、居住的地理环境来确定，一般坐东朝坡下者居多。其门上檐多为弧形拱状，其上绘云雾、日月星象等图案，门板往往由较厚的（6厘米左右）木板制作而成，两面以门框作衬或刻菱形、圆形等图案，门闩置于木凳或石凳上，木凳与石凳上多刻绘怪兽神鸟等图案，一般的木门为单向开合，无装饰，比较讲究的大户人家往往也有双门中间开合的，其门上绘太阳、月亮、鸟兽等图案，以示避邪。同时，在彝族生活中，视畜为友，人畜同室情况普遍存在，为了减少畜禽的无故干扰，常在门外再安有孔的、高1米左右的小木门，彝语称之"瓦嘎都"，意为"拦鸡的（门）"，平时将鸡羊等拦之门外。比较讲究的"瓦嘎都"注重装饰，并刻绘太阳、月亮或方形或云状等图案。

屋檐是彝族房外装饰的重点部位，多从室内穿枋穿柱而成，最多的枋为五层，其次为三层，一般也有不穿枋而用小木柱支撑的。垂柱一般为牛蹄形、马牙形，蹄尖朝内，高度依所穿层次不等，以示招财进宝。穿枋向上弯曲，其上多雕刻日月星辰、飞禽走兽、昆虫、条形纹或其他图案，穿枋色彩多用红、黄、黑3种颜色装饰。彝族屋檐往往比较宽，两边斜下，以便挂放工具或玉米、辣椒、南瓜等食物，具有明显的民族特色。

4. 建筑材料

彝族民居建筑在材料的选择上多用竹、木、砂土、块石、山草等材料。但在河谷与高山地区较有区别，河谷地带多用木墙、板瓦，内部门户隔板都用木板、梁柱及椽子的连接多用木榫；高山地区多用竹墙，内部间隔亦用竹墙，梁柱椽子多用竹或竹木混合结构，多用竹篾，山藤绑扎，板瓦上用石板压实，地坪一般为夯土。例如大凉山多用木板瓦，土筑墙，享有"板屋土墙"之称。在修建中一般先作方形围墙，墙身跨度在5米左右，大跨度的墙身则采用木柱排架承重。森林地区则采用原始圆木，软槽架木为井干墙，即木罗罗房，富有特色。屋面根据不同地方就地取材。

（二）城堡建筑

滇中的楚雄地区是彝族的发祥地之一和主要聚居区之一，1000多年前的"乌蛮三十七部"中的"罗婺""罗""白鹿""华竹"四部皆在州境，有着悠久的历史文化积淀，曾有过众多的城堡营寨、墓葬祖师洞等。

武定县境内古罗婺部的三台山凤家城遗址，是保存得最为完整的城堡，城址分内城外城，内城用长1米、宽30厘米、厚20厘米的条石及大毛石砌成，略成圆形，直径139米，周长436.67米。整个城堡规模略小于大理古城，可屯千军万马，城堡内有清泉溪水，四周悬崖峭壁，仅有一险路可通，从遗址可以看到当时先民在险要的地势上筑造的气势恢宏建筑，令人赞叹。

（三）宫殿建筑

1. 简况

彝族历史上曾在各地建立了多个地方政权，如南诏、罗殿国、自杞国等，华美的建筑往往是权力和财富的象征，彝族君长在历史上修建过许多华居，而九重宫殿就是这些彝族古建筑中的代表作。它是依山而建，基分九台的一种庭院建筑。在彝族古籍和方志里曾记载过云南东川阿于德家的九重宫殿、四川叙永扯勒部的九重宫殿，以及贵州大方阿哲部的九重宫殿。

2. 文化恢复

依山而建的九重宫殿是彝族"石木建筑的史书"。它以石为基，以木为梁柱，利用九台地基的高低差，将每栋房屋的有限高度，通过空间的艺术组合，让整个建筑群落在外观上显得高大、雄伟，具有层次美。通过彩绘雕刻等艺术，让整个建筑群充分体现彝族多姿多彩的文化艺术。内部除了住人、祭祖等功能外，还珍藏一些兵器、乐器、酒具、绸缎等珍贵文物，具有博物馆的性质。位于贵州省毕节市的国家级重点文物保护单位大屯土司庄园，正是九重宫殿建筑思想的体现。今天我们通过重建，再现这一雄伟的建筑群，让它具有景点、商店、展览馆、餐厅、旅馆等综合功能，或者作为彝族历史博物馆。

（四）宗教建筑

1. 土主庙

彝族崇拜土主神，便建土主庙进行供奉，其供奉的土主也有祖先的含义。大一些的彝寨都建有土主庙，各家房后还供有小土主。彝族人除每年必须数次祭祀土主外，乔迁、建房、结婚、生孩子以至于买牲口、畜产仔，都必须祭祀土主。

2. 石虎

彝族崇拜虎，多用石头雕制或堆垒石虎，置于村外路边或山上，为守护神，造型追求雄健有力。

3. 图腾柱

图腾柱源于彝族的中柱崇拜，中柱崇拜又源于彝族对空间的层次划分。彝族神灵崇拜中一个重要的观念，就是把世界划分为不同层次，中柱崇拜体现着人们对空间层次的把握、追求与愿望。在彝族祭祀大典中，中柱位于祭祀场所的中心，它是祭祀仪式中的最高象征物，起着划分祖先层次即神灵与人的现实空间的作用，同时又是沟通天地神人的阶梯。

4. 风水塔

风水塔也叫地脉，是古代术数的一种。云南省武定县城东南 6.7 千米处山顶白塔，据文献记载为"宋代罗婺部长建"，塔用规则石块砌成，方形实心，高 15 米，共 7 级，源于彝族"七层天"说，据说是人类灵魂的最高极点和归宿。

五、民俗文化

（一）饮食文化

彝族农业一经产生，其收获就有优于渔猎经济的稳定性，彝族先民也因此而最终摆脱迁徙不定的生活，实现了长期的定居，结束了"饥则求食，饱则弃余"的状态，出现了较为稳定的剩余食品。这样，彝族饮食文化的进一步发展才有了基础。饮食文化可以概括为谷肉茶酒，五味调和；打杀克己，尊上养生。

1. 基本介绍

彝族居住的地区，地理环境和自然条件复杂，植物和动物资源极为丰富。居住在山区和半山区的彝族以种植荞麦、大麦、小麦、玉米、燕麦、洋芋为主；在溪谷和湖盆山区、平坝则以种稻谷为主，玉米和其他作物为辅。凉山彝族自治州大部分地区、滇西北小凉山彝族聚居区及贵州的威宁县一带，最古老的农作物为荞麦，次为燕麦、水稻、小麦、大麦、洋芋等。蔬菜以圆根为古老，其次才是萝卜、青菜、白菜等。畜牧业以猪、羊为主，同时畜养牛、马、鸡等。凉山、昭通、毕节这些地方的彝族多食用荞麦饼、米饭、玉米饭，无论猪、羊肉做成"坨坨"或大块肉都喜欢，喜欢喝用肉汤做成的酸菜汤。

彝族人的饮食文化，因为有特别的民族习惯，更具有山里的芬芳。回味无穷的风味小吃令人馋涎欲滴、乐而忘返。彝族是个好客的民族，是个好饮而痛恨酗酒的民族。彝族人最爱用的调味料有辣椒、木姜子、花椒、盐巴等。彝族菜的特色是鲜、嫩、脆、香，既有油香味，又不油嘴、不腻心，味美无穷。彝族主要从事农业、畜牧业，喜种杂粮，以玉米、小麦、荞麦、大麦为主食。蔬菜、猪、羊、牛、鸡、野味是他们主要的烹饪原料。彝族多居住在山区或半山区，山中森林茂密，栖息着许多珍禽异兽，出产熊掌、鹿茸、麂、岩羊、野猪等山珍野味。奔腾于高山峡谷之中的大渡河、金沙江、南盘江、元江等大小河流又提供了鱼虾螺等水产品种。彝族擅长煮、烤、拌、烧、蒸、炖等，尤其长于羊、鹿子等皮毛类动物原料的烹制。口味嗜咸、香、辣、麻，嗜酒。

彝族有很多传统节日。每当过节，彝族的饮食最为丰盛。杀鸡宰猪，煎糯米粑粑，做"坨坨肉""羊汤锅"、牛汤锅、燕麦面、蒸羊排骨等。彝族在过年过节时都要捶牛打羊，宰猪宰鸡，而平时一般很少动牲，除非款待客人。

彝族居家饮食习俗餐制为一日两餐，沿袭已久今亦然。一般彝村，人们天明即出早工，九时左右歇工吃第一餐，十时左右食毕。休息一会儿又出午工，天暗才吃第二餐。农忙活重时节，正餐之间要有间餐，即随身粑粑、馍馍、洋芋等食物和臭豆腐、青椒香肠等带到田地，随时加餐。食俗一般比较简单、随便。以杂粮、洋芋为主食。在春、夏季里，喜用酸菜或干板菜（白菜或青菜白水煮熟后晒干即成）拌豆米煮成酸汤做菜，也有将玉米磨成米粒，去麸皮，与大米和在一起蒸熟作为主食，还有是将各种面粉擀成粗面条，作为主食。山地还盛产蘑菇、木耳、核桃，加上菜园生产的蔬菜，使得蔬菜的来源十分广泛，除鲜吃外，大部分都要做成酸菜，酸菜分干酸菜和泡酸菜两种，另一种名吃"堵拉巴"的菜也是民间最常见的菜肴。肉食以猪、羊、牛肉为主。主要是做成"坨坨肉"、牛汤锅、羊汤锅，或烤羊、烤小猪，旧时狩猎所获取的鹿、熊、岩羊、野猪等也是日常肉类的补充。

彝族还有"打羊""打牛"迎宾待客之习。凡有客至，必杀牲待客，并根据来客的身份、亲疏程度分别以牛、羊、猪、鸡等相待。在杀牲之前，要把活牲牵到客前，请客人过目后宰杀，以表示对客人的敬重。以牛、羊待客皆不用刀，用手捏死或捶死，故称打牲，其手法极敏捷，往往牲未死而皮已剥。宴客时的座次顺序有一定的惯制，一般围锅庄席地而食，客人一般让坐于锅庄之上首，彝称"呷尔果"处；主人陪坐于锅庄之右首，彝称"尼木"处；帮忙者、妇女和亲友则坐于锅庄下首，彝称"呷基果"处。客人多时，顺延至右侧。行酒的次序依据彝谚"耕地由下而上，端酒以上而下"。先上座而后下座，"酒是老年人的，肉是年轻人的"，端酒给贵宾后，要先老年人或长辈，次给年轻人，人人有份。酒是敬客的见面礼，在凉山只要客人进屋，主人必先以酒敬客，然后再制作各种菜肴。待客的饭菜以猪膘肥厚大为体面，吃饭中间，主妇要时时关注客人簸箕里的饭，未待客人吃光就要随时加添，以表示待客的至诚。彝族人民由于自己所处的特殊的地理位置和自然条件，形成了自己独特的饮食文化。

2. 彝族的用餐礼仪

彝家人用餐时讲究男女有别、长幼有序，长辈坐上席，客人坐上席或上方，晚辈只能坐下方的座位；招待客人时，好酒好菜都先敬客人或长辈。有的地方有妇女不能同客人一桌进餐的饮食习俗。吃饭不用桌椅，也不使刀叉，更不用筷子，而是用马勺子。吃饭时，大家围坐成一圈或一排，一簸箕饭和一木盘坨坨肉以及一木盆汤菜放在中间。每个人用右手握马勺，左手拿肉，并按或饭或肉或汤朝着自己方向的边沿依次动手，忌讳伸出长手越过自己的方位老远去拿肉、舀饭和舀汤，以"先汤后饭再肉"的方式用餐。彝族人用餐个个动作干净利落。客人吃饭时应注意的是，切勿将饭菜汤乱洒在地上，食肉时所丢弃的骨头千万不能朝别人的方向或朝他人面前丢，这是主人或用餐者特别所忌讳的。长者或主客未放下马勺子或未离席前，晚辈要静坐等候；子女离席时，须向父母行礼致谢；饭毕，主客还需摆一阵话。彝族人招待客人有"先宾后主再邻居"的风俗，所以，你如到彝家做客则应等主人吃完饭后方能离开。

在公众大型宴会上，宾客男性要坐一席，女性坐一席。如果彝族人家同时用牛、羊、猪、鸡款待你，你首先要吃牛肉，依次再吃羊肉、猪肉和鸡肉。

在凉山彝族地区，待客的礼仪由其经济状况而定，同时要看接待的是什么样的客人。招待同姓或一般客人是杀鸡，将鸡头敬给客人，客人要看鸡舌根骨卜，懂得凉山彝族食俗的人都知道，鸡虽是杀给你吃的，但不能吃得太多，鸡胸脯肉要给年长妇女吃，客人或当家的人吃鸡头鸡脖，鸡肝和胃要敬献给老人，鸡腿要给小孩子，还应剩一些，不然会闹笑话。招待贵客一般杀猪或羊，有时有多路贵客一起来到时，为了表示尊重，猪和羊成双杀，但凡待客的肉都烹制成坨坨肉或连锅汤。非常尊敬的客人来了就要打牛来招待，但杀牛招待客人的家庭不多，一般是娘舅家来人且人多时要杀牛招待客人。招待客人时，若杀的是小猪，饭后要将半边小猪头连同一些坨坨肉、荞饼一齐赠送给客人带走；若杀羊，饭后则要将羊扇骨肉赠送客人；若杀牛则要在饭后将牛后腿上的大坨重约 5~15 斤的肉送给客人带走。但客人都要将主人家所赠送的猪头或羊扇骨肉或牛后腿肉转赠给一户女主人与自己同姓的人家。

3. 彝族的酒文化

在彝族节庆中和日常生活中，酒占据着极为重要的地位。走访亲友要带酒，参加婚礼要送酒和牲畜，参加丧葬活动也要送酒送牛羊，参加宗教活动更离不开酒和牲畜，就是去探视病人都要带酒。大小凉山的彝族，他们在社交活动中很注重酒，如客人来到你家，应先斟上一杯酒给他喝，事后就算是来不及煮饭给他吃，客人也不会见怪。"一个人值一匹马，一匹马值一瓶酒"。酒在彝族的日常生活中扮演着很重要的角色，几乎一切事情，都少不了酒。

因此到处可以看到彝族喝酒的场面，甚至可以看到彝族人喝醉后倒头睡在街头的情形。但是彝族最看不起喝醉的人，讲究喝酒时"喝一碗价值一块金子，喝两碗还值一块银子，喝了三碗喝醉的人，连一条狗都不如"。喝酒要有酒德，保持形象，适可而止。而在汉族人的眼里，大概他们所见到的彝族人几乎都在喝酒，于是汉族人对彝族人的偏见之一是彝族人好酒，如果一个汉族人看到一个彝族人不喝酒，他会很奇怪地说："哪里有彝族不喝酒的？"言下之意是怀疑这个人不是"真正的"彝族。关于这种彝汉之间的偏见，有人总结了一句顺口溜：彝人见酒，打死不走，汉人见肉，打死不流（"流"是四川汉话"动"的意思）。外族人对彝族酒文化的误解历来有之，可最近由于所谓的部分格调不高的"酒歌"造成的误解最大。请文友们注意：彝族最正统的酒文化是"转转酒"，没有强迫喝酒的习俗，有人敬酒要接下，但能喝则喝，不能喝的咪一下就可以了。

彝族喜欢饮酒，"有酒便是宴"已成习惯。彝家酒谚云："所木拉九以，诺木支几以"（汉区以茶为敬，彝区以酒为尊）。在彝家，每当客人来到，无沏茶敬客之礼，却有倒酒敬客之俗。每逢婚嫁，以视"酒足"为敬，"饭饱"则在其次，或几乎没有请客吃饭之说；每当丧葬时，讲究送酒多者为最敬最孝；家支间、个人间发生打架斗殴纠纷时，理亏方往往打（买）酒赔礼道歉，即可消除民事纠纷或双方怨恨。从而酒在彝族山寨是最为重要的特色饮品。喝酒时不分生人熟人，席地而坐，围成一个圆圈，递传酒杯，依次饮用，所以称作"转转酒"。但彝族家绝没有"干杯"一说，喝酒敬着喝、咪着喝才是有教养之人。彝家历来好客，劝酒一片真诚，他们说："地上没有走不通的路，江河没有流不走的水，彝家没有错喝了的酒！"逢年过节，各家各户的阿妹子会捧出一坛自家酿的美酒放在门前，插上几枝锦竹或麦秆，凡从门口路过的人都会被热情相邀，用竹竿咂吸几口。因此，转转酒、秆秆酒、坛坛酒已成为彝族酒文化的象征符号。

（1）秆秆酒

彝族秆秆酒，其酿造历史悠久，制作工艺奇异，味道醇正独特，饮法别具风格。几人对饮时，秆秆酒共贮于一坛内，各执秆秆酒竿一支，伸入同一坛内吮吸，握竿动作、咂饮程序、对饮量等，都有一定规矩。彝族逢年过节，婚丧大事及接待嘉宾时常用秆秆酒。共饮时，除同享秆秆酒的美味外，还给人以亲密、友好、热情、豪放的感觉。据说，昔年太平天国将领石达开行军至彝寨，好客的匀老兄弟曾邀请他痛饮坛坛酒，以示慰劳。石达开在开怀畅饮席间赋诗助兴，留下了"千颗明珠一瓮收，英雄到此也低头，五岳抱住擎天柱,一饮长江水倒流"的赞美佳句,至今仍在彝族民间流传。

彝族的传统酒类是秆秆酒。秆秆酒用坛子盛装,饮用时,用细竹竿或麦秆插入坛中吸饮或用它接入酒杯饮用。秆秆酒以其吸饮工具而得名。秆秆酒因用坛子盛装,故以"坛"作为计数单位,现在有以瓶装的一瓶酒也称为一"坛"酒。

饮用秆秆酒最为特别的部分是用秆秆饮用。秆秆多用黄竹制成,黄竹节用烧红的细铁丝烙通。喝秆秆酒的又一特色是采用"萨玛"(刻度、标记)制度。即在一竹片上钻一个小眼,插入一根小竹条,喝酒时,将竹片横放在酒坛口,小竹条朝下,即成"萨玛"(相当于一杯酒)。

秆秆酒属水酒类,酒度低,一般在20°~30°之间,酒味醇香浓甜,老少皆宜,一年四季都适合饮用。每次喝时,将水倒入坛中与酒混合,水倒至与坛口平。喝酒者须用秆秆喝酒,直至"萨玛"的小竹条完全露出,作为敬了一个"萨玛"。再加满水,第二位饮者也须将"萨玛"小竹条喝得完全露出。如此反得,直至酒味淡如水。一坛大的秆秆酒可以喝好几天,一般过年泡一坛秆秆酒足矣。

彝族秆秆酒是用玉米、谷子、荞子、高粱、黄豆混合而做,首先将五种混合的粮食煮好待凉好,加上酒曲装入土坛中,密封坛口,并用泥浆(现多用水泥)糊紧坛口存放。存放时间越长越好,一般以半年为最短期限。饮用前头天晚上,打开封口,倒入冷开水,使酒和水交融在一起,等到第二天早上就可以喝了。

(2)涝渣米酒

说是米酒,它确是用大米精心酿制而成。但它可不是普通的酒。据老乡介绍:夏季刚过秋意渐浓,他们总要用上等的大米用水浸泡一夜,晶莹透亮的大米被浸泡得柔软发亮,然后用竹筛滤干水分,放到木甑里蒸熟,把它盛到瓦盆里散热过后,撒上酒曲,兑上少量的水,最后把它盛到瓦罐里捂上盖子。十多天后,涝渣米酒就散发出扑鼻的清香。有客人到家,彝家人总要抱起大瓦盆,滤了米渣,端上一大碗黄澄澄的涝渣酒招待客人(当然有的人家用玉米面或糯米做,味道一样不错的)。

4. 彝族的肉文化

彝族对"肉"有一套很复杂的态度,如果一个人看见别人家正在宰杀牲畜,他看见了血,他就要等到吃饭时吃上肉,否则认为会得一种怪病(大脖子病)缠身。宰牲畜的主人家一定要邀请这个人到家吃上肉。如果打着了猎物,所有看到这个猎物的人都有份。

肉吃多了的人是会被笑话的。到别人家做客，主人家如果杀了猪、羊等大家畜，客人最多只能吃三块，每块大约有拳头大小，当地汉语叫拳头为"坨子"，因此称这种做法的肉叫"坨坨肉"。如果杀的是鸡鸭等家禽，客人则只能吃一块，甚至只喝一点汤，为的是把肉留给主人家的小孩子吃。多吃肉会被认为是丢脸的事情，为人们所不齿。如果一个人要劝另一个人多吃肉，这个人可能会半开玩笑地说："我又不是汉人，你为什么劝我吃这么多肉？"在彝族人的眼里，汉族在吃肉方面很不讲"礼"，不会照顾别人，特别是照顾小孩子，这是一种偏见，生活中会讲"礼"的汉族朋友是很多的。彝族谚语说："肉是孩子吃的，酒是老人喝的。"

5. 彝族的茶文化

今彝族支系的土族、俫族等少数民族，古代通称蒲满人。蒲满人是最先发现和利用茶的祖先，每到工休叶大发季节，祖先们常到大森林中采摘野生茶作为祭神和祭祖的贡茶，并有经过发汗的隔年茶能治病的传说。

彝族饮烤罐茶、清茶、盐巴茶和油茶。

（1）烤罐茶：彝族十分喜欢饮用。先将茶叶放入陶制茶罐内在火上焙烤，直至茶叶烤得酥脆、略黄时，乘热将茶罐端离火源，灌入事先烤热的水少许，待罐内茶水泡沫稍息，再冲入热开水至罐满，在火上煨煮片刻便可起罐，让茶叶沉淀一会儿，再倒出茶水即可饮用，彝族的烤罐茶色泽、香味和浓度俱佳。

（2）清茶：彝族的清茶，是将清澈的山泉水盛入铜茶壶，置于火塘边煨热，水温增至水面冒气时，倒适量水入煮茶罐，放茶入内，于火塘上烧煮，煮沸后用搅茶棍搅动，渐成金黄色，便用取茶罐火钳将茶罐取下来，搁置片刻待沸止，经过滤倒入茶杯内即可饮用。

（3）盐巴茶：这是彝族最喜欢的一种日常饮料，先掰下一块当地生产的紧茶或饼茶，砸碎后放入一陶制小茶罐内移近火塘烘烤，当听到罐内发出"噼啪"响声并散发出焦香气味时，即向罐内缓缓冲入开水，再煨煮5分钟，然后把用线扎紧的盐巴投入茶汤中抖动几下后移去，将茶罐移离火塘，再将浓茶汁分别倒入杯碗中，加开水冲淡即饮，可配吃玉米粑粑之类的食品，味道十分舒适可口。

（4）油茶：用茶壶煨煮茶水至沸片刻，用漏箅将茶水滤入冲茶筒，再用勺或竹片将酥油、麻籽酱、蛋清、盐巴等香料放入茶筒内，然后左手握筒，右手来回抽动筒内拉杆，待茶汤和香料均匀后，即可倒入茶杯内饮用，油茶清新爽口，醒脑利目，滋补强身。

（二）服饰文化

彝族服饰古朴典雅、美观大方，富有审美情趣，是中国文化宝库中极其珍贵的瑰宝。彝族服饰的色彩、纹样中蕴含着极其丰富的文化内涵，可以为自然崇拜、原始宗教信仰、民族审美心理、民族风俗习惯和民族性格的研究提供珍贵的资料。概括起来就是：服以载道，崇尚自然；顾头美尾，色鲜重绣；式样繁多，一区一服。

1.服饰组成

彝族服饰的组成既有共性又有自身的特殊性。服饰是由服装和饰物两部分组成的。

（1）服装

彝族的服装包括上装、下装、首服、足衣。

①上装。彝族服饰的组成既有共性又有自身的特殊性，主要包括：有领或无领上衣、有袖或无袖上衣。贯头衣就是彝族无领上衣中最古老典型的上衣样式之一，通常用作嫁衣或者较为隆重的礼服。无袖的罩衣叫"来嘎"，就是背心，也称坎肩；有袖的一种叫"衣毕"，其袖子多数短而宽。上衣中比较有特色的是披毡（披肩）、擦尔瓦（羊毛）。"披毡"是羊毛捞制而成，形似斗篷，上方用一毛绳收为领，颜色有原毛白色，麻灰色以及深蓝色和青色。"擦尔瓦"是凉山男女老幼四季不离的外套，或称外褡，多用粗羊毛线织布缝制，也用牦牛毛织成。

②下装。下装是遮蔽下体的主要服装，彝族服装包括百褶裙及大、中、小脚裤子。彝族女子无论老幼都穿百褶裙，制作原料有棉布、毛、麻、丝织品等。百褶裙有童裙和成人裙之分，成人裙一般由上、中、下三节所组成，童裙结构简单，只上下两节缝接而成。在色彩方面二者有别，童裙为浅色，成人裙上节用深色布料，而下面两节若是老年人用蓝、灰色，青年人用黄、红、白等色泽鲜艳的布料。彝族男子裤子很有特色，人们一般的裤脚分大、中、小三种类型。大裤脚和中裤脚在样式、做工和用料等方面大体相同，其组成都有肥大的裤裆和裤脚，在裤脚上部镶有约五寸宽的青布一层，在这一层布的上方镶有花边。裤裆外镶贴三颗对称的圆形贴花做装饰，彝语称作"那寺纽"。小脚裤裤脚虽小，但裤腰、裤裆仍然比较宽大，穿上后形如马裤。

③首服。首服古代称"元衣"或"头衣"，头衣包括巾、帕、帽等一切裹首之物，包括头巾、头帕、帽等。彝族男子习惯在头巾的一端结一锥结，将它包定在前额的左边或右边位置上。彝语称之为"助替"或"子贴"，中华人民共和

国成立后，汉语将它称为"英雄结"。英雄结是彝族头巾的典型表现形式，代表了彝族服饰"重首"文化。盖在妇女头上的布块称头帕，它是盖在头上的，不是缠在头的四周的，它属于"头衣"或首服组成之一。少女头帕层数较妇女头帕层数少。帽子的保护与审美功能，比头衣的其他组成更为明显。清以来彝族的帽子式样繁多，不同地域有不同的帽饰，有鸡冠帽、银泡帽、虎头面罩等。

④足衣。足衣由草、布、革等原料制作而成的，包括：鞋、袜以及护腿等。鞋有草鞋、布鞋之分。过去彝族男女多赤足，冬天或出远门时，脚穿用麻绳或草绳编织的草鞋。而红河县山区中老年人平时喜穿木屐。不同地区袜子的结构和质地不同，凉山地区其袜子包括有底和无底两类毡袜，是用绵羊毛捞制而成，形似靴子，长可至膝以上，又称"裹腿"或护腿，指缠绑在小腿上的布带或布套。滇东南文山县东山区妇女专用布套（腿套），男子的绑腿也是布套，中华人民共和国成立前冤家械斗时常用。

（2）饰物

饰品主要有腰部及其他首饰。

①腰带、佩带和包。彝族先民在先秦时期就系腰带。此外彝族腰带还有逢凶化吉、永保平安的寓意，如今在广西、云南交界处的白彝文系的妇女用树皮制成椭圆形宽三四寸的腰环（腰带），视作护身符。彝族的腰带种类多，不同支系各有千秋，不同地区腰饰有不同的特点。佩带是凉山彝族男子斜挎于身上之带，它是用纫牛筋编织成带，带面上锬以白片（海螺片）。彝族的包，包括挎包、香包、荷包、肚兜和围腰。挎包是彝族中青年男子的漂亮装饰品，外出时多斜挎方布包，用于装钱、烟等物。肚兜是男子用以装钱币及日用品，也是传统饰品。香包是挂于胸前的布质小包，内装麝香，外饰雄獐长牙，除装饰作用外，据说有驱病避虫之功。包是彝族妇女用于装针线或烟叶等杂物，也作装饰品。

②围腰。彝族围腰将女性的腰身束紧，突出女性的曲线美。围腰色彩、图案的变化，还是女性婚否的符号之一。彝族妇女围腰的绣花精湛、花鸟形象逼真，围腰的形制和系法，显示出姑娘身材的柔美。

③首饰。彝族首饰主要包括耳饰、手饰、项饰、背饰及文身。各类首饰是彝族装束的主要审美特色之一，至今仍然保留在民间的传统彝族服饰上，其形式也是多种多样，也体现了地域性特征，有蜜蜡珠、布谷、娜姿娜俄、莫呐等。手饰主要包括戒指、手镯和钏，是配饰的一种，主要起装饰作用。古代彝族多佩戴矿物石质项饰，现代多佩戴银质项饰。背饰，彝族的有"裹褙"，也称"背扇"或"背牌"，是一个圆形或八卦形的袋子，其上绣有美丽

的几何图案，既起着装饰作用，也可盛装随身的小物件。彝族人认为文身是为了使自己得到保护和健康，甚至认为没有"梅花针"死后就不能升天。

2. 服饰纹样及图案

彝族服饰的刺绣图案和花纹是彝族服饰组成的一部分。彝族服饰图案仿生艺术语言主要将自然界丰富的各种形态通过线、面和色彩等造型方式表现出来，其最主要的特点是图形仿生、形态仿生及意象仿生。

（1）人形舞蹈纹样。为二方连续人体变形手牵手跳舞的穿裙女性群体形象，由十字桃花针法绣制而成，简洁、明快，极富生活情趣。

（2）奶纹及乳头纹。彝族服饰中常有奶纹及乳头纹，如红河石屏一带彝族妇女坎肩胸前直接饰以银质的"阿奴兜"（意为吊奶）。

（3）"卍"字纹样、"十"字和"寿""禄"字。"卍"字纹样、"十"字和"寿""禄"字多受汉族文化影响，或直接由汉族中央王朝赐予，寄予彝族人对未来美好的愿景。

（4）古老的卷涡纹。像旋涡似的纹样，该纹样用镶补工艺制作。

（5）虎纹样。彝族妇女用写意的方法，将虎与人、花鸟图案绣在服饰上，形成人兽花鸟图。

（6）龙纹样。龙崇拜习俗在南沼国王的金冠上得到了淋漓尽致的体现。龙和虎都是彝族人民的图腾，至今，四川大凉山、云南小凉山、贵州西北部等地某些彝族男子所穿的"擦尔瓦"披毡背面都有龙斗虎的图案。

（7）火纹样。彝族是个崇拜火的民族，滇南的石屏、峨山等地的彝族尼苏文系女装的肩峰、袖口、后摆等处刺绣有大量的红色火焰纹。这是一种古朴性和写实性都较强的纹样，成排、成堆形状的火焰纹组合在服饰上犹如熊熊燃烧的烈焰。

（8）马缨花。马缨花被彝族人民崇拜为花神，认为把马缨花绣在自己服饰上是最美、最吉祥的。马缨花刺绣图案是彝族服饰里最普遍的纹样之一。

3. 不同地区的服饰特点

（1）楚雄彝族服饰

这种服饰主要流行于云南楚雄彝族自治州各县及邻近地区。这是古代各部彝族辗转迁徙之地，现时属东、南、西、北、中彝语六大方言的交会地带，故其服饰尤显纷繁多彩。总体上看，上穿右衽大襟短上衣，下着长裤，是现代女装的基本款式。女上装花饰繁多，色彩艳丽，图案以云纹和马缨花一类的花卉为主，多装饰在上衣的胸前、盘肩等特定部位，工艺以镶补、平绣为普遍。妇女头饰大体可分为包帕、缠头、戴绣花帽三类，若细分则有40余种，而每种头饰又往往成为某一地区彝族的标志。男子服饰日趋汉化和时装化，但仍有不少地区保留着披羊皮褂、着火草和麻布衣的习俗，这是其他地区彝族服饰所罕见的。

（2）凉山彝族服饰

流行于四川、云南的大小凉山及毗邻的金沙江地区。男女上衣均为右衽大襟衣，凉山地区彝族男子还保留着古代遗风。他们在头顶前脑门蓄一绺长发，象征男性的尊严，神圣不可侵犯，彝族俗称"天菩萨"。川、滇大小凉山彝族男子喜爱用青布或蓝布包裹头部，并在前额处扎出一长锥形结，以表示英勇威武的气概，习称"英雄结"。据考古发现，云南晋宁石寨山西汉时代滇王墓出土的贮贝器上就发现此种头饰打扮的人物造型。可见，扎"英雄结"是相当古朴的传统。另外身上斜挎用细牛筋编织而成的佩带（古时用于挂系战刀）称为"英雄带"；有的左耳戴蜜蜡彩珠和银耳圈等饰物，下装为长裤，但因地域不同而有大、中、小裤脚之分。未婚姑娘戴各式头帕，育后妇女戴帽，或缠头帕，皆为黑色；妇女双耳皆佩金、银、珊瑚、玉贝等耳饰，垂颈部戴银领牌；下着用多层色布环绕拼接而成的百褶裙，往往长可曳地，上半部适体，下半部多褶，既突出女子体形，又增添几分婀娜姿态。大小凉山山势险峻，气候寒冷，故当地彝族群众用毛毯护身，俗称"擦尔瓦"。擦尔瓦是用羊毛织成的披衫，有白、灰、青等色，上部用羊毛绳缩口，下部缀有长达 0.33 米左右的旒须。制作一条擦尔瓦，往往要用几个月时间，彝族人的擦尔瓦一年到头不离身，白天御风寒，夜晚当被盖，堪称凉山彝家服饰象征。传统的衣料以毛、麻为主，喜用黑、红、黄色相配搭。常以挑、绣、镶、染等多种工艺技法制成头镰、羊角、涡形等传统图案。大小凉山，山川险阻，过去交通闭塞，与外界交往很少，其服饰古朴、独特，较完整地保留了彝族传统风格，与东晋时期昭通霍氏墓壁上所绘彝族装束一脉相承。

（3）滇西彝族服饰

这类服饰主要流行于云南西部的大理、普洱、临沧、保山等地。妇女上装多为前短后长的右大襟衣，下着长裤，系围腰，套坎肩。巍山、弥渡两县之间的山区女装色彩艳丽，多绣花纹，佩戴绣花毡裹背，其他地区较质朴、素雅。其头饰或戴布帽，或包青帕，喜缀五彩璎珞、串珠等饰品。颇有南诏王室贵族华美艳丽的遗风。过去男子穿右衽大襟长衫，宽脚裤，头包青帕，腰系布带或皮兜肚，现在多穿时装。

（4）红河彝族服饰

这类服饰主要流行于滇南红河地区，以建水、石屏、元阳等县最为典型。

妇女服饰多彩多姿，既有大襟右衽长衫，也有中长衣和短装，普遍着长裤，衣罩外套坎肩，系围裙；头饰琳琅满目，多以银泡或绒线作装饰；服饰色调极浓，并惯用配套的对比色，鲜艳夺目，装饰性很强；图案以自然纹形为多几何纹次之。男子服饰与其他地方相差不大。

（5）乌蒙山彝族服饰

这种服饰流行于云南省昭通地区的镇雄、彝良、威信等县以及贵州毕节、六盘水、四川叙永、广西隆林等彝族聚居地区。乌蒙山区是古代西南彝族文化的发祥地，过去的彝族服饰与凉山彝族服饰大体相同，明清以来服装款式变化较大。

现在云南这一区的彝族男女服饰通常为青蓝色大襟右衽长衫、长裤，缠黑色或白色头帕，系白布腰带，着绣花高钉"鹞子鞋"。男子服装无花纹，出门常披羊毛披毡。妇女服装领口、袖口、襟边、下摆及裤脚均饰彩色花纹及组合图案，汉语俗称"反托肩大镶大滚吊四柱"，头缠青帕作"人"字形，并戴勒子、耳环、手镯、戒指等银饰，婚后则以耳坠取代耳环，系白色或绣花围腰，身后垂花飘带。个别地区彝族妇女着短衣长裙。

（6）滇中及滇东南彝族服饰

主要流行于以昆明、文山，以及同这两个地区相邻的红河州部分地区。

女装的主要款式为右襟或对襟上衣，长裤，个别地方着裙。以白、蓝、黑为底色，多饰动植物花纹图案和几何图案。其头饰各地差异很大。昆明地区的部分彝族青年妇女，头戴"鸡冠帽"，形如鸡冠，用大大小小各种银泡镶绣而成，做工精细；老年妇女一般绾发髻。圭山一带未婚妇女头饰布箍，在双耳部位缀一对三角形绣花布饰，脑后吊一束串珠垂向胸前。弥勒及石林部分地区彝族妇女以双辫缠头并包黑内，留一束头发垂于脑后，以珠串、银链、贝壳、绒线花色为饰。文山、西畴、马关、富宁等部分地区妇女头包黑巾或顶花帕，头饰简单，而丘北、开远、泸西等部分地区的妇女头饰则十分丰富，饰品有银泡、绒线球、花和贝壳等。这一类型的男子一般穿对襟衣、外套坎肩、着宽裆裤，有的还扎绑腿，头包黑巾。

（三）婚恋文化

彝族因分布地区和支系的不同，加之各地社会和经济形态的差异，以致在其婚俗中地域性表现得特别突出：有的地区在中华人民共和国成立前尚存留有原始的群婚习俗，如云南永胜他鲁支彝区；有的直到中华人民共和国成立还盛行着奴隶社会严格的等级婚制，如川滇大小凉山；有的类似于汉族的封建式婚姻；有的正在向封建式婚姻过渡。由此导衍出的婚姻习俗使彝族的婚姻仪礼形制纷繁，程仪复杂。

1. 婚姻制度

（1）一夫一妻制。在彝族社会中，和父系制小家庭相适应的一夫一妻制是占主导地位的婚姻形态。子女婚后除幼子外一般都与父母分居，另立门户，组成一夫一妻制小家庭。过去有极少数纳妾者，但多为妻子不育之故，或有其他原因。纳妾者都较富裕，贫困之户很少纳妾。

（2）同族内婚。中华人民共和国成立前，凉山彝族奴隶制社会中实行的是严格的同族内婚制。兹莫、诺合和曲诺等级婚姻的缔结只能在本民族内部，不同民族是严禁婚嫁的。

（3）等级内婚。等级内婚在中华人民共和国成立前的凉山彝族奴隶制社会中实行。它严格地限制着统治等级的兹莫、诺合与被统治等级的曲诺、阿加、呷西之间的婚姻，不同等级之间不允许缔结婚姻关系，特别是自视高贵和纯洁的兹莫、诺合统治阶级，不能与被统治阶级中的任何一个等级的人恋爱和缔婚或发生婚外性关系。

（4）家支外婚。家支外婚是彝族社会普遍实行的婚制习俗。同一家支内部严禁通婚，婚姻的选择必须在家支以外进行。如果已隔数代，并且举行了分支的大斋仪式，各宗自成为一个家支，便可以互相通婚。否则，即使相隔十代仍属一个家支，也绝对不可以互相通婚。

（5）姨表不婚。彝族严禁姨表兄妹结婚（即姨表不婚），这是因为彝族社会根据母系计算的嫡堂兄弟姊妹，如同根据父系计算的嫡堂兄弟姐妹一样，被视为同胞兄妹。在凉山彝区，对此有着严格的习惯加以限制。姨表兄弟姊妹之间的通婚、恋爱，都被视为乱伦，按习惯法予以处死。姨表不婚是古老的母系氏族外婚传统在彝族社会中的遗俗。

（6）姑舅表优婚。彝族实行姑舅表优婚，即姑舅表兄弟姐妹有优先婚配的权利，但各地彝区实行情况也不尽相同。凉山彝族社会习惯法规定：姑母的女儿生下来就是舅舅的儿媳。姑母的女儿先要征求舅家纳聘，舅家不要才能别嫁，且所得聘礼要送一份与舅家；相反，舅家的女儿对姑家也有上述义务。而广西那坡彝族地区却是单线舅表婚，即姑家的儿子有优先娶舅家女儿为妻的权利。姐妹的儿子与兄弟的女儿可优先缔结婚姻关系。同时又规定，舅家要永远当舅舅，不能倒过来，即姐妹家的女儿不能嫁给兄弟的儿子。在云南昆明西山区核桃箐彝区也有类似的婚俗，即只能舅女配姑子。在他们的观念中认为嫁出的姑娘不能回宗，而姑女配舅子即算回宗，这是不许可的。

2. 婚俗形式

（1）"尼查玛"婚习俗。"尼查玛"婚是以母系为主招夫而男不过门，仅到女家偶居为特点的一种古老婚俗遗风，过去仅存于云南永胜县的彝族支系他鲁人中。他鲁人婚姻有正式和非正式两种，非正式婚姻关系即为"尼查玛"。"尼查玛"关系维持多久，要由男女青年的意愿决定，少则两天，多则十几年。这种"尼查玛"婚所生子女尽管大都"知其母而不知其父"，但与正式结婚所生子女一样，丝毫不受社会歧视，姑娘未嫁而生子女与携女抱子而嫁都是极为普遍的，男家对这些子女也视若己出，将来同样分结财产。

（2）抢婚习俗。彝族生活中早先有抢婚之俗。此婚俗一般在姑舅之间，一方有女，男方想要，女方不大同意，男方就找几个壮汉埋伏在路边抢亲，抢到人之后再派人说亲并付聘金。另外，男女已互恋，而父母不同意，将女儿许配他人，姑娘就会暗中告诉所恋男方，约定时间地点，由男方找人将姑娘抢走。抢婚之俗至今已失去了原始意义，已成了象征性的逗趣取乐。

（3）配婚习俗。这种婚俗是凉山奴隶制社会中特有的一种婚姻形式。一般呷西、阿加成年以后，主子为了稳定他们的情绪或获得娃子就要为之配婚，彝语称之为"鄂错"，即配成双之意，配婚之权由主子支配。

（4）服务婚习俗。这种婚俗是彝族男子在幼年时即至女家，替其服劳役，时间为2~10年不等，在此期间，男女同食同度，同劳动，共嬉玩。如双方感情相投，则由女家择定吉日，通知男方准备婚礼。

（5）交换婚习俗。这种婚俗是两男子彼此交换其姐妹为妻或两家互换女儿为媳。

（6）转房习俗。这是过去彝族社会中的一个重要的婚姻惯制，但各地彝区实行情况又不尽相同。凉山彝族称之为"喜玛石"，凡有生育能力的妇女无子女或子女未成年者，在丈夫死亡后再嫁对象，由亲及疏，乃至本家支近亲属，一般先考虑平辈，在特殊情况下亦可转予长辈或晚辈，但上下以不超过三代为限。

（7）入赘习俗。这种婚俗在广西那坡彝族中比较流行。在这一地区招男为婿的家庭中，岳父与女婿的关系如同父子关系一样密切，云南昆明官渡区子君村的彝族撒马都人，西山区龙洞彝族以及西山车家壁的彝族部有招婿入赘的习俗。

（8）逃婚习俗。云、贵许多彝区在过去都存有逃婚的形式。青年男女情投意合，私订终身，若遭家庭或家支的阻挠，或因某一方由父母包办订有婚约，他们便会为终身幸福而暗地约定时间地点，共同出逃。待有儿女，再设法请人向双方的父母告罪，请求如得到允许，便可回到故乡，否则只好永远流浪他乡。逃婚相当危险，如被女方父母抓到，唯有死路一条。所以往往有逃婚不成的青年殉情。

3. 恋爱社交

（1）公房社交。在云南撒尼和阿细彝区，青年男女的交际活动一般都在"公房"（姑娘房）中进行。这些地方的每个村子或几个村子联合捐资，在村外修建一所公共房屋，专门供青年男女社交之用。一到夜晚，公房便铺满了绿茸茸的松毛，中间架起熊熊柴火，青年男女围着火塘尽情欢乐，谈情和歌。公房社交活动仅限未婚青年参加，而且必须是不同宗族的青年。同宗的男女即使相隔八代，也不能到一个公房中对歌，此为禁规。

（2）夜会社交。夜会是云南彝区青年男女的一种集体约会形式。又俗称为"跳月""吃山酒""玩场"。每至月朗星稀，小伙子们就带着短笛、月琴、芦笙、三弦、木叶、草管一起到姑娘们家院附近林丛里，用歌声或木叶邀请姑娘们出来相会，而后，男女青年一并来到村外一片约定俗成的坡林的空地上，燃起篝火，或对歌，或共舞。彼此如情投意合便由男方父母请媒人到女方家求婚下聘，以结为终身伴侣。

（3）歌场社交。每逢节日集会，青年男女都要"赶歌场"，通过山歌对唱，一部分青年就在歌场定亲，也有的用对歌方式询问对方的姓名和地址，回村后再托媒人说亲，还有的在对歌时已情投意合，为慎重起见，在歌场散了以后再多方打听和了解对方情况，并在第二年或下一次节日集会上，在歌场定亲。这种歌场对歌恋爱定亲的社交习俗，在云贵许多彝区盛行。

（4）婚丧祭社交。彝族有红白喜事之说。在婚娶、丧葬、祭祖期间，男女青年的交往要比平日随便和自由得多，在大小凉山尤其如此。每当婚丧祭的夜晚篝火燃起，男女青年便会寻找自己的伴侣，互诉心曲。谈到情切时，便双双离人群往隐蔽之处走去。这时无论是长辈和同辈都佯装没有见到。但如果女方的兄弟在场，男方就要收敛或小心些，以示对女方兄弟的尊重，否则将会被人认为是太张狂，以致发生械斗。

（5）节日社交。节日期间是彝族青年相互交往，选择爱侣的最佳时节，不论是在火把节、插花节期间，还是跳公节、密枝节等其他节日，其交往和择偶的方式是多种多样的。如火把节时，小伙子会故意灭掉自己的火把，去和意中的姑娘借火，以示心中爱慕之情；插花节期间，小伙子们以跳舞的步点去寻找意中人，如试跳几步合了脚，双方就在跳的过程中寻找感应，如一方认为对方不中意，抽身走开即可，此即民间情歌所言："合脚合得脚跟脚，合步合得心连心。"

4. 婚前礼俗

（1）确定婚龄。结婚年龄主要针对女子而言，一般单岁为吉。过去黑彝女子从 9 岁起，白彝女子从 11 岁起即可结婚，但多在 19 岁左右，即以 17、19、21 岁为最佳婚龄，一般不超过 25 岁。男子则不计婚龄，多在 20 岁左右。也有因为迷信或为了冲喜而在四五岁结婚的，但为数极少。一般女龄略大于男，其次是男略大于女，男女同岁者很少。

（2）提亲。当一对青年男女彼此相识并有了一定的感情基础，或是男女两家具备了缔结婚姻的条件时，男家必须请上一位能说会道的媒人到女方家去说亲。当然，尽管姑娘有意，但其家长在第一次提亲时不会轻易表明态度。一般情况都要提亲者三番五次恳请，才会最后答应。如果双方彼此信任、合心满意，就选择吉日吃"定亲酒"。

（3）合婚。彝族比较注重合婚，即看结婚男女双方的属相是否相克。小凉山彝族非常讲究生肖相合的原则。其依据：生于兔年、猪年、羊年者，命相宜；生于龙年、马年、虎年者性相近；生于牛年、蛇年、鸡年者位相贵；生于猴年、龙年、鼠年者气相通，皆可通婚。而猴对虎、猪对蛇、羊对鼠等则相克，不能通婚。元阳等地彝族则请毕摩合命，把十二属相合成 5 组命，每组 6 个共 30 个命。如属马属牛为杨柳树命，可以合婚；属兔属虎为香炉火命，不能合婚。此外，男女双方年龄相差 5 岁和 7 岁的也不能合婚。

（4）定亲。当双方择定好吃定亲酒的日期后，男方必须备办八色清水礼（即糖、烟、酒、茶、鸡、肉、布、钱）如期赴约。男方到女家去定亲，一般是去赶晚饭。这次晚餐，必须由男方主办，饭菜男方出，锅灶碗具女家借；有的地区不采用此礼节，男方只须把礼物如数清点给女方即可。

（5）节食。在婚前半个月，新娘和伴娘就要开始逐日减食。婚日将临的前一周则仅每天只吃一个鸡蛋，喝一口水酒，聊以度日，最后一天则完全禁水。彝族称这种婚前戒食习俗为"杂空"。"杂空"时间越长，越显得新娘懂礼节、有毅力，出嫁之前均要例行。

5. 结婚礼俗

彝族的婚礼主要有背亲、迎亲两大程序，每一程序中又有一系列惯行的仪节。

（1）背亲习俗

①泼水抹锅灰。去迎亲的，先由男家从本家支的同辈兄弟中选派青年小伙子数人至十几人（取奇数）组成迎亲队伍，带队者称为"线木"。携上酒、

羊或猪赴女家背亲。女家已储水以待，当迎亲者到达，姑娘们用竹水枪、瓢盆、木碗等盛水浇泼，迎亲者则表现得十分勇武。头蒙"擦尔瓦"冲进屋里。当他们与女方长辈围火闲谈时，姑娘们又乘其不防，用锅灰抹他们的脸，以致他们个个成了花脸，姑娘们唱道："为了养大女儿，妈妈脱了九十九层皮，不泼九十九瓢水，不抹九十九把锅灰，哪能让你们背走姑娘？"背亲的小伙子则答道："我们翻过了九十九座山，蹚过了九十九道水，不背回姑娘哪能行？"于是屋里屋外、院场晒坝又开始水战，直至夜晚。

②摔跤。第二天早上，由"线木"摸一下新娘的耳朵之后，女家即请一位子女多且健康的妇女为新娘梳头、打扮，先喷一口酒在其头上；梳毕头则戴上耳环、头饰、头罩。着新衣彩裙，然后由"线木"背至屋外果树下。主客进餐后即进行传统的摔跤比赛。先各派一小孩做开场表演，尔后正式比赛。

③赛歌。晚上，主客两方饮酒娱乐，先由女家两名女子领歌，做开场表演，然后男女双方各派一名歌手举行对歌比赛。

④摸亲。鸡啼时，新娘被拥至房前的果树下坐着。女家们手持树条和端着水盆，准备对前来摸亲的迎亲者进行一番痛打。这时男方派出的迎亲人必须机灵顽强，在打不还手、骂不还口的委屈中想方设法摸亲。只要他们摸到新娘头上的彩罩，新娘便算是婆家的人了。

⑤哭嫁。云、贵彝区女子出嫁离家时，往往在祖灵前跪拜大哭，女伴们也陪哭而歌，尤其是与父母辞别时要诉女子嫁人之苦，哭号陈词，凄婉动人，依依难舍。有的还要唱《咒媒歌》。

（2）迎亲习俗

①报喜。迎新娘的队伍未达男家之前，女家派一人超前到男家报喜，男家要给来人报喜钱五两、猪半边、酒一坛，彝语称为"里活比测"。

②搭青棚。男家估计新娘到达时辰将临，当即用头一天现砍的新鲜竹子、松枝在院内屋外搭一个简易的青棚，并铺垫以油绿的松针，谓之"也惹"（因祖屋都是公婆旧居，取新人新居吉利之意），预祝新娘夫妇长命百岁、白头偕老。

③抢斗笠。这时新娘头上戴一斗笠，男女两家在新娘刚要步入青棚时抢争此斗笠，男方抢先则男家吉利，若男方落在后面则女家吉利。

④婚宴。与此同时，燃起若干堆（奇数）篝火于青棚邻近的地坪上，每堆火围坐数十人不等，开始婚宴。届时，舅家须挨新娘坐下，以下分亲疏长幼而坐。按传统习惯，要用酒、坨坨肉、荞饼宴请客人。

⑤分辫。稍息，男方家选出与新娘生育相合的少女，用木盘端来木头梳，

揭开新娘头盖，用发油在其头上擦三下，梳三下，尔后将其独辫分成两辫，表示就此成为已婚妇女。当天晚上，新娘与伴娘睡在青棚内，新郎睡于其他屋。

⑥入门。第二天早晨，鸡鸣时分，就要把新娘迎入夫家正屋，入门时，新娘要喷酒，撒草木灰，以示驱邪于门外。

6. 婚后礼俗

（1）回门。就是在过门后的次日，或第3、第5、第7日或第9天，新娘由送亲或男家派护送返娘家，新郎则由"线木"陪伴行至岳家。届时，新郎要携酒肉为礼，敬给岳父母。午后或次日，新郎和婿家人自回，新娘则留住娘家。云南彝区有婚后次日即回门的习俗。

（2）坐家。在凉山等地彝区，新人回门归家之后，新娘独自留居娘家，开始坐家。坐家期无定限，短则一两年，长则三五年或更长。此期间，新郎可潜往岳家与之幽会。但在同房的第一夜，新娘按惯例须加以抗拒，以表贞洁。新郎则努力制服之，以表勇武。新娘坐家直至怀孕方回夫家，此时她便改变头饰，即变头帕为帽子，男家见此即知有孕，便赶紧修筑新房，让儿子媳妇另行住房，开始正式的小家庭生活。

（四）乐舞文化

彝族是一个能歌善舞的民族，有着丰富多彩的民族民间音乐舞蹈艺术。但由于彝族居住分布广泛，支系众多，加之各种不同的社会历史形态和自然环境等诸多因素，彝族的音乐舞蹈除具有一定的规律性之外，地区差别性突出。因此，彝族音乐舞蹈的种类繁多、风格各异，内容及表现手法也多种多样。

1. 音乐

（1）传统民歌

彝族的传统民歌大体上分为叙事歌、生产劳动歌、情歌、山歌、儿歌、生活小调、风俗歌7类。涉及内容广泛，演唱形式多样，风格独具特色。

①叙事歌。每逢传统的民族节日，婚嫁喜庆，或新房建成的夜晚，彝族人民都有演唱叙事歌的传统。叙事歌也称古歌，主要用于演唱彝族民间叙事长诗、神话故事、爱情传说和史诗等内容。歌唱方式或独唱，或对唱，或合唱。如《阿诗玛》《阿细的先基》《梅葛》等广泛流传于民间的叙事诗，均用叙事歌的民歌调子演唱。

②生产劳动歌。生产劳动歌即用于演唱反映和表现各类农事劳动内容与

情感的调子。这类民歌调子品种繁多，相当丰富，如播种时唱的《犁地调》，在高山野岭唱的《放牧调》，妇女刺绣时唱的《绣花调》等。

③情歌。情歌即彝族青年男女在社交恋爱场合用于谈情说爱表达互诉衷肠与相互爱慕之情的民间调子。彝族情歌是与彝族人民的爱情生活密切联系的艺术形式，一般在野外演唱，也有在室内演唱的。其演唱形式有男女对唱，也有聚众演唱的。

④山歌。山歌一般是在山野田间演唱的彝族民间歌曲，主要表达演唱者的生活体验及思想感情，也有部分以反映爱情内容为主的对唱性调子。

⑤儿歌。儿歌亦称童谣，语言生动风趣，曲调活泼。有向小孩传授简单的生活、生产常识的儿歌，也有表现儿童欢快游玩的儿歌。

⑥生活小调。生活小调曲调优美明快，结构短小简练，而又别于山歌、情歌，不拘人数及场合，以表达各种生活情趣与思想感情。

⑦风俗歌。彝族有自己特殊的风俗习惯，也就相应地保持着一些风俗性的音乐活动。在节日、婚丧等礼仪性场合都有传统的歌唱。如喜宴场合演唱的《酒歌》《老人调》，姑娘出嫁时唱的《出嫁调》《哭嫁调》，宗教祭祀场合唱的《毕摩调》《祭神叫魂调》。

（2）乐器

彝族传统乐器主要有以下几种。

①横笛：分高音笛、中音笛和低音笛。

②马布：有单管马布与双管马布。

③竖笛：一般只开六个指孔，吹口在竹管顶端。

④葫芦笙：其笙斗用葫芦制成，可同时奏出几个音。

⑤唢呐：喇叭用铜质、牛角或以木质管做成。

⑥月琴：琴弦有两根的和三根的（双对两根的也称四弦）。

⑦三弦：分大三弦、中三弦和小三弦。

（3）胡琴：有高音胡和中音胡，而且有两根弦的二胡琴和三根弦的三胡琴两种类型。

此外还有用管类制作而成的吹奏乐器过山号、巴乌、闷笛，用竹片做成的口弦和采木叶吹奏的树叶，以及各类鼓、钗、钹、铓、锣等民间打击乐器。

2. 舞蹈

（1）类型

彝族舞蹈有五种类型，分为踏歌、跳弦、罗作舞、跳三弦、披毡舞。前四类舞蹈源于彝族古代生活，第五类模仿鹰、熊的舞蹈，与彝族古代的多神和图腾崇拜有关。

①踏歌。踏歌是彝族舞蹈中形式最多、流传范围最广的一种集体性民间舞蹈。滇西北小凉山彝族称之为"达踢舞";滇西彝族称之为"打歌""跳歌"等;滇中彝族称其为"左脚舞""跌脚舞""踩左脚"等。该舞蹈浑厚古朴、粗犷豪迈,参与人数多,以舞者围成圆圈,围绕篝火舞蹈为其主要特征。舞步有踏步、踩脚、弹跳、抬腿、甩腿等步伐。其中,大理巍山、弥渡一带的彝族打歌,舞步轻快潇洒,节奏灵活多变。而楚雄境内的跌脚则比较粗犷,舞步遒劲有力。

②跳弦。跳弦因舞者双手持烟盒,边敲边舞,故也被称为"烟盒舞"。"烟盒舞"流行于云南省中部和南部红河、石屏、建水等地彝族支系尼苏人居住地区。舞蹈分为"正弦"和"杂弦"两类。"正弦"融双人自娱性舞蹈与表演性舞蹈为一体,舞姿优美轻盈、活泼风趣。而"杂弦"则是在"正弦"的基础上进一步发展而来的,是一种表现人物、具有故事情节的歌舞小品。

③罗作舞。罗作舞,彝语称"罗作比",是一种有唱词、有伴奏的集体舞蹈,主要流传于红河、元阳、金平、绿春等县操南部方言的彝族民间。该舞蹈一般以抒情的歌唱开始,以四弦、三弦、巴乌、二胡、笛子等乐器伴奏,曲调欢愉跳跃,节奏鲜明而强烈,伴之以快速摆手、错步、踏脚等舞蹈动作,特别受到青年们的喜爱。

④跳三弦。跳三弦也称"大三弦""跳月",是云南省中部地区彝族支系阿细人、撒尼人喜爱的自娱性舞蹈。打跳时,男女一般分组成排,相对而立,男的弹奏大三弦,女的拍掌起舞,人数不限,但一般要求应该双数,男女配对。其基本舞步为跳步和三步乐,有青年舞、老人舞、娃娃舞三种。在大、中、小三弦和高、中、低不同音色的竹笛伴奏下的跳三弦,是"火把节"不可缺少的舞蹈。

⑤披毡舞。披毡舞是四川省凉山地区彝族所特有的舞蹈形式。舞者以披毡为道具,通过双臂的伸展、收拢、摆动与身体旋转,来模仿鹰、熊的姿态。该舞现已成为彝族的代表性表演舞蹈。

(2)特点

①豪迈舞风。彝族被称为火的民族,特殊的自然生态环境和人文环境使得彝族的舞蹈风格具有高原粗犷、豪放的特征。彝族舞蹈种类繁多,舞蹈动作大多刚劲有力,力度大,而且动感十足。打歌是彝族最常见的一种自娱性舞蹈,跳时人们紧密携手、相互挽臂,面向圈心熊熊燃烧的篝火,脚下踏地为节,且唱且舞。在打歌高潮时,比男声高八度的音域里,女声边舞边用假

嗓应声高唱"罗哩罗，罗哩罗哩罗"，意思就是"虎哇虎，虎哇虎哇虎"，这是对祖先的怀念和呼唤。舞蹈节奏中舞者们高亢的歌声、强健的脚步声、急促的呼吸声，通过紧紧依靠的身躯将热情传播开来，使人们沉浸在通宵狂舞的气氛中。"从早跳到黄昏落，只见黄灰不见脚"的俗语，形象地描绘了彝族人民不知疲倦地跺脚踏地兴致勃勃的景象，表现了彝族舞蹈火一样的热情豪放和虎一样的粗犷勇猛。

②动作旋律。彝族人民生活的地区环境恶劣，在与环境做斗争的过程中，彝族人民形成了粗犷豪放、坚强刚毅的民族性格。崇火崇虎的原始崇拜塑造了热情、强悍的民族特性。刀耕火种的劳作方式使劳作的人们形成豁达开朗的性格和朴野刚强的秉性。这些因素的共同作用，造就了彝族舞蹈热烈奔放、节奏明快的动律特点。例如：阿细跳月，这是一种快节奏、充满阳刚之气的彝族舞蹈。舞蹈的基本动作排比、对比、反复，舞者边弹边唱边舞。动作简单明快，跳跃性强。跳时舞者左脚跳跃，右脚抬起自然弯曲，同时双手击掌，动作反复循环；胯部左右自然摆动，男女交错互换位置，变换队形，时而顺时针转动，时而逆时针转动；男子身背三弦，边奏边舞；在笛子的和声下，女子则拍着手与男子在一进一退中进行心灵的沟通，舞蹈动作粗犷健美，情绪热烈奔放。在篝火燃起时，人们围着篝火跳跃、旋转，有矮步顿足，有跳步搓脚；有拍手，有折腿。步调和谐，动作激烈，彰显了"火"的本性。

③造型特点。彝族的舞蹈动作大多是动态的，舞蹈造型的雕塑感不强。但彝族都有高原舞蹈"一顺边"的造型特点。高原民族在生活和劳动中，由于山路崎岖，人们上山、下山，尤其是带着重物时，一侧脚步着地，身体重心多移向一侧，双手也随向一侧自然微摆，逐渐形成了既省力、又能减少危险的顺手顺边保持平衡的一顺边的体态，这种体态慢慢成为日常生活的基本动态，并逐渐升华为"一顺边"的艺术美，成为高原民族共同的审美心理，也形成了高原民族舞蹈中"一顺边"的艺术造型和文化现象。例如，彝族妇女在火把节中跳的"都荷舞"，这是一种只有女子参加表演的集体舞。跳时，由一人领唱领舞，其余舞者尾随并逆时针方向形成圆圈边歌边舞。其舞步为两拍，左脚旁边迈一大步为重拍，同时上身微向前倾，弱拍右脚向右旁迈一步，同时上身正直，微后仰，面对圆心或面对前进的方向缓慢而悠闲地循环跳唱，形成火焰般"一顺边"的优美艺术造型。

3. 傩戏

在贵州西北地区彝族中还流行一种傩戏，彝语称之为"撮泰吉"，其意为人类刚刚形成的时代。跳"撮泰吉"者为男性，其装束奇特，用布将头顶缠成锥形，全身穿黑装，上身和腿上缠有白布带，脸戴涂有白泥的木质具。表演者用粗犷的动作表现早期人类的生活，一般在农历正月初三至十五演出，主要用于祛除祸祟，祈求来年五谷丰登，六畜兴旺。

（五）节事文化

1.祭祀性节日

祭祀性节日主要通过祭祀祖先、崇拜神灵等方式来达到消灾避祸、人畜平安、五谷丰登的目的。如火把节、密枝节、跳公节、祭公节、祭龙节、祭火节等。

（1）火把节

火把节是彝族人民特有的传统佳节，自汉唐起已沿袭1000多年。火把节一般每年农历六月二十四举行，历时三天。彝人重视火把节的动机都在这些活动中得到最好的践行，火把节以实践仪式的形式，记忆和传承彝族对宇宙的理解和认知；以仪式的形式来影响天地的运行以达成彝族消灾避祸、人畜平安、五谷丰登的预期；安抚、炫耀逝去的英雄和祖先；以仪式活动"夸富"，强化或重构现实生活中的关系（比如青年人寻找恋人、家支联盟），地位和身份；以仪式活动达成强化各种认同（族群、家支、朋友），凝聚团体的目的，全民尽情娱乐。

①火把节的传说

有关火把节的传说较为普遍的是：远古的时候，天上的一个大力士和地上的一个大力士摔跤，天上的大力士被地上的大力士战胜，狼狈地逃到天上，在天神面前搬弄是非，于是天神不分青红皂白，迁怒于人间，派遣大量的害虫到地上糟蹋庄稼，危害人民，人民点燃火把到田间驱除虫害，战胜了天神，这天正好是农历六月二十四，彝族人民把这天定为火把节。

关于火把节的来历，石林一带彝族传说，古时有个魔王残酷迫害百姓，群众无可忍受，便群起而攻之。但魔王堡垒久攻不克，于是改用羊群火攻，即在每只羊的双角和后腿绑上火把，驱羊进攻，结果获胜，人们为了纪念这次斗争胜利，乃于每年夏历六月二十四日耍火把相庆，由此形成了火把节。白族传说与此不同，光绪《昆明县志》载："汉之时有夷妇阿南，其夫为人所杀，南誓不从贼，即以是日（六月二十四日）赴火死，国人哀之，因此为会。"

②火把节的发展历程

火把节漫长的形成过程要追溯到远古时期的火崇拜。其发展过程主要有以下四个阶段。

第一，原始的火崇拜是火把节产生的最初动因。火把节是彝族传统文化事象之一，它源于对火的崇拜。彝族是一个崇尚火的民族，先民们认为火是太阳的延续，是生命的开始，也是生命的终结，他们由于受思维水平和生产力低下的限制而对火产生依赖、敬畏和崇拜之情。火遂成为先民生活中最重要的因素，他们对火的崇拜是火把节产生的最初动因。

第二，由崇拜火过渡到祭祀火神，产生"火节"。火把节起源于汉藏语系藏缅语族先民祭祀火神的"火节"。远古时期人们对自然界和日常生活中发生的事情难以做出科学的解释。先民对火无法理解，不能做出解释时便将其归结为神灵的力量，对火的崇拜也随之上升为对火神的崇拜。于是形成一个祭祀火神的节日——"火节"，成为火把节的原型和前身。

第三，部分崇拜对象由人代神，"火节"演变为后来意义上的火把节。从人类的认识发展规律来看，随着生产力的发展，人们对自然界的认识越来越深入。此时，人们逐渐意识到独立于神之外的人的力量的强大，于是节日中神的位置也相应地部分被人取代。当人们过火把节的部分目的是纪念彝族英雄阿体拉巴或慈善夫人而取代原来对火神的崇拜与祭祀时，就产生了后来意义上的火把节。

第四，以祭祀、崇拜为主向娱乐、庆丰、求福的综合性节日演变。从节日文化的发展规律看，节日几乎都朝着一定的娱乐性、祈祷性和庆祝性方向发展。火把节发展成节日以后，就成了集庆祝丰收、祈祷祝福和集体娱乐于一身的综合性节日。

③火把节的活动

火把节对彝族来讲就相当于汉族的春节，是所有节日中最重要、最热闹的节日。在整个节日过程中所有的彝家人不做饭，只吃肉、喝酒。肉叫"坨坨肉"，是剁成一块块的猪肉或羊肉煮熟，蘸上盐和辣椒粉吃。酒叫"秆秆酒"：用细竹子掏空了竿子或用麦秆插在酿好的米酒中吸着喝。

彝族过火把节时，一到夜晚，各村寨即点燃火把，炬火散布游动于田野山乡，颇为壮观。彝民用火炬照田，占岁丰收。民间传说，过火把节是要引谷穗出来看火把，要火把是为了扑灭秧苗的病虫害。节日期间，有的地方要杀猪宰牛祭神；有的地方每户要抱一只鸡到田里去祭"田公地母"。民间认为，火把可以驱鬼除邪，故点燃火把后要挨家挨户走，边走边往火把上撒松香，谓此为"送祟"。火把节期间还有各种社交文化娱乐活动，各村寨举行唱歌、跳舞、赛马、斗牛、斗羊、摔跤、射箭、拔河、打秋千等。石林圭山一带的斗牛、摔跤比赛尤为闻名。斗牛前，各村寨要选出代表参加，并将经挑选的膘肥体壮的牛牵到会场，群众身着节日盛装前来观看。届时由一有威望的人宣布比赛开始，于是锣鼓喧天，长号齐鸣，鞭炮震耳，一对对男女青年在赛场四周弹起大三弦，跳起欢乐的舞蹈。在万众欢腾中，参赛者将一头头滚瓜溜圆、体大角尖的公牛牵入会场，接受裁判员的检验过目。裁判员一声令下，主人按照事先选择的对手，将牛放出，任其格斗。凶猛的公牛扬蹄翘角，向对方冲去，角对角地顶挖，直到将对方斗败为止。优胜者可获得场边标杆上挂着的球形彩虹。斗羊是最好玩的，羊的前半身都被剪去了羊毛，只留下后半身和尾巴。

火把节期间另一项重要比赛是摔跤。参赛者身穿短裤，赤膊上阵。开始时互相拥抱，以示友好。裁判员一声令下，便相扑角力，奋勇拼搏，最后以把对方摔倒、双肩着地为胜，比赛场面极为壮观。一处摔跤，八方相聚，盛装的群众从四面围观，欢呼喝彩。小伙子们背着大三弦，带着竹笛；姑娘们背着自己精心绣制的花挂包，赛前赛后，奏起欢乐的乐曲，跳起欢乐的舞蹈，使比赛充满热烈的气氛。

火把节又是青年男女交往，选择配偶的良好机会。节日期间，他们共举火把为嬉，并欢聚于山间田野，举行篝火晚会。青年男女在篝火下相互弹唱，尽情歌舞，彻夜不息，从中寻求自己心爱的对象。斗牛比赛中的优胜者和摔跤能手，往往成为姑娘们所追求和爱慕的人。

④火把节的文化特质

彝族传统火把节历史悠久，富含深厚的人文内涵。纵观火把节文献记载、民间口头传说，以及节期举行的各种习俗活动，均围绕着敬天祭祖、占田祈丰、烧虫逐疫、叫魂赎魂等民俗特质展开。正是这些独到的民俗特质，赋予彝族火把节生生不息的传承动力，成为川、滇、黔、桂四省区彝族认同的重要文化符号。

敬天祭祖。人们一般认为，祖灵能保佑后代子孙繁荣昌盛，永传不替，后代子孙要想得到祖灵护佑与赐福，就必须对祖灵奉行祭祀。彝族是祖灵崇拜最厚重的民族，就像彝谚云："人作斋则荣，人祭祖则盛。"彝族认为，祭祀祖先神灵，可以得到祖灵神秘力量的庇佑。彝族祖灵崇拜，在其节日等民间祭祀仪式中得到集中体现。

占田祈丰。彝族火把节所要达到的首要目的，是风调雨顺、五谷丰登，这是节日的最终诉求，也是欢度节日的民族心理愿望。火把节是彝族十月历岁首之节，颇像汉族春节，有辞旧迎新的意味。人们对火把节，一是从心里出发敬天祭祖，希望天神与祖先护佑自己获得农业丰收；二是从直接具体的照田烧虫实践出发，以保证自己的农业收成不受虫灾、旱灾等影响，从而保证获得丰收。所以，火把节的第一文化要义，应是农业祈丰，它是协调人与自然之间关系的一个重要仪式。

烧虫逐疫。宁蒗彝族驱禳逐疫的方式以举火把、洒过水的烧红石头的方式，在房前屋后、房内门首、田间地头念诵："除呀除，污秽污物祛除，污秽祛除。祭牲不洁要祛除，屋上不洁要祛除。屋下污秽要祛除。人籍人魂除污请进家，生神孕神除秽请人家，福神佑神除秽后，灵魂朗朗进家来……"以驱逐虫螟、污秽。由此，我们说火把节"烧天虫"并不只是"传说"，有其存在的真实背景。人们祈求丰收，"照岁祈年"的愿望，成为火把节历久流传的生命力。嘲烧虫逐疫，是彝族传统火把节火崇拜内涵最突出的民俗特质。要烧虫，必点火；要逐疫，须燃火。如果火把节没有了火，彝民无以烧虫逐疫，也就不能称之为"火"把节了。

叫魂赎魂。滇黔桂各地彝族普遍认为，人有三个灵魂，灵魂永不死。人死是三个灵魂离开身体的表现及结果。他们认为身体只不过是灵魂存在的一个载体，没有灵魂的存在，体内的血、气就不会产生，身体因此也就不复存在。彝文经典《说文·论人道》说："始祖希母遮，昭穆二先人，他是自然造，身体赋灵魂，血与气攸分。"凉山彝族传说："古时世上只有'按遮''瓦沙'这两户人，由于灵魂不离身体。他们的子孙越来越多，以致出现了人吃人的现象。天神恩体古兹为了拯救人类，用铁棍从天上打下来，每户有一人的灵魂被打掉，即每家有一人被打死，死者的灵魂——鬼能够使活人的灵魂永远离开身体。人间因此才出现了死人的现象。"在彝族祖先崇拜者看来，人生时，灵魂附于身体之内，人死后则独立存在，或栖附于他物，或往来于阴阳世界，或游离于死者的村寨或住所附近。他们称这种游离存在的灵魂为"鬼"。所以，彝族是一个特别强调灵魂观念的民族，为了不使灵魂离开自己的身体，彝族便产生和传承了各种各样的叫魂习俗。火把节的另一个重要民俗特质，即各种叫魂、赎魂仪式。

作为一个曾逐水草而居的迁徙民族，彝族历来重视祖先崇拜。彝族祖先崇拜最核心的目的，是对本民族历史的持续记忆和强化认同。彝族传统火把节敬天祭祖的民俗特质，既是彝族对天地自然表示崇敬最浓缩的体现，更是彝族重视自身根骨谱系最集中的诠释。敬天祭祖与叫魂赎魂，表达的是彝族在周期性的节日时空语境下，妥善处理天地人际关系，祖先与后人、历史与现实多重关系的文化操作和社会实践。彝族传统火把节传说中，较为普遍的天神与人类比赛摔跤结怨母题，预设了天地人际关系的宏大纠纷，最后通过人们虔诚地举行敬天祭祖与叫魂赎魂仪式，才由此重修了天地人际关系，达到一种天人合一的和谐大同。这给人们一个重大启示，那就是人与人之间必须和谐相处、荣辱与共，才能整合为一个紧密团结的整体社群，否则为天地不允、法理不容、祖灵不许。

火因对人类的实际功利，自古赢得彝族的顶礼膜拜。彝族传统火把节，是彝族深层火崇拜物化的重大节日。火把节的火崇拜，不仅源于火能烧虫逐疫的自然属性，也源自彝民笃信火能占田祈丰的精神属性。作为彝族年度性重大传统节日，敬天祭祖、叫魂赎魂、烧虫逐疫、占田祈丰仪式，构成了其四个最为重要的民俗特质，呈现出火把节独特的文化意义，源源不断地推动着彝族传统火把节的传承。彝族通过周期性演述这些节日民俗特质，不断地沟通着天地人际关系，同时，也规范着彝族现实社会。

（2）密枝节

密枝节也叫"祭密枝"。彝族"密枝节"的流传地区主要有：属于东南部方言地区的石林圭山、弥勒西山以及丘北仙人洞的彝族撒尼支系，属于西部方言的巍山彝族地区。石林的撒尼人一般在农历十一月的头一个属鼠日到属马日举行"密枝节"，历时 7 天。

①密枝节的传说

彝族支系撒尼人和弥勒等地阿细人的传统节日，流行于云南省石林县。撒尼人过节时间在农历十一月中旬鼠日至马日，长达 7 天；阿细人过节时间则在立冬后第一个属虎日。撒尼人的密枝节是纪念祖先的。传说撒尼人的祖先古时居住在深山密林中，过着狩猎放牧的生活。一天，突然下了场大冰雹，其他人的羊群都被打死，唯有聪明的牧羊人密枝斯玛将羊赶进了树林里才避免了灾难。现在的羊都是从密枝斯玛时代繁衍来的。故撒尼人每年都要过密枝节，以怀念这位聪明的祖先。届时，以村寨为单位举行活动，每户一个男子，拉一只绵羊到密枝林去宰杀，肉熟后，由一老者念诵经文，然后聚餐，但不能把肉吃完，必须留一部分，等天黑后带给家人吃。进村时，由一人带领呼喊"哈够，哈够"，以此告诫不守村规和违反道德风尚的人。阿细人过密枝节，主要是进行祭树、祭山活动，告诫人们要保护森林。

另一种传说是：相传很久很久以前，撒尼村寨中一对恋人在深山密林中狂舞七天七夜后双双命丧于林中，并变成了树，从此以后，村中发生不吉利的事，都以为是这对恋人所致，于是全村老少到林中祭祀供奉，祈求不要向村中降灾，保护全村平安。后来渐渐演变为今天的密枝节。密枝节一般为每年冬月的第一个属鼠日开始，持续 7 天。密枝节祭祀仪式在密林中举行，由村里的毕摩（寨老或祭司）主持，全村男性在龙树下祭奠跪拜密枝神和密枝林，毕摩按古规带着挑选出来的健康男子，从秘密的悬崖洞穴中取出事先安置好的"石娃娃"，来到龙树下，用清泉水清洗石娃娃，然后虔诚地将其放入垫着青松毛的箩筐中，上香进贡，进行祭拜。然后，大家当着密枝神的面，回顾一年来全村发生的大小事，共同评论，是坏人坏事共同批评，是好人好事给予赞扬。过完密枝节，又秘密地将石娃娃藏放在洞穴中。

②密枝节的民俗活动

彝族密枝节传统祭日将至时，石林彝族撒尼人村寨的男性村民就相聚在一起，推举出负责筹办密枝节的"密枝翁"，挑选出符合标准的男性参加祭神仪式。祭密枝神必有白色的绵羊或山羊，其次是白猪白鸡等色彩洁白的牲灵。规定的日子一到，准备充分的男性村民集聚到密枝林边，按密枝翁的分工，杀羊宰鸡，烧火做饭，开始祭奠活动。毕摩按古规带着挑选出来的男性村民进入密枝林，来到林中选定的神树下，把上一年放在树下的密枝神虔诚地抬进垫着青松毛的箩筐中，举行祭奠仪式后，抬到毕摩家中，用清水洗净，扎上新的彩色丝线，放在毕摩家中过夜，第二天又抬回林中神树下。

由于石林地区山多林多，居住地不同，对密枝神的说法也不相同。有的村寨说：两块像人形的石头代表男女两位密枝神，男的叫"普帕"，女的叫"普玛"，他们共同保护着全村人畜的平安；有的则说：密枝神是一位聪明美丽的姑娘，叫"密枝斯玛"。当天空突降大冰雹时，聪明的密枝斯玛就赶快把放牧的牛羊赶进密林，为撒尼人留下了牛羊。祭密枝是为了感谢密枝斯玛和密林；也有的说，密枝神是白狐狸，是一个追求婚姻自主而死的姑娘变成的。她住在密林中独居，不喜欢人畜打搅她平静的生活。无论哪一种解释，都认为密枝神住在密枝林中，保护着全村的平安。

密枝节祭神仪式后，抬出由男性动手做好的饭菜，由密枝翁平均分给在场的男人。男子汉们吃着自己动手做的饭菜，或说玩笑，或发泄心中的怨气。

（3）跳公节

彝语称"孔告"意为欢庆的日子，是广西那坡县彝族的传统节日。各地方节日时间不一，有的在农历四月初三，有的农历四月十一，也有农历四月十二的。节期三天，主要内容是祭祀祖先、土地和山神，演习古代彝人战争和生活的场面；由世袭的节日活动主持者吐公唱本民族的历史以及跳金竹舞、对歌、饮酒、聚妥等。其中以跳竹最为重要，跳舞之前要用猪头祭祀祖先，然后由"麻公"领舞，众人踏着芦室、铜鼓的节奏相随。金竹舞要跳两天。

关于节日的来历，相传很久以前，彝族的首领九公在一次战争中失利，被迫躲进一片金色竹林。他急中生智点燃竹叶以迷惑敌人，敌人果然畏退了。后来，九公不忘金竹的救命之恩，在构寨的场坝中央栽了一簇金竹，并在农历四月率族人围绕金竹跳舞唱歌。后来加进祭祀祖先、讲述族史的内容，逐渐发展为固定的节日。

（4）祭俸节

滇南石解、红河、建水、峨山、元江、新平一带彝族尼苏人的祭祀节日，时间在每年农历二月的第一个子丑日。祭俸，彝语叫"眯嘎哈"，是祭献一位传说中的彝族英雄阿保，亦兼有祭献土地求丰收之意。传说阿保是个身材魁梧、武艺出众的英雄，在向给彝民带来灾难的恶魔作战中罹难。他的头和四肢被肢解了，头发变成了高山上的森林，身躯变成庄稼，手足变成畜禽，让彝家有柴烧、有饭吃，家畜满圈，生活幸福。彝家为感谢他、尊重他，定于每年农历二月的第一个届牛日在村外的一个固定树林中，择一棵象征阿保的大树进行祭祀，并以一块叫作"众鲁媄"的石头为其化身。人们挑来清澈的龙潭水，用青松枝、撒马树叶、大黄连杆等擦洗石头，象征给阿保洗身。据说石头洗得干净与否，关系到村寨安宁、人的健康、姑娘生的漂亮等。祭俸节这天，村里的男女老少，喜气洋洋，穿着盛装，到阿俸石前磕头作揖，焚香祈祷，以求风调雨顺，五谷丰登，六畜兴旺。入夜，青年男女便开始对歌、跳乐等娱乐活动，老年人则围坐火塘讲故事。

2. 庆贺性节日

庆贺性节日是彝族民间以喜庆丰收，祝贺人畜两旺，平安幸福为内容的节日，如彝族年、新米节、沙户比节、老年节等。

（1）彝族年

彝族年，彝语称为"库斯"，"库"即年、"斯"即新，"库斯"意思是新年，是大小凉山彝族传统的祭祀兼庆贺性节日。"库斯"一般选定在农历十月，庄稼收割完毕的季节。彝族年为三天。彝族年的头夜叫"觉罗基"，过年第一天叫"库斯"，第二天叫"朵博"，第三天叫"阿普机"。

①觉罗基。全家团聚，或杀猪、杀鸡，庆贺当年人丁兴旺，来年吉祥安康等事宜。

②库斯。意为新年，主要内容是祭祖，早晨鸡叫以后，全村就要宰杀年猪，年猪要从同村同寨年长或德高望重的人家开始，依次序宰杀。用年猪的胆、胰、尿包占卜主人家的吉凶，以猪胆饱满、色泽好、胰平展、无缺陷、尿包丰满为吉祥，预示来年人畜兴旺，家人安康，粮食丰收。同时分"舍

富"、"舍民"两餐进餐，"舍富"主要是祭奠祖先，取猪肾、肝、舌、胰与荞粑一同煮熟，敬奉先祖。"舍民"是全家人集体餐。吃完"舍民"后，男子们要将猪肉切成条块，妇女们则要灌制好香肠，并当天要将鲜肉和香肠挂在火塘上烤烤，同时以展示主人家的年猪肥，人吉祥，并且显示出主人的富裕。

③朵博。意为月首（即一个月的头一天），早晨鸡叫主人就要起床做心肺三鲜汤，即将心肺捣烂，放在锅里将油熬出来后，放入水加豆芽、干（鲜）笋等，做成三鲜汤。早晨起床全家人就要享受这顿三鲜汤的美味。上午由妇女们组织全村孩子祭果树，即"社日"仪式。每个儿童要带猪前蹄一只及意节粑（细玉米粑）等，选一棵长势丰茂的果树，由一孩子上树扮树神，众孩子在一妇女的带领下祈求树神要多结果子，让孩子们分享，保佑孩子们健康成长等，然后将孩子们带来的肉食切成小片放在树丫上或树皮之中。社日结束后是拜年，彝族年的拜年场面壮观热闹，一般数十人一组，从整个寨子挨家挨户拜年，拜年时主人家端上泡水酒，让大家喝，同时，拜年队伍还要为主人唱贺新年歌，年轻人跳舞、摔跤、跳锅庄等。大家不分彼此、不分亲疏，一起快乐到通宵达旦。

④阿普机。意为送走祖灵，下午要煮猪肠青菜吃，由妇女们拜年，男子们在家接待拜年队伍。三天的年过完以后，彝族人就要背上大块的猪肉髈子（一般分成三、五、七块），酒、糖、千层饼、炒面、鸡蛋等到岳父岳母家拜年，整个十月份彝族人都沉浸在年节的快乐之中。

彝族年是彝族的一个重要节日。从古到今，彝族对过年十分重视，也很热闹。关于彝族年始于何时，现已无从查考，凉山彝族过年中的许多仪式均与祖先崇拜相关，整个节日中充满浓厚的祖先至上色彩。

（2）新米节

云南峨山和巍山彝族的传统节日。一般在每年的十月秋收后择吉日举行。届时，出嫁的姑娘和到别家上门的儿子都要带上新米和其他礼物，回到父母身边来，以谢父母的养育之恩，同时和父母共享丰收的果实。该节一般是一家一户单独过。节日里人们在吃新米的同时，还要祝愿来年风调雨顺、庄稼更好。有的地方，还要宴请其他亲友。有的还将新米饭做成各种各样的饵块染上色，分送亲友邻里。

（3）沙户比节

云南巍山龙街一带彝族传统节日。"沙户比"系彝语，意即小春尝新。节日在小麦成熟后的农历四月中旬。届时，家家户户用麦面和糖、糯米舂粑把，并蘸上蜂蜜献祖。已出嫁的女子，这天要带上粑把回娘家，与亲友共贺小春丰收。

（4）老年节

云南巍山县山塔、龙街一带彝族的传统节日，每年农历除夕举行老年节。节前，家家户户要杀猪宰鸡，做糯米面、磨克腐、面条、酤白酒，备好节日食品。节日当天，各家各户张灯结彩，贴门神和春联，并在院子中心栽一棵枝叶茂盛、高三四米、有三盘树枝的松树，名为"天地棚"。然后在树干上扎一把松毛，将香插在松毛上。树下置一供桌，桌子燃灯作天地神位，并摆有猪头和鸡祭献。在房屋后墙，也栽一棵松树，名为"米士"代表厩神。祭抢厩神以求其保佑六畜兴旺。在祭完天地神灵和厩神后，再祭自己祖先。黄昏后，各家皆以红纸"封门"，正月初二别家的童男前来"踩门"方可开门。龙街彝族过节时还要在堂屋内外铺上青松毛。山塔一带彝族节前要将嫁出去的女儿接回家团聚。已生育的，在正月初二以后就返婆家，未生育的则待正月十六后返婆家。入夜后，全家团聚欢宴，由家长给儿女们讲家史、故事，通宵达旦，俗称"守岁"。五六岁儿童站在门槛上比高，据说这样比才长得快。

3. 纪念性节日

彝族地区的纪念性节日以民族英雄、纪念某个历史事件为主要内容，主要有服装节、插花节、二月八、牟定三月会等。

（1）服装节

云南大姚县三台山彝族的传统节日，每年农历三月二十八举行。届时，妇女们穿上各种艳丽的服装前来参加。服装节上，刺绣珍品琳琅满目，飞禽走兽、流水行云、山花野草都被融入彝族妇女们巧夺天工的刺绣中。传说很久以前，三台有一位聪明美丽的姑娘叫阿米尼，她仿照锦鸡的羽毛制成一件衣服，图案精巧、色彩奇妙，超过了土司头人请来的99个裁缝、77个银匠制作的衣服。阿米尼被土司逼成一只锦鸡飞走了，人们便以举行服装节的形式纪念她。节日上，姑娘们为了赢得赞誉，要换好几套漂亮的衣服。入夜，跳舞欢歌，小伙子们前来寻找白天相中的心灵手巧的姑娘。

（2）插花节

云南楚雄彝族的传统节日，每年农历二月初八举行。这天，人们采集鲜花在路边、树旁、寨口搭起花牌坊，编成花环挂在门上，插遍门楞、房角、畜院、牛角、田园及农具。据说这是为了怀念咪依鲁。相传很久前，吴华山上有位美丽的姑娘叫咪依鲁，她能唱许多彝家调子，会绣各种各样的花卉鸟兽。一天咪依鲁在山上放牧，遇见一只凶恶的狼，善良诚实、本领高强的青年猎手朝列若搭救了姑娘和羊群，咪依鲁送给朝列若一朵雪白的杜鹃花以示感激。从此，两人相亲相爱。县华山上有个土司以选美女到他的仙园伺候仙女为名，糟蹋各寨的姑娘。咪依鲁得知后十分气愤，为了搭救姐妹们，二月初八这天，她采了两朵有毒的鲜花插在头上，只身闯入仙园，佯装与土司成亲，伺机将毒花泡入酒中，土司饮毙。朝列若狩猎归来，发现咪依鲁也死去，抱着咪依鲁的尸体哭得两眼流出了血，那一滴滴鲜血染红了杜鹃花。为了纪念除暴献身的咪依鲁，每年二月初八方圆数十里的彝族都到吴华山上采摘鲜花，遍插各处，相沿成习流传至今。

（3）二月八

在每年农历二月初八举行，节期2天。相传节日是为了纪念在突发危急关头智斗强敌的民族英雄密枯。届时，全村男子来到寨旁最高最古的树——密枯树前，各户向此树供祭一碗米、一块盐及茶、酒等。毕摩开祭，杀猪祭祀密枯。祭毕，参祭者共食烧猪肉和狸血稀饭。剩余猪肉分给各户以祭祖先和阿儒比女神。节日期间，人们还举行踏歌、摔跤、打秋千等娱乐活动。

彝族人民为什么要在农历二月初八日这一天举行如此隆重、热烈的活动呢？传说过去巍山彝族村寨中有位心地善良、乐于助人的老人，名叫密枯，住在离寨子一里外的窝棚里。有一年二月初八的中午，青壮劳力都下地干活去了，寨子里只剩下一些妇女、儿童和老人，密枯突然发现两只饿虎向寨子里扑来，老人、孩子危在旦夕。在千钧一发之际，密枯老人不顾自身的危险，口中一边大喊"孩子们快跑"，一边用随身带着的砍刀将路边的树枝、刺芭砍倒堆在路上栅封大路，拖延老虎进寨，在精疲力竭时，毫不犹豫地迎着老虎站在大青树下，将饿虎引向自己。人们从四面八方赶来，老虎被射杀死了，村里的人得救了，但密枯老人却倒在血泊中。人们怀着沉痛的心情将密枯老人的尸骨葬在大青树下。此后，彝族人把大青树叫作"密枯树"，"密枯树"成为密枯老人的化身。彝族过"二月八"的习俗也就一代一代流传下来。2007年3月27日（农历二月初九），在巍山召开了"滇川黔桂四省（区）彝文古籍第十二次协作会"，会议确定每年农历二月初八为中华彝胞共同祭祀南诏大土主的主祭日。

（4）牟定三月会

云南楚雄彝族的传统节日，每年农历三月二十四举行，节期3~5天。节日期间，除楚雄各地的彝族到会外，附近的白、回、藏、苗、汉等民族也跋山涉水，前来牟定参加节日。每年的三月会，牟定县城锣鼓喧天、爆竹齐鸣，热闹非凡。人们手拉着手围成圆圈跳着彝族民间的"左脚舞"。三月会的来历，有说为纪念哀牢山的彝族起义领袖李文学，还有说牟定城外有一龙潭，潭内有一条蛟龙，每年三、四月份便兴风作浪、淹没庄稼、吞噬人畜。知县长官告诉百姓，在三月二十八日，每户出几斤栗炭，搁在龙潭边燃烧，等知县一下令，便将烧红的炭倒进龙潭，然后用泥石将潭填平。人们在填好的龙潭上跳舞唱歌，庆祝和纪念那次制服蛟龙的胜利。

4. 社交性节日

社交性节日是彝族民间以歌舞、游艺、集会的形式进行社会交往、娱乐的节日。社交性节日主要有赛装节、赛歌节、姑娘节、赶花节等。

（1）赛装节

赛装节即彝族少女的时装表演，楚雄彝州有两个地方有赛装节：一个是永仁县直苴村的赛装节，时间为每年的农历正月十五；另一个是大姚县三台乡的赛装节，时间为每年的三月二十八日。

赛装节为居住分散、平时很难有机会相聚相识的青年男女提供了一个表白爱情的机会。而姑娘们最能显示自己的，就是看谁的衣服最漂亮。彝族女子的服装，全靠手工挑花和刺绣，做一套衣服往往要花一两年的时间。因此，谁的衣服多、花样好，谁就会被看作勤劳能干、心灵手巧的人。

与赛装方式不同，人们已不再把所有衣服都穿在身上，而是不停地更换新衣，有的姑娘一天要换五六套衣服。于是，赛装节上也就多了一个景致：在山管边、青树下，老人们搭起无数帐篷，烹煮着食物，忠实地为自己的姑娘守护着服装。

赛装节从一开始就有比赛的性质，这可谓是最早的时装表演。所不同的是，彝族少女既是服装的设计者，也是制作者，更是表演中的"时装模特"。

赛装节以象征"伙头"权力的"器火"的移交仪式及相关的祭祀活动为载体，由集宗教、军事和政治三权于一身的"伙头"主持，大量原始农耕祭祀的礼仪、民族信仰、文化创造，在赛装节活动中被保留下来。彝族赛装节不但反映着原始部落的政权组织形式，而且涵盖了彝族的歌、舞、乐、绣等几乎所有门类的艺术，是祭祀文化、服饰文化、婚俗文化、歌舞乐文化以及古盐道文化的大展演，这当中最具代表性的是彝族服饰。彝绣满身是花，用色大胆夸张、构图精美、针法灵活、针脚细密、工艺独特、风格迥异，一针一线都是艺术品，一花一朵都是民族符号。在长期发展过程中，它所包含的歌舞艺术不仅形成了自己特有的固定模式，而且通过活动本身使技能得到了不断的开发和提高。由于其在民间文化生活中的重要影响，因此成为彝族民间歌舞乐、美术工艺等艺人进行技艺交流和传承的重要舞台，对研究彝族传统音乐、舞蹈、说唱、刺绣等艺术发展史具有不可估量的价值。彝族赛装节，可以说是一张有代表性的彝族"名片"，一块彝族传统文化的"活化石"。

（2）姑娘节

又称"姑娘街"，云南金平彝族姑娘们的节日。时间在春节后的第一个赶场日。届时，除彝族姑娘外，瑶族、苗族、哈尼族的姑娘们也要来参加。歌舞是姑娘节的主要活动。姑娘们在街场上手拉手围圈歌舞，展示自己的青春，表现自己的美貌，而买卖货物是姑娘节最有特色的活动。这天，歌舞过后姑娘们要把自己带来的山货、药材卖掉，然后购买花边、丝线、银质首饰。买东西中，会出现小伙抢着替姑娘付钱的场面。这些小伙子口中唱着花灯调："好久不赶四方街，该帽团扇排又排，妹要爱哈快快买，妹买箔帽哥开钱。"他们勇敢地向自己中意的姑娘献情。姑娘节是男女青年交流感情、谈情说爱的时机。夕阳西下，赶街归来的沿途，情歌声声，一对对恋人沉浸在喜悦和甜蜜的气氛之中。

（3）赛马节

贵州威宁彝族传统节日。时间是每年的农历五月初五。届时，人们会牵着自己精心饲养和训练的骏马来到马场。赛马主要看跑马的速度，谁最先跑到规定的终点谁就是冠军。赛马时，人山人海，气氛非常热烈。

（4）赶花街

云南峨山、新平、双柏三县交界彝族支系勒苏人的节日。每年两次，分别在农历六月二十四和七月十五。节日的来历有这样一个传说：过去，一位汉族姑娘与一位勒苏青年相爱了，但因民族不同而受到舆论迫害。他们相约在绿汁江畔的大西山顶殉情。为了纪念这对情人的坚贞，大家便在大西山顶的草坪上举行歌舞活动，后来参加的人越来越多，慢慢地就成了勒苏人的一个传统节日。跳舞娱乐是花街的主要内容，人们尽情歌舞，谁也不受约束。祝愿青年男女幸福欢乐、永远相爱，也预祝庄稼免遭虫害，获得丰收。勒苏花街是年轻人谈情说爱、寻求伴侣的好机会。

（5）开新街

云南峨山彝族的传统节日。时间在农历正月初一后的第一个赶街日。旧时期峨山一带彝族每年的大年三十焚香祭神后，各家就互不往来，直到正月初二或初三各寨举办民间灯会、龙会、虎会、地会时才相互往来。待到开新街后，人们才下地干活。开新街这一天人人都要穿上新衣服，吹奏起各种古老独特的民间乐器，耍着龙灯、虾灯、狮子灯、彩船灯，跳着热烈奔放的花鼓舞，从各村寨朝指定街场上涌去。街场上，点三声地炮，地炮一响，便有一位德高望重的长辈讲话，祝愿当年风调雨顺、五谷丰登。接着举行各种文艺表演和娱乐活动。晚上，年轻人还要燃起篝火，继续歌舞娱乐。有的地方还有在松毛席上吃"开新街饭"的习惯。开新街期间，人们还要在货摊上购买春耕所需的生产资料和各种生活用品。

（6）拜姑爷节

拜姑爷节是云南峨山一带彝族传统节日。时间在每年农历正月初二，多以村寨为单位举行。届时，人们把在三五年内本寨嫁出去的姑娘连同姑爷一起接回本村。先给各家姑爷送大红拜帖，然后由寨子组织狮子、龙灯、花鼓队以及大头和尚，到各家去拜耍。姑爷们必须点燃鞭炮欢迎，拿糖果糕点相送。有些村寨还要把所有的姑爷都请到一起进行团拜，让各家姑爷在这种集体场合里显示自己的智慧和才干。团拜时姑爷们除了摆出鞭炮、糖果、瓜子外，有的还要摆各种高产作物的种子等。拜姑爷节据说已有上百年的历史。

（7）斗牛节

彝族善养牛也好斗牛。彝族在每年农历六月初一举行斗牛比赛。届时，先一群一群地斗，然后留下强者争夺冠军。斗败一方的主人要给斗赢的牛挂绸，以表祝贺。斗牛节上还要举行热闹的歌舞活动。男女青年着节日盛装，在三弦的伴奏下欢快舞蹈，尽情歌唱。关于斗牛节的来历有这样一个传说：很久以前的六月初一这一天，有两位过路人正在大树下乘凉，他们突然发现不远处有一白一黑两头牛在角斗。两人试着把两头牛赶开，然后各套一头回去，但无法接近。此时，一位骑马的人高喊"白牛上天，黑牛入地"。两头牛随即消逝。在黑牛陷入之处出现一汪泉水。两位过路人见一对夫妇在地里种粮，便问他们是否看见牛了。农夫答道："牛是见了，但跑去的方向没看清。"两人只好惋惜地离去。这一年，那对夫妇种的粮食收成特别好。因此，人们认为牛斗架的年岁是丰收之年。

5. 农事性节日

彝族民间生产性节日中，祭祀、巫术的内容很浓重，但都以发展、促进生产为目的。如剪羊毛节、采药节、黑井灯会、巴乌节、护山节、颂牛节、拉麻节均属农事性节日。

（1）剪羊毛节

凉山彝族蓄牛、羊之家，农历八月中旬要过剪羊毛节。彝族男女皆上大凉山黄茅埂剪羊毛，以致人畜杂沓，遍山皆是，蔚为大观。剪牛毛节日期前后相差不出 10 日。

（2）采药节

云南小凉山一带彝族节日。时间在每年农历五月初五。节日中主要是采、卖药材。这天，天刚蒙蒙亮，男女老少便肩扛药锄、身负药筐，到高山、深涧、低谷去寻采各种草药。有些人家还要把采到的草药拿到集市去卖。当地彝族人认为，五月初五当天采集的草药，治病效果最好。

（3）黑井灯会

云南省牟定县黑井一带彝族的传统节日，每年农历正月十五举行。黑井一带盛产井盐，龙灯会的第一个节目便是"耍龙"。龙有九节，分别演出盐水的井，以求盐水更咸。此外还有三打、进贡、媒婆、水族、耍狮、嫁女、得利等娱乐节目。最后是"合井太平"，由两盏彩石灯以及盐灯、白鹤灯、鲤鱼灯组成，取彩云灯助龙上青天、盐灯喻盐业兴旺之意。用灯架一"井"字，取"合并太平"之彩头。

（4）巴乌节

云南鹤庆县东、西山区一带彝族的民间节日。时间在每年农历正月十五。"巴乌"即打来的意思，是一种欢庆狩猎凯旋和祈望来日狩猎丰收的仪式。过去，每逢寨中捕到猎物时，都要跳"巴乌"舞。跳舞之前，猎人要在歌场剥猎物，把兽头交狩猎组织者或指挥者，兽皮给打死猎物的猎手，兽肉给主持祭祀活动的"阿布"，"阿布"将肉放在助祭火上烧烤。接着，拿兽头的在前，披兽皮的随后，围绕火堆表演打猎的各种动作。其他猎人则在捕获猎物的猎人带领下，扮兽尾随，共同表演擒捕野兽的舞蹈。兽肉烤熟后，人们共享野味。后来跳巴乌成为定时举行的传统节日。如今，节日中的巴乌歌舞更加精彩。由十二面木鼓、十二面铜锣和十二支呐呐（闰年各用十三件）组成乐队伴奏。由36名年轻女子披上虎、豹、狐狸、熊、鹿、兔、麂子等野兽的毛皮或头插锦鸡和各种鸟雀的羽毛，装扮成飞禽走兽，围绕火堆踏歌起舞，表现各种动物的姿态，模仿各种动物的叫声。猎手们则手持弓弩或钢叉，将"猎物"围住，表演各种狩猎动作，以期来日狩猎丰收。节日期间，还要进行耍龙灯、狮灯、白鹤灯等活动。

（5）颂牛节

云南西北山区彝族的节日，每年立冬日举行。传说这一天是天牛下凡效劳人类的日子，所以举行歌颂牛的功劳。届时，各家各户要把耕牛全部赶到牛神崖前的草坪上集中。草坪上围插12根松杆，上边挂满用红绸缀着的麦子、燕麦、苞谷，中心放置一个大簸箕，内盛用洋芋制成的黄牛和用萝卜制成的水牛模型。这些"牛"用荞梗或玉米秸作腿，荞粒或玉米粒作眼，麦穗尖作角，玉米糕和切成寸段的燕麦秸，作为牛的饲料。活动在一位老歌手带领下开始，大家牵着挂红绸的耕牛，绕簸箕踏歌而舞。歌唱耕牛的功劳、歌颂精心饲养耕牛的人以及当年获得好收成的人家。最后，按成绩大小，老歌手把"牛"和"饲料"奖给牛的主人。饲料当场用来喂牛，"牛"则装在用彩带编织而成的"牛轿"中。之后，大家赶着耕牛"载歌载舞，游村过寨"。牛模型则供在家堂，它是家中代代相传的宝贝。

（6）拉麻节

彝族支系黑话人的传统节日。"拉麻"系彝语，意为贺牛神。拉麻节在农历七月初七举行，地点选择在云南鹤庆、剑川两县间西山上的牦牛洞前。洞口上方的石壁形如牛头，传说是牛的化身。节日清晨，人们手举白栗叶，从四面八方会聚这里，将食品供于石头下的供案上。然后，爬到牛头上呼喊："牛王醒来吧！"再把白栗叶堆放在石洞内，由一位德高望重的老人将其点燃，人们围着火堆歌舞。随后，在洞外草坪上举行拉麻仪式：草坪中央点一堆火，一人头戴牛头面具，身披棕衣扮演牛王，围绕火堆模仿牛的各种动作。一人拿着牛绳，做出准备拴牛的样子。还有人拿着竹筒象征性钻到牛腹下挤牛奶，以讨吉利。其余人随之歌舞，并向"牛王"抛撒粮食。围观者拍手助兴，祝愿人们逮住牛王。而牛王则东躲西闪，毫不驯服。这时，头戴簸箕形毡帽，身穿羊皮褂，手持放羊鞭的牧人上场，身后还跟着一群舞花环的姑娘。姑娘们围着牛王起舞。把花环、花束挂在"牛王"身上。然后，用青松扎成人轿，抬着牛王出游各寨，以示把吉祥和幸福送到各寨。晚上，各寨各村中心的平坝上点燃七堆篝火，人们围着篝火吹牛角号，击牛皮鼓，表演耕种、收割的舞蹈庆贺感谢牛神。各家各户还要单独举行贺牛仪式：先由家长点燃火塘，家庭成员按辈分依次往火塘中加松木柴，摆成井字形。女主人将一个装有各种粮食的斗摆在火塘前，再用红线扎四束寸长的稻草置于斗的四角，斗梁上点一对蜡烛，放一些供品。男主人宰一只红公鸡，滴鸡血于斗内，斗梁上粘三根鸡毛。然后，全家抢着斗唱"牛长寿，人长寿，庄稼大丰收"，绕牛栏一圈。同时，女主人将一张画有一头耕牛，牛角上站着一对喜鹊，牛背上骑着一对童男女的"吉祥图"贴在牛栏门上。最后，全家在牛栏外席地共餐，并给牛喂些糯米糍粑，以示与牛同乐。

（7）护山节

广西隆林彝族民间传统节日。每年农历三月初三、初四举行。在护山节期间，任何人不许上山砍树木打柴草，也不能把畜群赶到山上放牧。这天，各个村子还要组织"打猎"活动，一般都是青年人参加，届时有人装扮成动物，到傍晚后出现在"猎人"面前，"猎人"的武器是竹炮。"打猎"归来后要举行庆祝活动，大家围火歌舞，通宵达旦。

六、民族体育

(一) 体育产生

1. 原始的生产方式对彝族体育技能形成的"铸型"

采集、狩猎、游牧是彝族早期社会生活的基本形式。在这人类获取生存资料的活动过程中，也铸就了人们的跑、跳、掷、攀、击、射等多种原始的运动技能。

2. 古代战争的烽烟对彝族传统体育的"提炼"

漫长的战争岁月锤炼出彝族精湛的搏击、武艺、摔跤、射箭、射弩、打火药枪、掷葫芦飞雷等军事体育活动，而战争弥漫的硝烟又熏陶出彝族人民骁勇、强悍、刚强的民族心理品质，使各种民族军事体育活动在彝族民间得以世代流传与发展。

3. 原始宗教祭祀活动对彝族民间体育的"衍传"

在彝区盛行各巫术、占卜活动及"祭密枝""祭山""祭龙""祭火""祭祖"等原始宗教活动，其祭祀活动有固定的时间，场景颇为隆重壮观，并伴有众多的民族歌舞、体育活动的表演。据文物、史料的考证及彝族民间口碑的神话传说印证，都表明某些彝族传统体育活动的形成、延续和发展都与本族信笃的原始宗教有着密切的联系。

4. 娱乐生活的追求对彝族传统体育的"丰富"

彝族绝大部分居住在山区和半山区，都是交通不发达的地区。在此缓慢发展的自然淳朴的生态环境中，人们要生活、要劳动，也需要文化娱乐活动来丰富人们的社会文化生活。体育运动借助它本身蕴含着丰富的竞技性、游戏性、艺术性等，人们在劳动之余通过体育活动，可使精神饱满、体力充沛、情绪愉快。

(二) 体育演化

彝族传统体育运动是单一的或源于宗教祭祀，或源于纪念某人、某事。随着科学技术的不断增强，人们支配自然、改造自然的能力提高，宗教意识不断减弱，传统体育和祭祀体育也在发生着质变。人类进化的机制、社会发展的最优法则促使彝族祭祀体育逐渐从原始宗教的功利中超脱出来，冲破巫术、祭祀、娱神的禁锢，向着娱人、健身的民俗性体育演进，在其传承、演化的过程中不断地从单一性向综合性、复合性演化，它是民族精神、民族意识、民族个性、民族审美心理等深层次民族文化的载体。

（三）体育类型

彝族民间体育一般都在婚嫁、祭祀或庆祝丰收等仪式性场合举行。竞技是力量与技巧的角逐。在这种角逐中，彝族民间形成了风格独特的各种竞技项目，像斗牛、摔跤、跳月、赛马、射箭、跳火绳、爬油杆、打陀螺、蹲斗、磨儿秋、藤秋等都是彝族民间节日竞技活动的主要内容。

1. 摔跤

摔跤是彝族人的最爱，数十支系概莫能外。虽然规则、方式各异，但在熟练的技艺中要体现出勇猛顽强的民族品质却是彝族摔跤的共性。彝族摔跤的特征在于"猛过于巧"。这以石林、晋宁、宜良等地区的摔跤活动最为典型，也最为火爆，被誉为"摔跤之乡"。这几个地方在举行摔跤比赛时往往不分年龄，不分级别，同一场地，逐对厮杀。获胜者则戴上红花或披上红布带绕场一周接受观众的欢呼与拥戴。

2. 斗牛

如果说摔跤只是力量和耐力的比拼，彝族斗牛则更刺激、更富火药味，也最能体现出虎族向往的精、气、神。在万人云集、场面宏伟的斗牛场上，彝族人将自己精心挑选并严加训练的公牛拉来相斗，一头头膘肥体壮、滚瓜溜圆。"刺刀见红"是彝族斗牛真实的写照，不了解彝族人崇刚尚强的血性性格，就难以理解彝族人为何喜欢这种"撕心裂肺"般血腥的运动。

3. 跳月

今天的火把节则是彝族人民的狂欢节，人们手缚火把，四处游动。在火把的照耀下，最受欢迎的体育活动是跳乐。跳乐是一种快节奏、充满阳刚之气的彝族舞蹈。因为有些地区常在夜里进行，故又称"跳月"，最著名的就是"阿细跳月"。熊熊的烈火提升人体的温度，开心的呐喊激起满腔热血，排山倒海般的群体力量驱散了人们心头对神灵的恐惧、对世俗的厌倦，从而获得精神上的解脱。

4. 跳火绳

跳火绳是彝族独特的一项竞技活动，多在节日之夜举行。先用藤条拧一根长约 3 米的火绳，也可视人的高度而定绳的长度，再捆上布条、棉纱等，把菜油、桐油或煤油浸在绳上。在赛场内画好起点线和终点线。比赛时，先将火绳点燃，一声令下，参赛者双手握住火绳的两头像跳绳一样跳跃前进。燃烧的火绳如火龙一样上下舞动，最先到达终点的运动员为优胜。比赛距离各地不尽相同，一般都在 30~50 米。

5. 爬油杆

爬油杆是云南姚安彝乡的一项民间竞技活动，每逢男婚女嫁的日子，就由男家事先栽好一棵高而滑的松树杆，剥下树皮，在杆上扎几道浸过油的油纸。由女方的兄弟或表兄弟中推选一个爬上杆顶，男方主婚人要饮清酒一杯表示祝贺。如女方代表未达到目的，则由男方兄弟或表兄弟中选派一人来爬，其方法相同。爬油杆后来被纳为民间体育项目，以爬上杆顶点燃鞭炮为胜。

6. 打陀螺

打陀螺是流传较广的彝族民间竞技活动。滇南彝区把农历正月十六日作为陀螺节，赛前要举行祭祀陀螺神仪式，即将本队最后压阵的陀螺倒放在地上，让参赛队员轮流抽打，以祈比赛得胜。彝族的陀螺为木质平顶式，选用坚硬细腻的木质材料，在牛厩粪草下捂一个月左右，拿出冲洗晒干，然后雕制。陀螺大至 1 公斤左右，小则二两许，儿童陀螺精制小巧。比赛中压阵的陀螺（称陀螺神）尤为重要。比赛分为相关的两个项目，即抽转和支打。抽转比赛：甲乙两队各出一人为一赛组，二人的陀螺要按裁判发出的口令同时抽转落地，以转动时间长的为胜，甲乙两队中以累计获胜次数多且其陀螺神战胜了对方的陀螺神者为赢方。抽转比赛后接着进行支打比赛，输方抽转陀螺让赢方打。

7. 赛马

一般在场坝上开辟椭圆形马道进行赛马比赛。比赛分为小跑和大跑两种形式，实行淘汰制。即骑手们同时进入马道开始比赛，谁坚持到最后即获胜。有的骑手要跑上 100 圈（相当于 20 多千米）以上才能取胜。届时，骑手们都穿上节日盛装，披上绸质的红披风，骑上配有精美的漆鞍和马笼头的骏马奔驰在赛场上，十分夺目。彝族赛马还有一种叫"游水前进"的行马表演，即骑手仰卧在马背上，慢悠悠地挥动着马鞭，马低伸着颈慢行，其嘴几乎着地。表演结束时，骑手便报出马名、马的主人名和自己的名字，观众呐喊助威表示赞叹。

8. 磨儿秋

也称为"磨担秋""打磨秋"和"转转秋"，是彝族传统的娱乐竞技活动之一，一般在彝年节或火把节时举行。届时，在坪坝上立一根高约 1 米、直径约 50 厘米的木桩为轴心。顶端削得像磨轴一样，然后取一条同木桩一样粗、长约 6 米的横杆，居中一洞套在木桩顶端上，可以灵活转动。因为形似磨，又是秋千，故称"磨儿秋"。玩磨儿秋时，两端人数相等，一般 1~2 人，男女均可，开转时一同跃起攀着横木两端，趴着或坐在杆上，用力朝同一个方向蹬踢地面，使秋千飞转不停，同时借蹬地时弹起的一瞬间做卷身、翻滚、骑杆等动作，十分精彩。进行比赛时，以村寨或家族为单位组队参赛。以顽强坚忍的耐力取胜，先提出停秋一方为输。

9. 藤秋

住在山区的彝民有深涧相隔。在交通十分不便的情况下，用古树老藤荡过深壑，由此产生了藤秋这项民间竞技活动。赛场选在两山之间，用山上的野藤作秋绳，在两山之间架起秋千，荡者由这一山飞越深涧到达那一山，十分惊险。参加比赛的选手除了要有足够的勇气外，还必须掌握好飞越的技巧，以求准确无误地起身、飞越、落脚。

10. 跳水牛

即在水牛行走时起步助跑，横跃牛背，类似跳木马。只有具备娴熟的技巧和很好的弹跳力的选手，才有希望获胜。

彝族民间的游艺竞技活动，大多不是孤立或单独进行的，往往与生产生活，尤其是节日结合在一起，给彝族的生活增添了健康、风趣和活泼的气氛，成为彝族民俗事象的重要标记。

11. 射箭

射箭一般在节日、庆祝丰收时举行。弓大多为木质，背贴竹片，内镶牛角片，缠四道丝箍，用油漆漆过，美观而有弹性。弓弦用麻先拧成四股，再绞成一股。两头挽成套子，用时套上张弓。箭筒为腰鼓形，斜挂于左腋下。箭有两种：一为须箭，作战打猎时用；二为练习箭，射击比赛就用这种箭。比赛时，村村寨寨的男子持弓箭前往赛场，往往途中就开始比试谁射得远、准，到赛场后再比赛射靶。一般以木石为靶，中靶多者获胜。

12. 蹲斗

彝语称"瓦布吉则"，意为雄鸡斗架，是彝族传统的竞技活动之一。它模仿公鸡斗架的情形，参加比赛的两人相对采取半蹲姿势，两手手掌合拢于胸前，似雄鸡昂头状，伴着芦笙，或手推，或撞肩，或跳起脚蹲斗，手、臂部先着地为输。比赛要求选手脚步灵活，斗姿优美。

（四）文化内蕴

彝族传统体育不仅是彝族生产、劳动、服饰、娱乐、舞蹈、文学、礼仪、祭祀、社会、政治、历史、经济等文化现象的载体，而且是彝族意识、性格、个性、审美、伦理道德、宗教信仰等深层次文化的形象表达。

1. 浓郁的游牧痕迹

远古时代彝族先民过着飘忽不定、到处迁徙的生活。漫长的游牧经济生活，形成了彝族人民特有的充满游牧生活气息的传统体育活动，如赛马、摔跤、射箭等。在彝族祭祀体育活动的祈求中，也反映出游牧民族的生活特点和需要。例如，对星辰的崇拜是许多游牧民族的共同特点。

2. 神秘的宗教色彩

彝族在火把节荡秋千同祭祀祖先祈求丰饶、除祛灾难的愿望密切相关。彝族武术多出现在祭祖典礼和丧葬仪式中，表现形式具有庄重肃穆、扑朔迷离的宗教色彩。例如，楚雄州东部峰山区的白彝在祭祖仪式中表演舞大刀。

3. 广泛的群众基础

彝族传统体育产生于生产劳动的实践中，因而具有极为广泛的群众基础。在滇、川、黔、桂4省区范围内，凡有彝族居住的地方都有摔跤、秋千、跳乐、武术等活动。

七、科技医药

（一）彝族文字

彝文是一种表意的音节文字，汉文史志称之为"爨文""爨书""倮倮文""羼文""夷文""毕摩文"等，彝族自称为"诺苏补玛""乃苏讼纳""聂苏索""尼斯""阿哲苏""纳苏缩"等。据统计，彝文单字总数达82000余字。

彝文产生的历史久远，学者们普遍认为，其产生年代可以上溯到四五千年以前，是与甲骨文同源异流的古老文字。殷商以前，已形成比较完备的文字体系，秦汉、魏晋时期已广泛使用，但有关彝文产生的具体年代及创始人问题，学术界目前尚无权威定论。

彝族文字自成体系，彝文独体字多，合体字少，一个字形代表一个意义。大多使用形象、会意、指事、假借、引申、转位等造字法创造而成。滇川黔桂彝文古书中的彝字形体，大部分相同或近似，说明彝文在古代有过统一。

彝文字体基本上由点、横、竖、弯、圆等笔画构成，书写时笔画较少。四川凉山一带新彝文一般由右向左横行书写，云南、贵州、广西一带则由左向右竖行书写。

彝文的载体形式多样，大多以绵纸抄写传承，毕摩使用的经籍多为此类。同时，也有用金石印章、兽皮、碑刻、摩崖、木板雕刻、动物骨骼、陶质瓦片等刻画书写的彝文，如在昭通发现的西汉堂琅府铜质彝文印章、禄劝镌字岩彝文摩崖、南昭时期刻于瓦片上的彝文和禄劝、武定一带的木刻彝文等。

因彝族居住分散，山川阻隔，方言差别大，各地彝文又随着方言发展，导致读音不一样、用字不统一，传抄、誊写过程中也难免有错漏之误，致使一些字体在写法上出现某些差异。

当前，在彝族聚居区正传承推行着两种不同的彝族文字：一种是传统彝文；另一种是规范彝文。规范彝文又分为两类：一类是表音的音节文字，以凉山规范彝文为主；一类是表意的音节文字，主要在云南地区试行。彝文为广大彝族人民找到了一条通向文明之路，为彝族地区的建设发展发挥出越来越大的作用。

（二）天文历法

毕摩经书中的历法，目前发现的有两种：一种是通用的十二月干支历法；另一种是记载于《天文起源书》（又翻译为《滇彝天文》）的十月太阳历。十月太阳历把历法建立在雌雄造化万物的观念上，整个宇宙被看成是由清浊二气不断运动的结果。经过对太阳东西升沉和南北移动位置的测绘研究后，认为大地是在诸神和气的支配下，处在相对静止状态的圆形球体，日月星宿和银河系则处在相对运动状态并影响地球气候的观点。确立了天无极、地有极的理论。十月太阳历把太阳从南端移动到北端的时间定为一个阳年，太阳从北端回南端的时间定为一个阴年。太阳从南端到北端，又回到南端的时间作为太阳运动的一个大周期，这一运动周为一个整年，365~366 日。在阴阳学说的思想指导下，彝族先民把 360 个整数划分为两半，阴阳两年各占 180 日，其余 5~6 天为阳年过年日和阴年过年日。

1. 十月历定年法

彝族先民戈施蛮等人在默哼伯山上用圆桌上的杆影测绘太阳移动情况，结合北斗斗柄的指向定出年份。他把一个整年划为阴阳两截、10 个月。上午，当太阳升起时与南方地平线的夹角最大时为阳年末；太阳升起时与南方地平线的夹角最小时属阴年末。与彝族原始哲学中北半阳、南半阴的观念相通。5 月底为阳年杀黄牛祭天（太阳神）过年日，10 月底是阴年杀猪祭祖狩猎日。整年用兽代替，以虎为先，十卦兽历图转一周为十年一轮。阴阳两个分年不用十兽纪年。

2. 十月历定季法

十月太阳历把一个整年分成阴阳两小年后，又用二分法把阳年分成能（春）、些（夏）两季；阴年分成除（秋）、笮（冬）两季。太阳到北端为阳年末，也就是夏季末；太阳到南端是阴年末，也就是冬季末。它是先定夏、冬再分春、秋，每季 90 天，各季开头一天属虎。

3. 十月历分月法

十月太阳历把太阳从南端往北移动又回到南端的周期定为一个整年。在一个整年中，太阳运动的时间要 365~366 日。将 360 划为十个时段，每段 36 天，剩余时间为过年日。每个时段为一个月，用十兽纪月，形成每年正月为虎的历法。

（三）民族医药

彝族医药是我国传统中医药和民族医药中的重要组成部分。彝族医药是彝族人民长期同疾病做斗争的经验总结和智慧结晶，是中华医学伟大宝库中的一个组成部分。

1. 基本概况

2011 年 5 月 23 日，彝族医药学经国务院批准列入第三批国家级非物质文化遗产名录。彝医以清浊二气观和五行学说为思想基础，认为万事万物包括人都是由清浊二气形成的，二气又衍生五行，五行相互滋生、相互制约，形成彝族医药天人合一的观念。

彝医的诊断方法包括望诊、问诊、闻诊、嗅诊、切、取向诊断法、方位推算法 7 种。

彝医的治疗方法包括敷治法、烧治法、熏蒸法、洗浴法、刮治法、提筋法、针刺放血法、取治法等 10 余种。

2. 彝药资源

彝族药物数达千种，包括有动物药、植物药、矿物药，其中以植物药和动物药运用较为广泛。其中以植物药和动物药运用较为广泛。彝族地区产名贵药已有悠久历史，特别是凉山地区。凉山地区除有丰富的植物药外，动物药中珍贵者亦极多。根据现存彝文医药典籍记载，彝医使用过的药材有 1200 多种，植物 702 种，动物 244 种，矿物 31 种，其他 11 种。凉山彝族将病症分为 21 种。

（1）植物药

彝医植物药多以鲜品入药，在某些聚居区（如凉山）无准确剂量，并且使用单味药较多，常见的用法有捣烂、揉烂、外敷、咀嚼、熬水内服和炖鸡肉服。

自 1978 年以来，云南、四川等地分别进行了彝族植物药的调查，目前云南楚雄彝族自治州已整理出 102 种，峨山县整理出 23 种，凉山彝族自治州整理出 105 种并编著出《彝医植物药》专著。《云南省药品标准》收载了 8 种彝族药物，《中国民族药志》收载的民族药中，记录了彝族药名及药用经验约有 15 种。同时，《云南省药品标准》还收载了一个由糯米草根、紫草根等 5 种植物药粉末组成的彝药复方"号务宰莫"（又称"撒梅接骨散"），其功效为解毒散瘀、消肿止痛，可治跌打骨折、外伤等。

彝族地区产名贵药材历史悠久，特别是凉山地区。如 1942 年《西昌县志·产业志》记载当时仅西昌附近的药材就有达年产数万斤记录。这些药材大量运售川、滇二省。例：防风，年 2 万斤，运售云南；贝母，年 4000 余斤，运售云南；秦艽，年 3000 斤，运售四川、云南。猪苓年 3000 斤；石斛，年 5000 斤；服苓年 3000 斤；沙参，年 5000 斤等。

（2）动物药

彝族多居于山地，周围环境中动物药资源极其丰富。由于一些主要聚居区（如凉山腹地）交通闭塞、人迹罕至，更保持了生物界的自然生态状况，保留了较多的动物种类；同时亦保留着彝族人民世代相传的动物药知识。但是，彝族动物药研究起步较迟。凉山地区除有丰富的植物药外，动物药中珍贵者亦极多。凉山彝族自治州于 1979 年始有计划地开展对彝族动物药的考察研究，经 5 年多努力，已在这项研究上做出相当成绩，专著《彝医动物药》收载彝族历史上和民间使用的传统动物药材 224 种，其中含药用动物 133 种。彝医动物药使用源于原始社会时期彝族先民。10 世纪末的古彝文医书中已载有动物药的种类和功效；16 世纪中叶的《双柏彝医书》中收载了动物药 92 种，占全书药物的 1/3，清初的《彝族献药经》中记载的动物药比重更大，占 92.8%；可见彝族对动物药的使用频率是较高的。

彝族善于用动物的胆、肉、骨、血、油等治疗疾病。如《彝族献药经》中胆、肉药各占一半；《双柏彝医书》中肉类药占 24%，胆、骨类药也占相当比例。彝医动物药历史上曾与汉族有过交流。早在《名医别录》中已指出彝区之永昌、益州等处产麝香、犀角。20 世纪 40 年代在凉山彝区考察的学者，记录了凉山地区盛产的鹿茸、麝香、熊胆、穿山甲、蛇等名贵动物药。彝医动物中约 10% 的品种，为历代各族本草所未载。如治跌打损伤的野鸡胆，止心痛的杉木鱼胆，治麻风初起的麂胆，以及治烧烫伤的马骨髓，治风疹水痘的黄鼠狼胆、乌梢蛇骨；治风湿心痛、消淋巴结肿的岩羊胆等，都是较新颖独特的药物。这类药中还有一些较为独特的用法，如治蛇咬伤的麝香，其用法是自头顶破血施药；又如治肿瘤的熊油，是与白萝卜共蒸内服。任映沧

《大小凉山开发概论》中记有："雷马屏峨小凉山各地皆产鹿。雷波中山坪附近且有以野鹿名坝者。……麝香产小凉山高山中，闻清代夷患平息时，颇多出产。熊胆与鹿茸同，出产颇多。……此外尚有各类毒蛇数十种，闻其毒液亦为药物之良品。"

（3）矿物药

彝族先民很早就发明了制盐技术，盐的运用，对彝族人民的生活及彝族医药都产生了重大影响。他们以盐水清洗伤口，给牲畜吃。

（4）彝酒

彝族将酒用于药中，亦有悠久的历史。彝酒是用谷类和曲酿成。其性悍，质清，味苦甘辛，性热。具有散寒滞，开瘀结，消饮食、通经络，行血脉，温脾胃，养肌肤的功效。可以直接当药，治疗关节酸痛、腿脚软弱、行动不利，肢疼体冷，肚腹冷痛等症。彝族用酒治病历史较长，范围很广，数量较多，方法各异。常见的有酒泡药（药酒）；以酒（或甜白酒）为引煎药；以酒兑服药汁（或药粉）；以酒调药外敷或点火酒。这些都是彝族医药中的古老传统医疗方法。在日常生活中，彝族自古以来好客喜酒。酒成为彝族人民生活中不可缺少的饮料。彝家山寨的妇女生孩子必须吃甜白酒煮鸡蛋，认为甜白酒补益气血，能使产妇身体恢复。

至今，彝医仍用酒或酒佐以治疗多种疾病，据有关资料报道，所收集的1535首彝族方剂中，633首方剂配用酒。其中内服方320首、外用方13首、内科方112首、外科方88首、伤科方22首、妇科方78首。由此可见，酒在彝族丰富的药物资源中占有重要位置。

3. 彝药典籍

（1）《双柏彝医书》

记载了植物药。将流传在民间分散的大量植物药收集起来，此书不属于专门的本草书籍，但其中所记载的彝族植物用药之丰富，是前所未有的。

（2）《献药经》

记载药物相互配合，以提高疗效。彝医已从单方向复方迈进，是彝药发展的新起点。

（3）《名医别录》

记载了动物药。彝族地区的牛黄、麝香、犀角、露蜂房等动物药，并明确地记录了这些动物药的产地、性味、功能、主治。

（4）《彝药志》

是有史以来彝族第一部药志，不仅为彝族药物的规范化填补了一个空白，而且开辟了进一步深入研究彝族用药规律的新起点，在彝药的研究、生产、药检和临床应用等方面提供了宝贵的借鉴，有助于继续发掘彝宝藏，有助于彝药质量的提高，有助于彝族地区经济文化的发展，有助于我国各民族医药交流。书中所记载的103种药物，是从1000多种药物中精选出来的，是行之有效的，深受彝族人民欢迎。

（5）《明代彝医书》

1979年在楚雄州双柏县发现的一部彝文医药古籍，记载常见病59种，单方验方226方，彝药数量达231种，具有浓厚的区域用药特点和淳朴的彝族方言特色，明白易懂。

（6）《医病书》

收载病种49个，方剂70余方，彝药103种。

（7）《医病好药书》

收载病种123个，方剂280余方，彝药420余种，上有按摩、刮痧、火罐、水罐等疗法。

彝汉医药交流增多，赵学敏《本草纲木拾遗》、兰茂《滇南本草》等记载了许多彝族药物，积累了大量的医药文献。

4. 名医和名药

（1）曲焕章

曲焕章（1880—1938），字星阶，汉族，其父为汉族，母为彝族。曲焕章结婚后与妻加工配制白药和其他伤科用药，后拜姚洪钧为师学习武当派治伤秘方。1914年，曲焕章返回故乡，通过多年的苦学苦钻，反复研制，终于发明了曲氏白药，1916年经云南省警察厅卫生所检验合格，列为优等，公开出售。1922年，曲焕章迁居昆明南祥街开设伤科诊所。次年，唐继尧赠"药冠南滇"匾额。1927年，成功研制了"一药三丹一子"（普通白药丹、重升百宝丹、三升百宝丹和保险子）的精制白药。1928年，瓶装白药上市，远销中国香港、中国澳门、新加坡、日本等地。1933~1935年，随着白药声誉的不断扩大，继唐继尧题赠匾额之后，龙云题"针膏起废"，胡汉民题"白药如神"，杨杰题"百宝丹系百药之王"，蒋介石题"功效十全"等匾额。

1938年，曲焕章被国民党接往重庆，因拒绝献白药秘方，同年8月被害，终年58岁。1956年2月，曲焕章遗孀缪兰英把白药秘方献给了中华人民共和国，由昆明制药厂生产，并且将曲氏白药更名为"云南白药"。曲焕章的名字与云南白药联系在一起，他的传奇事迹永远在人民中传颂。

（2）云南白药

云南白药是云南著名的中成药，由云南民间医生曲焕章传承和创新彝族医药，于1902年研制成功，对跌打损伤、创伤出血有很好的疗效。云南白药由名贵药材制成，具有化瘀止血、活血止痛、解毒消肿之功效。问世百年来，云南白药以其独特、神奇的功效被誉为"中华瑰宝，伤科圣药"，也由此成名于世、蜚声海外。白药的命名来自彝语直译，曲是彝姓，是白的意思，云南白药顾名思义就是云南曲氏药的意思。

白药诞生——名医曲焕章根据祖传秘方，用中草药研制而成的云南白药，可内服外用，具有止血愈伤、活血散瘀、抗炎消肿、排脓去毒、止痛的功效。为增强其药效，每瓶中还放有一粒红色保险子。由于该药疗效显著，一直被广大患者冠以"神药""仙丹""灵芝草"等美称。云南白药的诞生和发展也极富传奇色彩，而这一切都和它的创始人曲焕章的一生紧紧相连。

白药之谜——关于白药的问世，在民间还流传着很多故事。年轻时的曲焕章很喜欢到村边的水塘稻田里捉石蚌，因为怕它们逃跑，就将石蚌腿折断扔进篓子里，顺便拔一些草塞住篓子带回家。没想到回家后竟发现篓子里那些被折断了腿的石蚌竟然又开始活蹦乱跳了。曲焕章如获至宝，经过反复试制和实践，终于创制了"伤科圣药"——云南白药。曲绍建在回忆起那些故事时，言语中流露出对先人的崇敬。不过，这也仅仅是一种传说，虽然赵官的老一辈人很多都听长辈讲过"撑骨散"的奇效，但这个神奇的故事却已无法考证。

对于白药渊源的客观说法，曲绍建也是从爷爷、奶奶以及长辈们口中听说的。曲焕章1880年出生，自幼父母双亡。在年少时，突患重病，倒在了个旧街头。那时他就发誓，要是谁救活了他的性命，他将立志学医，济世救人。后来，他被一位精通外科药理的游医姚连钧所救。随后，曲焕章就拜姚连钧为师，并跟随他在云南北部、四川、贵州一带游历。师徒俩一边采集草药，一边四处行医。在姚连钧的教授下，几年下来，曲焕章得到了师傅的全部真传。1902年，一种取名为"曲焕章万应百宝丹"的伤药被曲焕章研制出来，具有很强的消炎止血、活血化瘀功能。曲焕章也成为江川、玉溪、华宁等地有名的伤科医生。

5. 典型应用

（1）现代彝药

彝医药研究一方面在发掘整理方面向广度发展，另一方面也在实验和临床应用方面向深度开展，并已取得一定成就。一些效果独特的药物经过系统深入的实验室工作，已研制成新药投入生产，并在临床获得满意疗效。

① "木谷补底"——四川凉山发掘的彝药"木谷补底"，经原植物研究，确认为虫草属一新种：凉山虫草，具有产地海拔低、虫体大（是冬虫夏草的3倍）、资源丰富三大优点，经实验室研究证实其药理作用、化学成分均与冬虫夏草一致，已批准供销试用，为我国珍贵药材虫草开辟了一个很有前途的新药源。

② "一妹姑班"——云南发掘的"一妹姑班"系卫矛科植物昆明山海棠，凉山又称"牛牯史"，经实验室提取分离，从中得到一萜三萜和生物碱等成分。其中生物碱成分雷公藤次碱为治疗类风湿的有效成分，而二萜成分雷藤素甲和雷藤素丙可增强机体免疫活性。临床应用其片剂、煎剂、酊剂治疗类风湿性关节炎有一定疗效。药理实验亦证明其制剂具有抗感染和降低血清谷丙转氨酶的作用。已有昆明山海棠片正式生产，投入临床使用。

③ "落孺症"——彝药"落孺症"为龙胆科植物金沙青叶胆，主治小儿痉挛性腹痛，民间广泛采用已久。临床应用证明效果甚佳，尤以治疗小儿功能性腹痛方面的疗效较为突出。已收入《云南省药品标准》。

④ "苯之多七"——彝药"苯之多七"为罂粟科植大理紫堇 Corydalis talien-sis，主治风湿骨牙痛、肝炎、肾炎、结膜炎等。从中分离到乙酰紫堇灵等7个生物碱。青叶胆 Swertia mileensis，用于治病毒性肝炎，从中分离到獐牙菜甙及三个山酮化合物。"利伯喝"为唇形科植物黄花香茶菜 Robdosia sculponeata，用于治口腔溃疡、痢疾、皮肤瘙痒等，从其茎叶中分离到延命素（enmein）和三个新的二萜成分（黄花香茶素）等。

⑤ "罗锅底"——彝药"罗锅底"流传于云南嵩明地区，主治腹痛及痢疾。为雪胆属植物块根，常用的为大籽雪胆 Hemsleya macrosperma 可爱雪胆 H. amabilis 及中华雪胆 H. chinensis，从中分离到雪胆素甲和乙，二者甙元都是齐墩果酸，用于治支气管炎和烧伤。雪胆素试用于治疗麻风及肺结核获得一定效果，是一种有希望的药物。

⑥灯盏花——（菊科短葶飞蓬 Erigeron breviscapus）是治疗跌打损伤、风湿疼痛、牙痛、胃痛的彝药，从中分离出的有效物质灯盏乙素，还可治疗脑血栓、脑出血、脑栓塞等脑血管疾病。

⑦ "瓦布支" ——凉山彝药 "瓦布支" (紫葳科植物两头毛 Lncarvillea arguta)，治疗肝部疾患和痢疾有良效，其制剂用于治疗急性菌痢和病毒性肝炎，治愈率高于用西药治疗的对照组。从中分离出的乙素（熊果酸）和丁素（烯醇化的 β - 双羟化合物）分别是具有降低血清谷丙转氨酶、降温、安定和抗菌、镇静作用的有效成分。

⑧ "米苦卓杰" ——还对彝药 "米苦卓杰" 既九味一枝蒿 Ajuge bracteosa 等进行了生药学研究。

彝族药的研究起步虽晚，但却取得了较大的进展。研究的广度涉及医药史、动物药、植物药等基础理论和资源普查以及民族药用经验调查等方面；而深度则涉及化学成分、药理实验、临床应用科学及药品和生产诸方面，已形成较为完整的系统性研究机构，为进一步深入研究打下了基础。

（2）彝药水浴

分为热烫、冷擦、熏洗。针对不同疾病，采取相应的草药水煎，取药水擦洗周身。药物经体表吸收，增强血脉运行，疏通经络，祛除病邪。

（3）针灸取穴

针灸是一种中国特有的治疗疾病的手段。它是一种 "内病外治" 的医术。是通过经络、腧穴的传导作用，以及应用一定的操作法，来治疗全身疾病的。在临床上按中医的诊疗方法诊断出病因，找出关键，辨别性质，明确病变属于哪一经脉、哪一脏腑，辨明它是属于表里、寒热、虚实中那一类型，做出诊断。然后进行相应的配穴处方进行治疗。以通经脉，调气血，使阴阳归于相对平衡，脏腑功能趋于调和，从而达到防疾病的目的。针灸疗法是中国医学遗产的一部分，也是我国特有的一种民族医疗方法。千百年来，对保卫健康，繁衍民族，有过卓越的贡献，直到如今，仍然担当着这个任务，为广大群众所信赖。

（4）推拿按摩

推拿按摩是一种古老的治疗疾病的方法，远在 2000 多年前的春秋战国时期此疗法就被广泛应用于医疗实践中，民间医师扁鹊运用按摩、针灸成功抢救了尸厥病人；《黄帝内经》中记载了用推拿按摩手法治疗痹症、痿证、口眼歪斜和胃痛等。常用手法有：推、拿、按、摩、揉、捏、弹、拨、点、摇、滚、拍、击、拔伸、牵引、复位等。临床根据不同病人的体质、病症、部位及目的等采取不同的推拿按摩手法。推拿按摩法主要具有舒筋通络、理筋整复、行气活血、祛瘀等作用，通过刺激的强弱、作用时间的长短、频率的快慢以及手法方向的变化等各种不同性质和量的刺激，对具体脏腑起到治疗作用。

附　录

附录1　彝族分布

彝族主要分布在云南、四川、贵州三省及广西壮族自治区西北部，总体上呈大分散小聚居的地理分布格局。四川凉山彝族自治州、云南省楚雄彝族自治州和红河哈尼族彝族自治州以及石林彝族自治县、禄劝彝族苗族自治县等19个自治县是彝族的主要聚居区，其中云南彝族占彝族总人口的50%以上。此外，大抵北自大渡河，南到云南国境线，东自乌江，西抵澜沧江都有以村落为单位的彝族人口零星分布，这些地区的彝族一般与汉族和其他少数民族交错杂居。另外，在越南、老挝、泰国、柬埔寨、缅甸等国家也有3万多彝族，其中越南有1万多彝族（也有的学者认为彝族在海外有近100万人口，主要分布在东南亚国家）。

1. 彝族人口分布

彝族是我国第六大少数民族，根据2010年我国第六次人口普查数据，中国户籍登记的彝族有8714393人，主要聚居在西南的云、川、贵三省。

国内彝族人口分布情况（2010年）

省份	彝族人口（万人）	占彝族总人口比重（%）
云南	502.8	57.70
四川	264.4	30.34
贵州	83	9.52
广西	0.86	0.10
其他省份	20.38	2.34
合计	871.44	100

2. 彝族自治地区分布

全国共有 3 个彝族自治州 19 个彝族自治县和 241 个彝族乡，具体分布如下：

（1）自治州

单位：个

所在省份	自治州名称	数量
四川	凉山彝族自治州	1
云南	楚雄彝族自治州	2
	红河哈尼族彝族自治州	
合计		3

（2）自治县

单位：个

所在省份	自治县名称	数量
云南省	峨山彝族自治县	15
	石林彝族自治县	
	南涧彝族自治县	
	景东彝族自治县	
	宁蒗彝族自治县	
	漾濞彝族自治县	
	禄劝彝族苗族自治县	
	江城哈尼族彝族自治县	
	巍山彝族回族自治县	
	寻甸回族彝族自治县	
	元江哈尼族彝族傣族自治县	
	新平彝族傣族自治县	
	宁洱哈尼族彝族自治县	
	景谷傣族彝族自治县	
	镇沅彝族哈尼族拉祜族自治县	
四川省	峨边彝族自治县	2
	马边彝族自治县	
贵州省	威宁彝族回族苗族自治县	1

所在省份	自治县名称	数量
广西壮族自治区	隆林各族自治县	1
合计		19

（3）民族乡

单位：个

所在省份	所在市州	彝族乡名称	数量
云南省	保山市	龙陵县：木城彝族傈僳族乡；施甸县：摆榔彝族布朗族乡、木老元布朗族彝族乡；昌宁县：耇街彝族苗族乡、珠街彝族乡；隆阳区：瓦房彝族苗族乡、瓦马彝族白族乡、杨柳白族彝族乡、芒宽彝族傣族乡	9
	大理州	祥云县：东山彝族乡；鹤庆县：六合彝族乡；弥渡县：牛街彝族乡；大理市：太邑彝族乡；云龙县：团结彝族乡；永平县：水泄彝族乡、永和彝族乡、北斗彝族乡、厂街彝族乡；宾川县：钟英傈僳族彝族乡、拉乌彝族乡	11
	昆明市	官渡区：阿拉彝族乡；西山区：团结彝族白族乡、谷律彝族白族乡；宜良县：耿家营彝族苗族乡、九乡彝族回族乡；富民县：罗免彝族苗族乡；晋宁县：双河彝族乡、夕阳彝族乡	8
	丽江市	华坪县：石龙坝彝族傣族乡；永胜县：大安彝族纳西族乡、东风傈僳族彝族乡、东山傈僳族彝族乡、光华傈僳族彝族乡、六德傈僳族彝族乡、松坪傈僳族彝族乡、羊坪彝族乡	8
	临沧市	永德县：大雪山彝族拉祜族傣族乡、乌木龙彝族乡；云县：后箐彝族乡、栗树彝族傣族乡、忙怀彝族布朗族乡；沧源县：勐角傣族彝族拉祜族乡；临翔区：平村彝族傣族乡；凤庆县：新华彝族苗族乡、腰街彝族乡、郭大寨彝族白族乡	10
	普洱市	墨江县：龙鱼塘彝族乡、孟弄彝族乡；澜沧县：谦六彝族乡；思茅区：云仙彝族乡、龙潭彝族傣族乡	5
	曲靖市	罗平县：旧屋基彝族乡；师宗县：龙庆彝族壮族乡	2
	文山州	文山市：坝心彝族乡、秉烈彝族乡、东山彝族乡、柳井彝族乡；丘北县：八道哨彝族乡、腻脚彝族乡、舍得彝族乡、树皮彝族乡、新店彝族乡；砚山县：维末彝族乡、干河彝族乡、盘龙彝族乡、阿舍彝族乡	13
	西双版纳州	勐腊县：象明彝族乡	1
	玉溪市	红塔区：洛河彝族乡、小石桥彝族乡；江川县：安化彝族乡；易门县：浦贝彝族乡、十街彝族乡、铜厂彝族乡；华宁县：通红甸彝族苗族乡；通海县：里山彝族乡、高大傣族彝族乡	9
云南省	昭通市	昭阳区：青岗岭回族彝族乡、小龙洞回族彝族乡；镇雄县：果珠彝族乡、林口彝族苗族乡；彝良县：奎香苗族彝族乡、龙街苗族彝族乡、树林彝族苗族乡；永善县：马楠苗族彝族乡、伍寨彝族苗族乡；大关县：上高桥回族彝族苗族乡；威信县：双河苗族彝族乡	11

所在省份	所在市州	彝族乡名称	数量
贵州省	黔西南州	晴隆县：三宝彝族乡	1
	六盘水市	钟山区：月照彝族回族苗族乡；水城县：平寨彝族乡、勺米彝族苗族乡、比德苗族彝族乡、化乐苗族彝族乡、董地苗族彝族乡、陡箐苗族彝族乡、发箐苗族彝族乡、南开苗族彝族乡、保华苗族彝族乡、青林苗族彝族乡、金盆苗族彝族乡、木果彝族苗族乡、纸厂彝族乡、玉舍彝族苗族乡、新街彝族苗族布依族乡、都格布依族苗族彝族乡、杨梅彝族苗族回族乡、野钟苗族彝族布依族乡、果布嘎彝族苗族布依族乡、发耳布依族苗族彝族乡、鸡场布依族彝族苗族乡、双嘎彝族乡、龙场苗族白族彝族乡、营盘苗族彝族白族乡、顺场苗族彝族布依族乡、花嘎苗族彝族布依族乡、米箩布依族彝族苗族乡、红岩布依族彝族苗族乡；六枝特区：洒志彝族布依族苗族乡、梭嘎苗族彝族回族乡、落别布依族彝族乡、折溪彝族乡、牛场彝族苗族乡、中寨苗族彝族布依族乡、箐口彝族仡佬族布依族乡；盘县：马场彝族苗族乡、鸡场坪彝族乡、旧营白族彝族苗族乡、保基苗族彝族乡、四格彝族乡、淤泥彝族乡、普古彝族苗族乡、坪地彝族乡、松河彝族乡	45
	安顺市	普定县：坪上苗族彝族布依族乡	1
	毕节市	七星关区：田坎彝族乡、大屯彝族乡、阿市苗族彝族乡、团结彝族苗族乡、阴底彝族苗族白族乡、千溪彝族苗族白族乡；大方县：竹园彝族苗族乡、响水白族彝族仡佬族乡、鼎新彝族苗族乡、牛场苗族彝族乡、理化苗族彝族乡、安乐彝族仡佬族乡、凤山彝族蒙古族乡、百纳彝族乡、三元彝族苗族白族乡、普底彝族苗族白族乡、沙厂彝族乡、大水彝族苗族布依族乡、黄泥彝族苗族满族乡、核桃彝族白族乡、八堡彝族苗族乡、兴隆苗族彝族乡、星宿苗族彝族仡佬族乡、大山苗族彝族乡；金沙县：太平彝族苗族乡、石场苗族彝族乡、箐门苗族彝族仡佬族乡、马路彝族苗族乡、安洛苗族彝族满族乡、新化苗族彝族满族乡、大田彝族苗族布依族乡；黔西县：永燊彝族苗族乡、金坡苗族彝族满族乡、新仁苗族乡、花溪彝族苗族乡、中建苗族彝族乡、仁和彝族苗族乡、定新彝族苗族乡、协和彝族苗族乡、太来彝族苗族乡、钟山布依族苗族乡、绿化白族彝族乡、红林彝族苗族乡、五里布依族苗族乡、铁石苗族彝族乡、沙井苗族彝族仡佬族乡；织金县：大平苗族彝族乡、茶店布依族苗族彝族乡、金龙苗族彝族布依族乡、鸡场苗族彝族布依族乡；纳雍县：厍东关彝族苗族白族乡、董地苗族彝族乡、左儿鸟戛彝族苗族乡、锅圈岩苗族彝族乡、新房彝族苗族乡、化作苗族彝族乡、昆寨苗族彝族白族乡、猪场苗族彝族乡；赫章县：水塘堡彝族苗族乡、兴发苗族彝族回族乡、松林坡白族彝族苗族乡、雉街彝族苗族乡、珠市彝族乡、辅处彝族苗族乡、双坪彝族苗族乡、可乐彝族苗族乡、古达苗族彝族乡、河镇彝族苗族乡、结构彝族苗族乡	69
四川省	攀枝花市	仁和区：大龙潭彝族乡、啊喇彝族乡、米易县：麻陇彝族乡、湾丘彝族乡、白坡彝族乡、盐边县：和爱彝族乡、红果彝族乡、鳡鱼彝族乡、温泉彝族乡、格萨拉彝族乡、红宝苗族彝族乡	11

所在省份	所在市州	彝族乡名称	数量
四川省	乐山市	金口河区：和平彝族乡、共安彝族乡	2
	泸州市	叙永县：水潦彝族乡、石坝彝族乡	2
	雅安市	荥经县：民建彝族乡、宝峰彝族乡、汉源县小堡藏族彝族乡、片马彝族乡、坭美彝族乡、永利彝族乡、顺河彝族乡；石棉县：安顺彝族乡、回隆彝族乡、擦罗彝族乡、栗子坪彝族乡、新民藏族彝族乡、挖角彝族藏族乡、田湾彝族乡；九龙县：子耳彝族乡、三垭彝族乡、俄尔彝族乡、小金彝族乡、朵洛彝族乡、踏卡彝族乡、湾坝彝族乡	21
	宜宾市	屏山县：屏边彝族乡、清平彝族乡	2
合计			241

3. 彝族主要支系分布

在生产力比较落后的历史阶段，彝族祖先为了生存、发展的需要而产生了分支。几千年前，有了武、乍、糯、恒、布、慕六个分支。分别迁徙到云南、四川、贵州等地，经过长期的历史发展，形成比较多的彝族支系。目前较大的几个支系是：阿细、撒尼、阿哲、罗婺、土苏、诺苏、聂苏、改苏、车苏、阿罗、阿扎、阿武、撒马、腊鲁、腊米、腊罗、里泼、葛泼、纳若等。

彝族因彝语方言和地域差异，加上社会历史的变化和自身不断发展等诸多因素，形成了具有区域特点的彝语方言、土语和服饰。操不同的彝语方言或土语的彝族支系具有明显的地域性特点。因此彝族是一个支系繁多、自称繁杂的民族。不同的支系其自称也存在着不同。

彝语有六大方言，即北部、东部、南部、东南部、西部和中部六大方言，各方言内部还分许多次方言和土语，方言间差别较大，基本上很难相互通话和交际。彝族服饰有300多种。彝族服饰、彝语方言以及彝族自称是区分彝族支系的重要依据。

"尼"是最早的、统一的彝族自称。据《彝族简史》，彝族自称有35种，他称有44种。但这只是彝族繁杂的自称体系中的一小部分。在彝族的历史上有诺苏、聂苏、纳苏、罗婺、阿西泼、撒尼、阿哲、阿武、阿鲁、罗罗、阿多、罗米、他留、拉乌苏、迷撒颇、格颇、撒摩都、纳若、哪渣苏、他鲁苏、山苏、纳罗颇、黎颇、拉鲁颇、六浔薄、迷撒泼、阿租拨等上百个不同的自称。中华人民共和国成立后，按照彝族人民的意愿，正式定名为彝族。

以"诺苏颇""纳苏颇""聂苏颇"（尼苏泼）、"尼颇""撒尼颇"作为自称的彝族占川、黔、滇、桂四省区总人口的半数以上。从方言来看，这些自称都属于分布在东部方言区、北部方言区、南部方言区和东南部方言区；自称"倮颇""罗罗""纳罗""腊罗""鲁泼"的彝族都属于彝语中部方言和西部方言区，人口占彝族总人口的 1/5 左右，这部分彝族的自称与龙、虎图腾崇拜有关；自称为"倮颇"的，都属于倮、黎、栗、勒、俚同音异写，彝语意为野外、山上，即居住在山上的民族，其语言和习俗都与自称倮倮泼的较为接近。无论自称"尼颇"还是"栗颇"都乐于接受"尼泼"这个彝族较早的自称。彝族自称虽然繁杂，但归结起来就是一统三大的自称体系：一统，即"尼"是彝族最早的统一自称：三大自称体系，即尼泼自称体系、倮（罗）泼自称体系、俚泼自称体系。这三大自称体系是通过彝族最早的统一自称"尼"函变并衍生为繁杂的彝族自称体系的。

彝族主要支系区域分布情况

支系自称	主要分布地区
诺苏颇、诺苏	四川省及云南省的宁蒗、华平、永胜等地区
纳苏颇、纳苏	云南省武定、禄劝、弥勒、昭通及贵州毕节地区
迷撒拨、纳罗拨	云南省巍山、云县、漾濞等地区
罗罗濮	云南省景东、云县、个旧、墨江、双柏等地区
颇罗、泼哇、昨柯	云南省文山、开远、砚山、马关、金平等地区
泼拉塔、图拉颇、腊鲁濮、阿鲁	云南省华坪、云县、普洱、新平、墨江等地区
撒尼濮、尼濮	云南省路南、泸西、弥勒、昆明市郊区等彝族地区
聂苏濮	主要分布在云南省龙武、石屏、云龙、昌宁、双柏等彝族地区
黎颇	主要分布在云南省凤庆、华坪、永胜等彝族地区
山苏、阿租	主要分布在云南省武定、新平、元江、峨山等彝族地区
阿细濮	主要分布在弥勒、石林等彝族地区
阿哲濮	主要分布在云南省弥勒、易门、双柏等彝族地区
格濮、阿多拨	主要分布在云南省泸西、弥勒、师宗、鹤庆等彝族地区
阿武、阿乌	主要分布在云南省弥勒、元阳、西畴、金平等彝族地区
罗米	主要分布在云南省凤庆、景东、墨江、普洱等彝族地区
密期	主要分布在云南省武定、禄劝、弥勒、昆明等彝族地区
阿罗濮	主要分布在云南省武定、师宗、陆良等彝族地区

支系自称	主要分布地区
他鲁苏、他谷苏	主要分布在云南省永胜、华坪等彝族地区
拉武苏	主要分布在云南省永胜县
撒摩都	主要分布在云南省昆明郊区
他留、堂榔	主要分布在云南省丽江地区
纳若	主要分布在云南省永胜县
纳渣苏	主要分布在云南省永胜县
六浔薄	主要分布在云南省永胜县

附录 2　历史大事

- 远古—公元前 8 世纪：彝族起源"哎哺"（原始）时代（哎哺是彝族最古老的部落）
- 公元前 10 世纪左右：彝族先民建立滇王国（今滇池一带，支格阿龙时代）
- 公元前 12 世纪：彝族先民建立"古莽国"（今洱海地区）和"昆明国"（今金沙江畔）
- 公元前 12 世纪末：彝族部落首领杜宇入主蜀国（见《南阳国志》）
- 公元前 9—前 8 世纪：彝族先民建立古卢、罗部落国家（即唐代所说的"卢鹿蛮"）
- 公元前 8 世纪—公元 220 年："西南夷"时代（六祖：武、乍、糯、恒、布、黔分为六大部落并四面迁徙）
- 公元前 316 年：秦朝移民蜀地（中原王朝首次移民彝区）
- 公元前 109 年：汉征服滇部落联盟，设益州郡（今曲靖）
- 公元 42—44 年：以彝族为首领爆发民族反抗斗争，失败后被杀 3 万余人
- 公元 51 年：哀牢国归附东汉王朝
- 公元 220—589 年：夷帅的兴起与诸葛亮南征
- 公元 225 年：诸葛亮兵分三路南征彝区
- 公元 339 年：彝族爨氏统治地位确立
- 公元 738—902 年：南诏帝国时代
- 公元 902—1958 年：彝族土司时代
- 明洪武十四年（1381 年）：明遣傅友德、蓝玉、沐英南下远征彝族乌撒等部，同年彝族古代著名女政治家奢香夫人统治 48 部落（留下无数佳话）
- 1658—1840 年：改土归流与彝族居住格局最终形成
- 1840—1919 年：帝国主义势力入侵和彝族社会发生巨大变化
- 1856 年 5 月 10 日："夷家兵马大元帅"李文学带领广大人民发动哀牢山大起义（1876 年失败）
- 1929 年：彝族辛亥革命主力干将安健病逝，同年龙云统一云南，开始建设"新云南"
- 1945 年 12 月 1 日：卢汉就任云南省主席
- 1949 年 12 月 9 日 22：00 卢汉宣布："云南起义了！"毛泽东、朱德从

北京发来贺电，给予高度评价。

● 1950 年：彝族地区获得了解放，中央人民政府在 1950 年派出了中央民族访问团，他们深入彝族山寨，受到彝族人民的热烈欢迎，加强了民族团结。

● 1951 年 5 月 12 日：云南省峨山彝族自治县成立（彝族最早的自治地方）

● 1952 年 10 月 1 日：凉山彝族自治州成立

● 1954 年 5 月 18 日：江城哈尼族彝族自治县成立

● 1954 年 11 月 11 日：威宁彝族回族苗族自治县成立

● 1956 年 9 月 20 日：宁蒗彝族自治县成立

● 1956 年 11 月 9 日：巍山彝族回族自治县成立

● 1956 年 12 月 31 日：路南彝族自治县成立

● 1957 年 11 月 18 日：红河哈尼族彝族自治州成立

● 1958 年 4 月 15 日：楚雄彝族自治州成立

● 1965 年 11 月 27 日：南涧彝族自治县成立

● 1979 年 12 月 20 日：寻甸回族彝族自治县成立

● 1980 年 11 月 22 日：元江哈尼族彝族傣族自治县成立

● 1980 年 11 月 25 日：新平彝族傣族自治县成立

● 2000 年：路南彝族自治县改称石林彝族自治县

附录3 遗产名录

彝族国家级非物质遗产名录

序号	名称	类别	申报地区	时间（年）
1	火把节	民俗	四川省凉山州、云南省楚雄州	2006
2	彝族烟盒舞	民间舞蹈	云南省红河州	2006
3	彝族葫芦笙舞	民间舞蹈	云南省文山州	2006
4	彝族海菜腔	民间音乐	云南省红河州	2006
5	阿诗玛	民间文学	云南省石林县	2006
6	彝族撮泰吉	传统戏剧	贵州省威宁县	2006
7	梅葛	曲艺	云南省楚雄州	2008
8	查姆	民间文学	云南省双柏县	2008
9	彝族克智	民间文学	四川省美姑县	2008
10	彝族民歌（彝族酒歌、彝族山歌）	传统音乐	云南省武定县、贵州省盘县	2008、2011
11	彝族铃铛舞	传统舞蹈	贵州省赫章县	2008
12	彝族打歌	传统舞蹈	云南省巍山县	2008
13	彝族跳菜	传统舞蹈	云南省南涧县	2008
14	彝族老虎笙	传统舞蹈	云南省双柏县	2008
15	彝族左脚舞	传统舞蹈	云南省牟定县	2008
16	乐作舞	传统舞蹈	云南省红河县	2008
17	彝族三弦舞（阿细跳月、撒尼大三弦）	传统舞蹈	云南省弥勒县、石林县	2008
18	彝剧	传统戏剧	云南省大姚县	2008
19	彝族（撒尼）刺绣	传统美术	云南省石林县	2008
20	彝族漆器髹饰技艺	传统技艺	四川省喜德县、贵州省大方县	2008
21	阿细先基	民间文学	云南省弥勒县	2011
22	彝医药（彝医水膏药疗法、拨云锭制作技艺）	传统医药	云南省楚雄州、楚雄市	2011、2014
23	彝族年	民俗	四川省凉山州	2011

续表

序号	名称	类别	申报地区	时间（年）
24	彝族传统婚俗	民俗	四川省美姑县	2011
25	彝族摔跤	传统体育	云南省石林县	2011
26	毕摩音乐	传统音乐	四川省美姑县	2014
27	毕摩绘画	传统美术	四川省美姑县	2014
28	彝族服饰	民俗	四川省昭觉县、云南省楚雄州	2014

附录 4　主要节庆

序号	名称	类型	举办地	时间
1	火把节	祭祀型	云南、四川、贵州等地	农历六月二十四
2	密枝节	祭祀型	滇南彝族地区	农历十一月的头一个属鼠日（石林）
3	阿细祭火节	祭祀型	云南弥勒市西一镇红万村	农历二月初三
4	跳虎节	祭祀型	云南双柏县	农历正月初八至正月十五日
5	补年节	祭祀型	云南、四川、贵州等地	新年后的农历二月初十和十一日
6	二月七节	祭祀型	云南峨山县军屯镇一带	农历初七
7	祭俵节	祭祀型	滇南石解、红河、建水、峨山、元江、新平一带	农历二月的第一个子丑日
8	都阳节	祭祀型	四川凉山州雷波一带及金沙江沿岸	农历五月初五
9	跳公节	祭祀型	广西那坡县桂滇交界地区	农历四月上、中旬
10	"阿依蒙格"儿童节	祭祀型	四川凉山地区	公历 2、3 月中彝历的"实诺"
11	跳宫节	祭祀型	云南富宁、广西那坡等地	农历四月
12	"赶鸟"节	祭祀型	云南省武定县老滔村	农历正月初一
13	三月三	祭祀型	云南、四川、贵州等地	农历三月三
14	彝族年	庆贺型	四川凉山州大小凉山	农历十月
15	新米节	庆贺型	云南峨山和巍山	十月秋收后
16	沙户比节	庆贺型	云南巍山龙街一带	农历四月中旬
17	老年节	庆贺型	云南巍山县山塔、龙街一带	农历除夕
18	搭清节	庆贺型	云南曲靖市白水区	农历三月的第一个马日
19	阿卑节	庆贺型	云南金平县	春节后的第一个属牛日
20	服装节	纪念型	云南大姚县三台山	农历三月二十八
21	插花节	纪念型	云南楚雄	农历二月初八
22	二月八年节	纪念型	云南哀牢山区	农历二月初八
23	牟定三月会	纪念型	云南楚雄	农历三月二十四

续表

序号	名称	类型	举办地	时间
24	哑巴节	纪念型	云南大理祥云县禾甸镇大营村委会七宣村	农历正月初八
25	赛装节	社交型	云南楚雄永仁县直苴村、大姚县三台乡	农历一月十五（永仁）、三月二十八（大姚）
26	姑娘节	社交型	云南金平	春节后第一个赶场日
27	赛马节	社交型	贵州威宁	农历五月初五
28	赶花街	社交型	云南峨山、新平、双柏	每年两次，分别在农历六月二十四和七月十五
29	开新街节	社交型	云南峨山	农历正月初一后的第一个赶街日
30	拜姑爷节	社交型	云南峨山一带	农历正月初二
31	斗牛节	社交型	云南、四川、贵州等地	农历六月初一
32	剪羊毛节	农事型	四川凉山地区	农历六月中旬
33	采药节	农事型	云南小凉山一带	农历五月初五
34	黑井灯会	农事型	云南省牟定县黑井一带	农历正月十五
35	巴乌节	农事型	云南鹤庆县东、西山区一带	农历正月十五
36	颂牛节	农事型	云南西北山区	立冬日
37	拉麻节	农事型	云南鹤庆、剑川两县间的西山	农历七月初七
38	护山节	农事型	广西隆林	农历三月初三、初四

附录 5　代表景区

1. 楚雄彝族十月太阳历文化园

彝族十月太阳历文化园位于楚雄市北郊太阳历大道，距离市中心约 3 千米，占地面积 530 多亩。园内以彝族文化瑰宝十月太阳历雕塑广场为标志，集民族风情展示、艺术交流等为一体，是一个综合性的文化园。主要景点有十月太阳历雕塑祭坛、火把广场、葫芦海、葫芦长廊、民族体育竞技场等。

公园的主景雕塑是根据彝族古代的观象台放大以后建造起来的天文观测台，它是一个圆形金字塔形的建筑，底部到球体上方有 54.3 米高，直径 76 米。共有五个楼梯口，每个楼梯代表了彝族十月太阳历文化的一个季节，第一台被称为地，第二台被称为人，第三台称为天，是天、人、地三台。

公园中的太阳历广场，是一个祭祀广场，在这个广场上有十根沙红色的大柱子，这些柱子的高、矮、粗、细和摆放的位置都是非常讲究、非常精确的，这些柱子的作用是用立杆测日影的方法来定季节中的春分 / 秋分、冬至、夏至及冬至正午的 12 点，给人们一个生产劳作的时间。晚上还可以用北斗柄的指向来定寒暑，北斗星柄指向正南方属于大寒日，指向正北方属于大暑日，大暑日就是临近彝族火把节的日子了。公园中的火把广场，直径有 90 米、面积有 6378 平方米，每年的火把节，彝族同胞都会会集在这里来欢庆自己的节日。

2. 楚雄彝人古镇

彝人古镇位于云南楚雄市经济技术开发区永安大道以北、太阳历公园以西、龙川江以东、楚大高速公路以南。占地约 1740 亩，总建筑面积 100 万平方米，总投资 25 亿元，集商业、居住和文化旅游为一体的文化旅游地产项目，现为国家 4A 级旅游景区。

（1）前期工程

彝人古镇前期（即一期、二期）占地 243 亩，总投资 3.2 亿元，于 2005 年年初动工已于 2006 年年底如期开发成功，成为楚雄旅游文化的新亮点。整个古镇的建筑外观集中展示了滇、川、黔、桂等省区彝族土司头人的建筑文化，其建设项目包括：

水源广场。水是生命之源，景因水活，广场展示了彝族水的文化。

梅葛广场。通过雕塑形式，再现了彝族创世史诗《梅葛》的精髓以及彝族先民太阳历文化。

桃花溪。溪水碧流贯穿古镇（一期、二期）中部，通过溪上各式石桥、栏杆、水景设施等展示了彝族历史上重要的史实和对歌习俗。

望江楼。是（宋）大理国"德江城"的标志性建筑，荟萃楹联文化及书画艺术，还可登高远眺。

火塘会广场。彝族是一个"尊左、尚黑"，崇拜火的民族，主要展示了彝族的火文化，是彝家兄弟踏歌娱乐的最好去处。

古戏台。又名"彝风园"，主要用来展示彝族原生态的歌舞、毕摩特技及饮食文化。

德运广场。通过"德运石"、《德运碑》等表述了（宋）大理国高氏相国的功绩，突出了以德治国的理念，也号召世人不忘祖训，以德为人，同时，为后期开发德江城找到了历史依据。

咪依鲁广场。通过雕塑讲述了《咪依鲁》的传说，展现了彝族人民勇敢、机智、不畏强暴的精神。

（2）后期工程

通过三、四、五、六、七期的建设，对整个景区进一步优化和提升，其建设内容主要包括：

彝文化主题园（彝人部落）：展示彝族原生态建筑文化：如瓦房、土展房、垛木房、闪片房、毛草房等彝族民居建筑。展示彝族原生态市井文化：在正大门入口规划一条市井商业街展示彝族原生态市井文化，布置酒铺（酿酒（白酒、米酒）工艺展示、彝族酒具展示、游客品酒活动）；豆腐房（豆腐制作工艺展示及其他特色食品制作。刺绣房（织布、染布、刺绣工艺展示）；木器、竹器、乐器、银器、漆器、铁葫芦等工艺品制作和展示；药铺（制药、看病）展示彝族的医药文化；茶铺（制茶、品烤茶）展示彝族的茶文化等。展示彝族原生态生活文化：在市井商业街北面规划一个原生态村落，布置民居、打谷场、姑娘房、婚房、土主庙、村社广场等生活环境，并通过碾米、磨面、纺织、刺绣、婚礼等活动展示彝族原生态生活文化。展示彝族历史文化：采用雕塑的形式展示彝族历史文化，如用一组从猿进化到人雕塑展示楚雄是东方人类发源地的历史；用一组六祖雕塑展示彝族六祖分支的传说历史；用一组马帮雕塑展示楚雄是盐马古道和茶马古道的历史等。

威楚楼（彝王宫）：用于展示彝族大型的歌舞文化和服饰文化，与之配套的还有户外火塘会广场的原生态的歌舞，这将是中国彝文化歌舞艺术的精华所在。

毕摩文化广场：即大型"火塘会广场"。广场设立毕摩文化长廊，广场将集民俗文化和园林为一体，主要用于展示彝族的各种节庆活动。

土司府：土司是历代封建王朝用于少数民族地方统治机构，也是上层文化较为集中之地，用于展示彝族的土司文化，是电影基地室内戏拍摄的场所。

德江城：为（宋）大理国名门望族相国高明量封地，在修建威楚城时，在西北二里建的德江城（外城），后成为"俨如山中宰相，后理国的政治中心"，现恢复"德江城"的风貌，展示（唐）南诏、（宋）大理国宫廷和民俗文化。

高氏相府：为二进院布置建筑，前院展示高家的相府文化和宗祠文化，后院用作婚宴馆。

祖庙：彝族、有"六祖分支""九隆神话"之说，彝族民间有"土主崇拜"的习俗，设"六祖庙"用于彝族民众对先民、对祖先崇拜，成为广大彝族同胞寻根祭祖的场所。

庙会广场：广场东边是祖庙，西边是高氏相府，广场边设有戏台，该广场是室外戏曲和歌舞活动场所。也是庙会活动场所。

清明河：河宽 8~12 米，可划船，水较深流速较慢，主要展现江南水乡风韵。

茶花溪：溪宽 2~2.5 米，水较浅流速较快，主要展现西部古镇水乡风韵。

游客酒店住宿接待区：在"彝人古镇"中规划一个酒店住宿区，该酒店区规划五星级商务酒店 300 个标间、三星级产权式酒店 300 个标间。另外三期和四期德江城中布置古色古香的四合院式、客栈式 40 院，每院客栈式"会员酒店"标间 25~30 间，共计 1100 个标间。加上一、二期已建成的 400 多标间，建成后的彝人古镇每天将能够接待 4000 多名游客住宿。

大型彝族特色饮食区：在三期规划一个大型饮食接待区，布置古色古香的四合院式餐馆 8 院、独栋式餐馆 3~5 家，主要接待旅游团队。另外德江城内每隔一定距离布置一家中小型餐馆，接待旅游散客。

旅游商品集散地：彝人古镇的部分街区将打造成云南最大的旅游商品集散地。古镇的部分街区建成后，将集旅游商品加工、批发、直销、零售于一体，每年在该区域举行 2~3 次全国性的旅游商品展销会，成为今后云南乃至全国旅游商品交易的最佳区域。

各种文化雕塑：彝族民间的很多生活情趣及很多民间传说故事用雕塑的形式来展示。

其他旅游要素：饮食文化街、古镇水系、水系两边的酒吧、茶室、小吃街、洋人街、民族手工艺品街、旅游商品街、彝人竞技馆、彝人水疗馆、彝家婚宴（可在高氏相府考虑）、彝族医药一条街等旅游元素都要在彝人古镇中体现。

3.峨山阿普笃慕文化园

阿普笃慕文化园位于峨山县城猊江与练江交汇处，占地 19 亩。文化园内有阿普笃慕及其六子慕雅切、慕雅考、慕雅热、慕雅卧、慕克克、慕齐齐的铜像以及祭祀广场。阿普笃慕铜像高 8.1 米，坐西朝东，与彝族分布特点相吻合，两层基台高 2.8 米，基座高 3 米，基座四周镶嵌按《彝族祖先阿普笃慕的传说》设计的 6 幅浮雕，铜像背后照壁镶嵌彝、汉两种文字的《彝族祖先阿普笃慕的传说》。阿普笃慕六子（六祖）铜像均高 3 米，基座高 1.2 米。

第一幅浮雕：远古三十五世里，降生彝祖阿普笃慕

远古的时候，大地上生活着独眼人、圆眼人，已历三十五世。阿普笃慕降生在圆眼人三十五世里，生有两眼，称横眼人，被视为怪物。独眼、圆眼人不敬天地、不祀祖先、不守法理，激起天地神祇愤怒。天君策格兹派三仙童下凡考查人心善恶。三仙童走遍东南西北，仅遇到唯一的善心人阿普笃慕，就把世人将受洪水惩罚的消息告诉他，并送给他一颗神葫芦种。阿普笃慕按三仙童的吩咐种下神葫芦种，经过精心看护，长出了一个葫芦。

第二幅浮雕：洪水漫天庭，富豪随波亡

从春到夏，从夏到秋，神葫芦长成了屯篓般大。滔天洪水即将来临，善良的阿普笃慕把天降洪水惩罚世人的消息告诉了人们。人们纷纷用金、银、铜、铁、铅、锡打造躲避洪水的箱柜。洪水降临了，天上下起瓢泼大雨，雨点有鸡蛋般大，雨丝有纤绳般粗，连续下了七天七夜。人们躲进箱柜，想躲过滔天洪灾，但都未能逃脱灭顶之灾。

第三幅浮雕：洪水消退后，剩下阿普笃慕

阿普笃慕在洪水降临时躲进神葫芦里，神葫芦顺水漂到了天上。洪水漫到天庭边后，天神策格兹命白昼九个太阳、夜晚八个月亮齐出，照耀水域。洪水逐渐消退，神葫芦从天上慢慢漂落下来，卡在一棵马樱花树杈间，旁边生长着两棚野竹和一丛尖刀草，天神策格兹差神鹰将神葫芦轻轻地叼取放在地上，阿普笃慕从神葫芦里钻了出来。

第四幅浮雕：天庭三仙女，奉旨下人间

阿普笃慕放眼望去，千日行程地，没有一户人家；百日行程地，不见一个人影。门前无狗吠，路边无鸡鸣，房顶不冒烟，灶里无火种。阿普笃慕望着凄惨悲凉的景象，悲伤地痛哭起来，日哭到天黑，夜哭到天明。策格兹下旨三仙女下凡嫁给阿普笃慕。三仙童率三仙女来到世间。三仙女看到阿普笃慕满头白发、穷困潦倒的样子，心里实在不愿嫁给他为妻，返回了天庭。

第五幅浮雕：天女嫁笃慕，快乐在人间

三仙童亦返回天庭，采来三株神药树的三片叶子，洗浴阿普笃慕的头部、身躯和四肢。经神药树叶洗浴的阿普笃慕，转眼间变成了一个英俊潇洒的小伙子。三仙童又召三仙女来到世间，看见阿普笃慕的新模样，就欢欢喜喜地嫁给了阿普笃慕。

第六幅浮雕：笃慕生六子，繁衍传后世

三仙女和阿普笃慕白天出门同劳作，夜晚回家同睡眠，恩恩爱爱过着幸福快乐的生活。可是，一年过去仍不见一个妻子怀孕，阿普笃慕就钻进神葫芦里，焚香叩头，祈求上天赐予子女。此后，三个妻子各生育两个儿子，共六子。后来，六子繁衍发展成古代彝族武、乍、糯、恒、布、默六大部落。

4. 昭通彝族六祖文化广场

彝族六祖文化广场位于昭通市昭阳区西郊 10 千米处的旧圃镇。此处有一座石山，名叫老鸹岩。山崖下面有一眼泉水，因井内泉水上涌时形如葡萄，故名"葡萄井"，文人们称之为"珍珠泉"。彝族六祖文化广场即建设在葡萄井老鸹岩上，为全球彝族祭祖的重要圣地。广场规划用地面积 800 余亩，规划为 4A 级景区，总投资 1.3 亿元人民币。规划 4 个区，分别为新农村示范区、民俗展示区、旅游服务接待区、生态农业观光区，同时还规划建设相应的笃慕塑像、商业酒店、道路、停车场、给排水、电信、消防、水体等设施。

目前已完成项目包括祭祖广场、阿普笃慕铜像（21 米）、六祖铜像、彝族祠堂、彝族博物馆、停车场、栈桥、梯步等。

5. 新平彝族文化长廊

云南省玉溪市新平县 2009 年开始建设的新平彝族文化长廊，位于平甸河两岸，共有青石浮雕 2012 幅，总长 4580 米，创中国世界纪录协会世界最长的彝族浮雕文化长廊世界纪录。

漫步新平县城的街头，一定能见到一条穿城而过的平甸河，还能见到在河的两边有一条用青石修葺而成的沿河护栏，如果走近它，你会发现在每一块青石板上，都镌刻了描绘彝族风情的石刻壁画，仿佛那些古老而悠远的故事一幕幕在眼前重现。

新平自古就是滇南彝族的主要聚居地，也是彝族文化的重要蕴藏地之一，彝族聚居的鲁奎山，历史上曾多次兴办过彝文学校，培养出众多的毕摩，清代官府发布文告，均用彝、汉两种文字，且留下数以千册的古籍文献。但是，如此丰富的民族文化，却只是在少数人群中流传。为了能让这些彝族文化符号很好地沿承下去，新平县特别将此份文化瑰宝，用最朴实的方式，镌刻在新平县母亲河的护栏边，供人们去了解和学习。

新平彝族文化长廊建于平甸河两岸的桥栏上，东起太平桥，西至新河口桥，长 4580 米，长廊采用福建青草石花岗岩雕刻制作，共有大、小浮雕 2012 块，远远望去，气势磅礴。河段两侧杨柳依依，将彝族文化融于其中，让这座小城忽然就有了可读性，极富诗意和魅力。彝族文化长廊沿平甸河两岸河堤布局，以民族文化广场和体育馆区域组成的文园为中心，东部的山园、西部的水园为次中心，三个园区遥相呼应，构成一个规模宏大的承载彝族传统文化精粹的带状有机整体，同时也是县城东西走向绿化中轴线的重要组成部分。这条文化长廊的竣工不仅使新平县城的生态山水园林城市文化品位得到提升，还增进了人们对彝族历史文化的了解。

沿长廊而下，随处可见谈笑风生的新平居民，他们或坐在石椅上享受清晨的阳光，或低头凝视着浮雕上的壁画，思忆着久远的时光。

沿平甸河逆流而上，静下心来细细品读彝族文化长廊青石上镌刻的故事，会感到彝族的那份历史厚重感。《查姆》《梅葛》《勒娥特依》《阿细的先基》四部彝族创世史诗让人仿佛回到了彝族起源的历史长河中，让人忍不住在那些形象而又神秘的图文中寻找彝族祖先的踪迹。除此之外，彝族大事记、历史渊源、天文历法、文字、神话传说、故事谚语、风俗风物、歌舞风情、服饰、饮食、文艺、宗教祭祀等十余个类别的雕刻惟妙惟肖，栩栩如生。每一个桥墩上，还展示着彝文的太极八卦图。参观彝族文化长廊，就如同在一个展示彝族多姿多彩文化的博物馆参观一般，让人赏心悦目。

新平彝族同其他地区的彝族一样历史源远流长。根据史料记载，新平彝族各支系为彝族"六祖"后裔。现在，居住在新平县的彝族有聂苏、纳苏、山苏、车苏、腊鲁、米俚、拉乌、倮倮、密查、蒙化、罗武等支系。在历史的漫长岁月里，新平彝族人民为开发新平这块富饶热土做出了贡献。新平彝族文化长廊的建成，也创造了中国世界纪录协会认证的最长的彝族浮雕文化长廊世界纪录。

6. 景东"最大型的三弦雕塑"

2012 年 8 月，经英国伦敦吉尼斯世界纪录申报中心最终认证，景东县申报的"最大型的三弦雕塑"高 71.3 英尺（21.73 米）破吉尼斯世界纪录成功，并获得认证证书。

三弦，是彝族人民的代表性乐器，景东县 2012 年修建了占地面积约为 82 亩的三弦文化广场，制作了一个具有景东彝族特色的大三弦雕塑，该雕塑经过将近两年时间的精心设计、制作，于 2012 年 5 月 26 日在景东县城三弦文化广场全部安装完成。雕塑高 21.733 米，长 24.965 米，宽 13.454 米，创造了新的世界纪录！

三弦在景东有着广泛的群众基础，各族人民对它更是情有独钟，人们对三弦的喜爱和依赖已经到了"三弦一响脚就痒，调子一唱心就想"的程度。每逢节庆活动或是婚嫁寿诞，甚至是休闲娱乐之时，不管乡村城镇，不论男女老少，都会怀抱三弦，边奏边歌边舞，节奏热情激昂，气氛热烈感人，场面热闹壮观。为了进一步发扬这一民族文化传统，继承和保护民族文化精髓，提振民族精神，加强民族团结，美化城市建设，宣传扩大景东的知名度，景东县委、县政府决定修建占地面积约为 82 亩的三弦文化广场，制作一个具有景东彝族特色的大三弦雕塑，并申报吉尼斯世界纪录。

2012 年 10 月 1—3 日，景东县举办了首届景东无量山狂欢节，其中最具亮点的活动就是 8000 余人合奏三弦，景东县由此申报"最大型三弦合奏"吉尼斯世界纪录成功，至此，景东县共成功申报了两个吉尼斯世界纪录。

7. 巍山中华彝族祭祖节

2016 年 3 月 16 日，2016 年中华彝族祭祖节、第六届中国大理巍山小吃节开幕式暨"最大一碗肉饵丝"上海大世界基尼斯纪录认证仪式在巍山古城南诏文化广场举行，来自全国各地的游客及嘉宾与当地数万名各族群众共同观看了民族文艺展演，载歌载舞祈福欢庆节日。本次活动由云南民族文化发展基金会、云南省彝学学会、大理州旅发委、大理州商务局、大理州文产办、大理州彝学学会主办，巍山县彝学学会、巍山县回学会、巍山县餐饮与美食行业协会、巍山县旅游投资有限责任公司承办，以"寻根南诏·品味巍山"为主题，集中展示南诏文化、巍山原生态民族文化和大理州各县市民族美食文化，着力推动巍山旅游文化产业健康稳步发展。

《南诏神韵》民族文艺展演分为《寻根南诏》《品味巍山》《古城欢歌》三个章节，演员们通过表演《鼓》《祭》《舞》《踏呐沓歆嘞》《赛俩目》《醉新娘》《巍山有名小吃街》等节目，向观众展示了巍山多姿多彩的民族文化，并进行了舞龙、舞狮、腰鼓、踏歌、高台社火等非物质文化遗产展演。

开幕式上，还举行了"最大一碗肉饵丝"上海大世界基尼斯纪录认证仪式，巍山大厨"黄嫂"和搭档现场制作了一大碗饵丝，经上海大世界基尼斯总部代表认证，木碗直径 1.9 米、高 0.9 米，饵丝重 460 两、汤肉 840 两，总重量 1300 两，"最大一碗肉饵丝"上海大世界基尼斯纪录认证成功并颁发了证书。

活动期间，巍山县还举行大理州旅游商品展销、南诏地质博物馆开展、南诏养生宴、中华彝族祭祖仪式等系列活动。

8. 双柏彝族文化大观园

（1）项目简介

双柏民族文化异彩纷呈，流传在境内的《查姆》被誉为"彝族创世史诗"；老虎笙、大锣笙和小豹子笙民族民间舞蹈，被国内外专家学者界定为彝族古傩仪的"珍存"和中国彝族虎文化的"活化石"。双柏彝族人民相信万物有灵，信奉山石树木有魂，与族人息息相关的祭祀活动，更是寄托了彝族渴望风调雨顺、无病无灾、生活幸福的朴素愿望。名扬海内外的"三笙"文化，就是祭祀文化的有机组成部分，是双柏彝族为世界文化做出的一项特别贡献。以"老虎笙"为代表的双柏彝族"三笙"文化，以其独特的演绎方式，浓缩了彝族文化中原始图腾崇拜的精华，体现了彝族人民在原始的生产、生活中所创造的生命哲学，展示了他们勤劳勇敢的品质和富于创造性的智慧，是中国彝族文化中的瑰宝。2008 年，"老虎笙"被国务院列入第二批国家级非物质文化遗产名录。

满载着一个时代蓬勃的生命信号的彝族虎文化，极大地传承了人文的光辉和文明的薪火。为进一步把虎文化传承弘扬，双柏县委、县政府将高规格、高标准、高起点规划打造虎文化主题公园暨"中国双柏彝族虎文化大观园"。项目以彝族虎文化和查姆文化为载体，将彝族的特色文化通过彝家会客厅、彝族原始部落、虎文化博物馆、虎文化创意园等多种艺术表现形式和过山车、摩天轮、旋转木马、虎王马戏馆、5D 互动影院、实景光影秀等现代娱乐科技设施形象地展现出来。打造集休闲度假、滨水游憩、民俗体验、原始彝族风情为一体的文化休闲体验型旅游项目。

（2）建设地点

云南省楚雄州双柏县县城南部，元双路及查姆湖以南，营盘山以北。

（3）投资概算

约 15 亿元。

（4）项目性质

查姆文化展示基地

虎文化主题娱乐区

中国著名虎乡——双柏

创世彝祖，虎神王国

中国虎文化第一园区

（5）布局思路

采取"两轴、两核、三组团"的布局思路。

①两轴：查姆创世纪史诗大道、虎文化大道

②两核：虎文化主题馆、彝文化主题馆

③三组团：虎文化组团、彝族文化组团、查姆文化组团

包括"入口服务区、虎文化主题博览区、猛虎公园、彝族原始部落、彝家会客厅、查姆水上娱乐区、查姆水岸风情区、查姆文化演艺区、查姆小镇"九大功能区。

（6）重要节点

● 彝家会客厅

①功能定位：娱乐、互动、体验、冒险、科普。

②主要项目：彝文化主题广场、彝文化主题馆、勇士竞技场、彝家别样风情园。

● 彝族原始部落

①功能定位：餐饮购物、度假养生、休闲娱乐。

②主要项目：露雾台、原始部落茅草屋、查姆先祖塑像、毕摩祭祀仪式、部落探险游戏、查姆打鱼区。

● 猛虎公园

①功能定位：文化产业、商务会议、度假游玩、休闲娱乐。

②主要项目：虎主题游乐场、文化创意产业园。

● 虎文化主题博览区

①功能定位：休闲娱乐、科普文化、游览观光。

②主要项目：查姆博物馆、神虎主题广场。

● 查姆水上娱乐区

①功能定位：休闲娱乐、度假游玩。

②主要项目：水上景观、环湖游船、虎主题游乐场。

● 查姆文化演艺区

①功能定位：休闲娱乐、度假游玩。

②主要项目：水晶塔、查姆桥、表演区。

● 查姆小镇

①功能定位：全方位文化渗透，休闲度假，体验生活。

②主要项目：查姆商业街、旅游养生别墅、查姆养生馆、彝族文化广场、豪华度假酒店、查姆艺术收藏馆等项目。

● 查姆水岸商业风情园

①功能定位：集旅游购物，休闲娱乐为一体，满足游客吃、住、行、游、购、娱的要求。

②主要项目：主要包括酒吧休闲购物区、餐饮名小吃区、仿古客栈区、特色工艺品区、娱乐休闲区五大部分。

9. 西昌凉山民族风情园

凉山民族风情园是凉山彝族自治州西昌市集公益性和商业性为一体的民族文化旅游开发的又一亮点，是民族文化荟萃的集中展示。

凉山民族风情园，依山傍水，靠近西昌海河、坐落在西昌城南，连接城区、泸山、邛海。是凉山州民族文化旅游又一新的去处。民族风情园多姿多彩的民族建筑和珍稀热带花草竹木相映生辉，园内群雕木立、花草秀美，具有宽敞亮丽、典雅古朴、毅然磅礴的气势。

凉山民族风情园，设有入口广场、彝族古碉楼、游客中心广场、民俗文化表演、民俗文化展馆、儿童游乐园等。

威武的支格阿龙雕塑，宽大亮丽的进口广场，雄伟的彝族古雕楼群，千姿百态的彝族人物群雕文化，耸入云霄的彝族激光圣火天柱，古老的斗牛、斗羊、抢羊等丰富多彩的民间文化活动，繁花似锦的西昌花月园，眼花缭乱的火把节浮雕壁画，形成民族文化的浓郁气氛，全方位、多次层、多形式地展示了凉山民族文化的风情。

凉山民族风情园，以独特的古老建筑和民俗活动为载体，集中再现了凉山彝族古老的文化，艺术地展示了民族文化的渊源和发展，织就了一幅色彩斑斓的生活画卷，打开了了解民族文化的一扇美妙窗口。

（1）支格阿龙雕塑

根据彝族神话传说，以青铜精心铸造而成，以粗犷的表面和凝重色彩，塑造了彝族英雄古朴、粗犷、勇敢、智慧的形象。是整个民族风情园的重点标志之一。

传说在远古的时候，一只矫健的神鹰在天上翱翔，在一道闪电中落下三滴精血，穿透了正在海边织布的彝族美女蒲嫫列依的百褶裙。于是，蒲嫫列依怀孕了。但是，18个月后才生下了这个与众不同的婴儿，被怀疑是一个不祥之物，怕带来灾害，不敢带养，被送进了海边的一个山洞。一天，上山去看时，她惊奇地发现，有一条龙在喂养那个孩子。一天又一天，那个婴儿奇迹般地长大了，长成了一个顶天立地的英雄。

鹰和龙的儿子——支格阿龙，具有鹰的胆略和龙的智慧，除妖斩魔，惩治邪恶，战天斗地，英勇无敌。在传说中最典型的是他射太阳的故事。传说，当时天上出现了九个太阳，太阳没有白天黑夜地暴晒，大地上的土地干裂了，河水枯竭了，花草树木开始干枯了，所有的动植物和人都面临着死亡的威胁。

正在生死攸关的时候，支格阿龙出现了，他为了拯救大地生灵，跋山涉水，跑到天下最高的山上，爬到山上最高最粗壮的杉木树顶上，拉开弓箭，用善良的心和超人的智慧射下了八个最毒的太阳，只留下被他驯服的太阳，人类因此就有了很守规矩的太阳，人类就有了白天黑夜，有了好日子。

在彝族人的传说中，彝族是鹰和龙的后代，是龙鹰的传人，是支格阿龙的子孙。在彝族人的心目中，支格阿龙是创造社会文明的偶像，是彝族人智慧和力量的象征，是彝族正义和勇敢的化身，是不屈不挠的精神旗帜。

支格阿龙，是彝族人民的文明使者，美丽的传说，是彝族古老文化的展示，是彝族文化大门的先导。只要你了解了支格阿龙，你就开始走进了彝族文化的百花园。

（2）寨门碉楼

碉楼，是彝族生活中不可缺少的建筑，是民居建筑的主要内容之一，它凝聚和体现着彝族历史文化的内涵。

彝族人自古以来都喜欢建筑具有多功能的碉楼，主要用于抗御外来侵略者。碉楼具有防火、瞭望、射击、收藏贵重物品等功能。彝族古老的碉楼都为土木结构，下部都用坚硬的石料砌成，上部均为三尺厚的土墙，楼的隔层为土木结构，三尺厚，一般为三层。碉楼的每一层，都设有三角形枪眼和瞭望孔，第三层设有天门，用以射击和观察。

我们看到碉楼上都有各种图腾浮雕造型，有雄鹰、母虎、羊角、牛角和各种图案和文字。彝族人崇拜鹰、虎、绵羊、牛的图腾，这些浮雕表现了彝族深刻的文化内涵和哲学思想。碉楼的雕梁画栋的色彩、图案，风格都体现着彝族古老的文化。

四座碉楼，分公楼和母楼，阴阳和谐，高低互补，层次分明，色彩鲜明，错落有致。

黑、红、黄，是彝族文化的三元色素，彝族的建筑、服饰、各种不同类型的餐具、酒具、室内装饰都以三色为主。黑色，代表土地，代表深沉、严谨、庄严和厚重；红色代表火，代表血液，代表生命的永存和希望的召唤；黄色，代表珍贵、是太阳，是希望。彝族人生活中都离不开黑、红、黄，因为所有的希望、所有的前程都来自黑、红、黄，一切的一切都来自黑、红、黄的发源和发展。碉楼，融汇了彝族建筑的精华。

（3）主广场

主广场象征广袤的大地，是人类的自由世界、希望的世界。任雄鹰展翅翱翔，任骏马扬天驰骋。主广场，意为凉山州各族人民在享受着太阳带来的光明，享受着圣火带来的温暖。

广场，以花岗石、青石、鹅卵石三色石铺成一个四方形，形成整个民族风情园的中心。广场的中心用三色彩石打造出凉山彝族自治州地图图案，在地光的闪烁中让人感觉千里凉山的广博和富饶。广场的中心，矗立着顶天立地之势的激光图腾柱，是整个民族风情园的最高建筑和标志。这里主要为游客提供一个自由的天地、欢乐的世界，开展各种文艺表演活动，满足游客的集散、观看、参加各种表演的需要。

（4）激光图腾柱

在彝族人的传说中，大地上有顶天立地的神柱，那是天地的连接，也是人类社会生存的依靠。

彝族人自古以来都崇尚天上的太阳，崇尚地上的火。在他们的心目中都有自己神圣的擎天柱，为美好生活托起心中永远不落的太阳；在他们内心世界里都燃起神圣不可侵犯的火神，为民族的希望举起心中永恒的火把。

矗立在广场的激光图腾柱，把彝族传统文化意识和现代科技观念融为一体，让人们从时间隧道的进出中领略古代文化和现代文化的奥秘。

高挂蓝天的太阳，是金色的希望。

熊熊燃烧的火把，是不屈的精神。

彝族神话传说中，天神的女儿们不甘寂寞，来到地上与彝家的英雄们约会，在欢乐的月琴声和口弦声中，倾诉爱情，建立了深深的爱恋。那是爱情的渴望，是和睦的向往，是幸福的追求。

20个栩栩如生的男女青年的雕塑，象征天地的和谐，象征彝族人民对美好生活的向往。

（5）民俗文化展览馆

正在修建的民俗文化展览馆，设有民俗文化图片、实物的展览，也有丰富多彩的民俗文化表演，全面地展示以彝族为主的民族文化。我们通过丰富多彩的文学、摄影、书法、影视等作品和实物的展示，领略独具特色的凉山民族文化。同时，为游客提供娱乐、会议、表演等优质服务。

民俗文化展览馆，浓郁彝族文化特色的壁画、浮雕、宝顶、脊线、翼角、吊挂、墙体和梁柱等装饰纹样，都无一不显示浓厚的彝族乡土气息的建筑风格。从建筑装饰的立意上，可以说是把彝族悠久的历史和古老的文化表现得淋漓尽致。

（6）民族体育表演场

民族体育表演场的建筑，按照彝族传统文化的欣赏习惯，以大圆和小圆相套的格式，突出大地和太阳的相互辉映，造成天地之灵气的结合。周围装饰上以奇妙的公母十二生肖的各种图案、文字、线条、色彩和护身符，突出表现彝族古老文化的渊源和内涵。设有全面圆形竞技场和半圆形看台。主要是观看和欣赏彝族民间传统的斗牛、斗羊、斗鸡、摔跤、爬杆、抢羊等民间体育竞技活动。

斗牛、斗羊、斗鸡是彝族民间最有刺激性的竞技活动。好斗的牛、羊、鸡斗得火星四溅，斗得头破血流，斗得惊心动魄。让人体验决斗的惊险和角逐的痛快。这是胆量的比试，是智慧的较量。

彝族男人喜好摔跤，那是男子汉的天性，那是男人智慧和力量的较量，他们将摔出彝家男子汉的气势，摔出超凡的风度。彝族摔跤，有多种多样，阿都式、什扎式、依诺式、古典式、现代式。各具特色，各具风姿。

民族体育表演场上的表演，将让你打开眼界，让你融入火把节的欢乐和惊喜，让你在刺激中心跳不已，让你心悦诚服，让你久久不能平静，让你流连忘返。

（7）西昌花好月圆

西昌，古以月亮城称之。西昌的月亮为天下第一。

西昌的月亮已名扬四海。西昌的月亮，与人千里长相随，洒遍青山尽银晖。诗情画意的松风水月，与邛海泸山相辉映。

月城是花卉的世界，是西部的名贵花卉基地。上千种鲜花，一年四季都吸引着天下游人。这里最美的是月季花，因为有月亮的辉映，有月光的照耀。月亮和月季花点缀出西昌——月亮城最新的风采，让你目不暇接，流连忘返。

10. 凉山彝族奴隶社会博物馆

凉山彝族奴隶社会博物馆是中国民族学专题博物馆，位于四川省凉山彝族自治州首府西昌市东南郊的泸山北坡。于1985年8月4日建成开放，是我国第一个民族博物馆，也是世界唯一反映奴隶社会形态的专题博物馆。

（1）发展历史

四川凉山彝族自治州腹心地区，因其特殊的历史、社会、地理等原因，中华人民共和国成立后的1956年实行民主改革前夕仍保持着完整的奴隶社会制度，这在世界上也实属罕见，被有关专家学者视为研究人类奴隶社会形态的活化石。为了让人们更便捷地了解和研究凉山彝族奴隶社会的方方面面，以及增进民族团结、促进社会进步、教育青少年等目的。在国家领导人和国家民委、文化部、四川省、凉山州有关部门和领导的关心与支持下，于1982年年初在凉山州府西昌市南6千米的风景名胜区——丛林环绕中的泸山北坡动工兴建凉山彝族奴隶社会博物馆。

（2）建筑布局

博物馆占地 45 亩，总建筑面积 5000 平方米，整个建筑具有彝族风格，广场上的大型雕塑命名为"凉山之鹰"。博物馆陈列厅面积约 1000 平方米，该馆主要建筑采用红、黄、黑三种彝族绘画的传统色彩，绘以日、月、山、水、羊角、鸟羽、火镰、渔网等取材于自然的图案。

凉山彝族奴隶社会博物馆自建馆至今，已累计接待国内外观众 50 余万人。部分党和国家领导人也都曾前往参观并给予高度评价。

（3）展厅陈列

该馆收藏彝族文物 4196 件，有黄金、白银、珠宝玉石、铜、铁、木、竹、皮革、毛、骨、角、纸、绸绢、石等物品。陈列展览分序厅、社会生产力、等级和阶级、家支习惯法、婚姻家庭、宗教信仰、文学艺术、风俗习惯、奴隶和劳动群众反抗奴隶制度的斗争 9 个部分。再现凉山彝族奴隶社会的原貌。电影录放厅放映历史资料片和各种民俗民情片。

按彝族建筑风格，结合苏州园林式和现代化建筑修建，共有 7 个展厅、1 个民俗院、1 个影视厅以及办公室、接待室、服务部等。馆藏文物、图片共 2000 余件，分设《序厅》《社会生产力》《等级、阶级》《家支、习惯法》《宗教信仰、婚姻家庭、文学艺术》《风俗习惯》《奴隶和劳动群众反抗奴隶制的斗争》《民居院》等 8 个部分，向人们展示了 2000 多年来凉山彝族奴隶制社会的产生、发展、衰亡以及最终步入社会主义的历史轨迹。

（4）重要活动

举办第四届中国凉山彝族国际火把节彝族古代兵器展、彝族民间手工艺制作展以及凉山百年老照片展。

彝族是一个尚武的民族，"男人英勇，女人贤惠"，是凉山彝族的传统价值观。因此，凉山彝族以是否英勇作为男人的标准，以兵器的优劣作为财富的象征。馆中陈列的彝族古代冷兵器，是目前国内珍藏的同类文物中等级最高、数量最多的古代冷兵器。馆中展示的民间手工艺，都是原汁原味的彝族工匠和民间艺人们的现场展示。他们的手工艺，基本上都是世袭传承，其中，木织布机已传八代人之久，这是凉山彝民族留下的唯一一架民间自造织布机。百年老照片的拍摄者是 1896 年法国驻滇总领事方苏雅。

1904 年，方苏雅离任前夕，受法国政府的委托，考察川滇铁路。他带领随从历尽千辛万苦北上四川，在途经大凉山路途中为我们留下了 50 余张珍贵的历史照片和大量的日记、报告，其中不乏反映当时凉山彝族奴隶社会状况的真实写照。

（5）修建意义

凉山是我国最大的彝族聚居区。20世纪50年代初，这里大部分地区还保留着较为完整的奴隶社会形态。1956年实行民主改革后凉山从奴隶社会一步跨千年飞跃到社会主义社会。为保存奴隶社会实物和资料，给研究和展示这一特殊、典型的社会形态提供条件，凉山彝族奴隶社会博物馆于1985年8月4日建成开放。这是我国第一个民族博物馆，也是世界上唯一反映奴隶社会形态的专题博物馆。

博物馆对凉山彝族奴隶社会政治、经济、军事、天文、历法、习俗、宗教以及农牧业、手工艺等的充分展示，对于人们了解凉山过去的奴隶社会，认识人类社会发展历程，了解彝族悠久的历史，认识智慧、勤劳、勇敢的彝民族，从而弘扬民族文化，增进民族团结，以及进行爱国主义和历史唯物主义教育，都具有十分重要的意义。

凉山彝族奴隶社会博物馆从纵向和横切面用实物、文字叙述、图片资料等形式向观众展示了彝族奴隶社会制中所涵盖的政治、经济、形式主义、历算、宗教、历史、军事、法律、医药、语言文字、文学艺术、风俗习惯等内容。对研究历史学、人类学、社会学、民族学等社会科学及自然科学都具有很高的参考和佐证价值。翔实而丰富的内容令中外专家和学者观后惊叹不已、赞不绝口，被誉为"专题博物馆的典范"。

11. 水西古城

水西古城文化旅游区位于黔西县城水西街道办事处幸福社区，总面积约1.5平方千米，是集传承和弘扬厚重的水西文化、展示水西绚丽多彩的民族风情、复古重现水西建筑风格为一体的旅游产品。

"水西"一名，出自元代蒙古语"亦溪不薛"的汉语译音，指乌江上游鸭池河以西的宽广地域，古为夜郎国领地。我们今天所说的水西政权，是指由阿哲彝部世袭总领1300多年的一个地方政权，即是从蜀汉建兴三年（225年）后主刘禅封彝族首领济济火为罗甸王而建立的罗氏鬼国起，经元朝廷设立的顺元宣慰使、明朝廷设立的大明宣慰使和贵州宣慰府，至清初吴三桂剿水西后"改土归流"设立黔西府止。明洪武十五年（1382年），征南大将军傅友德派安陆侯吴复建城于水西郭张，命名"水西城"，迄今已达630多年，古水西郭张就是现在的黔西县城所在地。

旅游区以"重塑水西历史，续写水西传奇"为核心，以黔西独特的自然环境和历史文化底蕴为基础，着力将水西古城文化旅游区建设为集大气、文气、灵气、秀气"四气"兼备且独具魅力的国家 4A 级旅游区，旅游项目设计集文化科考、民俗体验、休闲娱乐、旅游观光、商务会展等功能于一体，整个景区共规划建设文化展示、旅游接待、休闲度假、商业贸易、商务会展、客服中心六个旅游功能区，重点形成"一轴、二核、三节点、五组团"的旅游产品空间结构。一轴：太极形滨水休闲游览轴。二核：古城以贯城河为界分为南北两大核心，即："水西商业核"——古城北部片区、"休闲度假核"——古城南部片区。三节点：三大水西文化景观节点将水西古城串联成一个整体，即：入口景观节点——古城楼、四蛙神鼓、水西商业街；东部景观节点——彝家大酒店；北部景观节点——太阳历大广场、彝家大舞台。五组团：依据地形特点和彝族自身不同的称谓，古城规划为"诺苏、纳苏、罗婺、乌撒、撒尼"五个组团。

规划建设的旅游产品主要有：器宇轩昂、雄伟复古的城门楼；充分利用得天独厚的水西河资源，建设独具特色的古夷风情水车、彝族水上火塘、"天壶"等人文景观；集彝族博物馆与五星级旅游饭店功能为一体的四进院水西彝家大酒店，设置彝族六祖分支路线图，展示彝族历史文化，将其打造为彝族文化传承发展基地；水西民族文化风情走廊，包括民族贸易、民族风情、特色美食一条街、彝族十月太阳历广场、水西传奇实景大舞台、民族风情酒吧会所等区；极具历史文化底蕴和图腾意味的四蛙神鼓，充分展示水西自汉代开始至今的历史文化、彝族文化；以贯通水西古城的奢香九驿大道为基础，配以两侧的古彝风情店铺，游客穿上彝族服饰坐古彝马车、骑水西马，形成彝族活态文化体验旅游产品；依山而建的水西传奇实景大舞台，经常性开展彝族非物质展演活动，编制演出展现水西千年历史的文艺节目，通过导游引导游客参与互动，增加旅游产品的体验升级。

另外，整个旅游区建设的建筑结构以彝族文化为主题，将彝族传统常见的建筑如瓦房、土掌房、垛木房、闪片房等彝族民居建筑特点尽情展示，使彝族原生态建筑文化得到完美呈现，"马头墙""退台悬挑"与"穿斗抬梁""美人靠与隔火山墙"等传统建筑元素的融入，充分展示了黔西北民居传统建筑风格，给外地游客全新的旅游体验。

12. 慕俄格古城

慕俄格是彝语，意为天下君王居住的地方，后逐渐演变为地名，也就是现在的大方县城所在地。

慕俄格古城始建于蜀汉时期，是古罗甸王国的首府、明代"贵州宣慰府"驻地。蜀汉建兴三年（225 年），彝族君长济火·妥阿哲献粮通道助诸葛亮南征有功，被封为"罗甸国王"并定王都于大方。经历几代君王，历时80年建成慕俄格王城，并修建王宫于城中。罗甸国作为一个地方君长王国，从蜀汉时起与朝廷保持着松散的羁縻关系。唐时修建了宏伟的九重宫殿，宋时改封为罗施国，元置顺元宣慰司，明置贵州宣慰使。从此分封王国的历史结束，君王地位演变为土司职位，王宫变成了宣慰使府衙，九重宫殿改称为九层衙。历史上几经战乱焚毁，唐朝与明朝曾进行过修复，清朝吴三桂兵变时举火焚毁后一直未得重建。

大方县古彝文化积淀厚重，彝族土司制度在这里留存了上千年，所以有"百年皇帝，千年土司"之说。彝族古代历史上有12个君王政权，而慕俄格是其中最出名的君王政权之一。

近年来，大方县围绕慕俄格和千年水西丰富的历史文化遗存，倾力打造"慕俄格古城"，并以此为载体，精心培育古彝文化产业园。

大方县拥有"中国民间文化艺术之乡""中国皱椒之乡""中国漆器之乡""中国豆制品之乡"名片，而贵州宣慰府的恢复重建到倾力打造慕俄格古城到精心培育古彝文化产业园，标志着大方县以奢香文化为品牌的"中国古彝文化高地"理念的实施，成了大方另一张独具特色的名片。

13. 可乐遗址公园

《史记·西南夷列传》记载："西南夷君长以什数，夜郎最大。"这是司马迁《史记·西南夷列传》中有关夜郎最早的文献记载。另据彝族文献记载和考古出土文物印证，赫章可乐属夜郎国的政治文化中心。

赫章是贵州省出土文物大县。县内的可乐遗址占地9.4平方千米，由三大墓区、三大遗址和15个墓群组成。可乐遗址从20世纪50年代末被发现至2000年，共进行了9次考古发掘，出土文物3000余件。2001年6月25日，赫章"可乐遗址"被国务院批准并公布为第五批"全国重点文物保护单位"。可乐遗址被誉为"贵州考古的圣地，夜郎青铜文化的'殷墟'"。可乐出土文物立虎铜釜、铜剑、青铜器最富有特色，是夜郎考古的重大突破，在2002年被评为全国"十大考古新发现"之一。

近年来，赫章县深度挖掘厚重的历史文化，提出了"历史文化兴县"战略，发掘和保护民族民间文化，加强夜郎文化的研究，打造彝族歌舞品牌，传承夜郎文化。

同时，赫章还提出了"沿千年夜郎栈道，建百里核桃长廊"的战略思路，把文化、旅游与产业结构调整融为一体，规划了200万亩核桃经果林种植的目标。

2010年，赫章可乐遗址被列入国家考古遗址公园建设项目，融遗址保护、文物考古、科学研究、历史教育、文化展示为一体。通过遗址公园建设，提升城镇建设理念，提高城市管理水平，彰显历史文化，改善生态环境，打造持续的历史文化发展基地。以可乐国家考古遗址公园为龙头，赫章县"舞动"起文化"一条龙"，倾力打造夜郎文化品牌，促进经济社会的全面发展——积极筹拍电视连续剧《夜郎春秋》。

14. 乌撒古城

乌撒之名，源于人名。彝族六祖分宗中第五支系即"布"之祖慕克克第二十四世孙默遮俄索率其族人迁徙至此定居后，后人为纪念他便以其名命名此地。"默遮俄索"汉语音译有"物叙、乌撒、五叔"等，皆俄索之谐音。

从东汉初以来到清初，贵州地区存在着水西（慕俄格）和乌撒（纪俄勾）两个彝族地方政权，乌撒部彝族地方政权的势力范围在今威宁与赫章一带，存在了1200余年。

乌撒文化是彝族古老文明的墨迹之一。像谜一样消失在历史尘烟中的盐仓府，纪俄勾九重堂虽已销声匿迹，但它仍然深深扎根于彝族人民的心中，乌撒古都昔日的辉煌永远尘封在彝文古籍里。被誉为"东方金字塔"的盐仓彝族"向天坟"，备受国内外专家学者和旅游者的关注和向往，诉说着彝族十月太阳历、十八月历的远古；牛棚古镇彝族土目庄园向世人彰显出"乌蒙高原感觉，江南水乡味道"的牛棚子家原始生态环境的独特魅力；中水鸡公山遗址大批出土的文物所雕刻的古彝文字和大量旱稻农业实物遗存，建立起了青铜时代至早期铁器时代滇东黔考古学时代序列。

威宁，这个地处云、贵、川交通咽喉要塞，低纬度、高海拔的高原湿地，有着典型的喀斯特地貌所形成的奇丽风光和绚丽多姿的民族民间文化资源。作为黔西北彝族民族民间文化及其母语中心区，威宁挖掘、整理出一大批优秀的民族民间文化，一跃成为黔西北高原民族民间文化璀璨的明珠。《撮泰吉》《恳合呗》《酒礼舞》、大型歌舞《阿西里西》等一大批民族民间文化相继被列入国家级、省级非物质文化遗产保护名录。

近年来，威宁积极加大民族文化元素的打造和建设力度，建成了乌撒体育馆、乌撒广场、草海西码头、百草坪旅游接待中心等。成功建设了板底乡彝族文化风情小镇、秀水乡回族文化风情街、大街乡苗族文化风情小镇、新发乡布依族文化等各具特色的乡镇民族文化示范亮点。同时加快石门坎、向天坟、牛棚土目庄园等历史文化探秘旅游区建设。实现各旅游景区、民族城镇拥有一台特色演出剧目、一批民族文化特色演艺精品，每一个乡镇成立一个乡镇文艺表演队。

15. 彝族文化走廊七星关区段

毕节市地处藏羌彝文化产业走廊核心区域，是贵州省唯一一个被纳入全国《藏羌彝文化产业走廊总体规划》核心区的市（州），是推进全国彝文化旅游产业建设的关键。

毕节七星关区是"赤水河畔扯勒彝"的发祥地，坐拥有全国最大的土司庄园群落，是奢氏末代豪门的最后见证者。

本次规划，以 87 千米的赤水河为载体，在对国内外文化线路遗产研究的基础上，以文化遗产活化为理念，通过对毕节彝族文化走廊（七星关区段）沿线的九大庄园、十五大特色村寨以及彝族民俗节庆、遗址遗迹进行创意活化，以文化创意产业为核心，以旅游产业驱动上下游产业链，实现彝族文化走廊带产业融合一体化发展。规划旨在将彝族文化走廊（七星关区段）打造成为彝式庄园文化创意体验带。

项目统筹：郭海燕
责任编辑：郭海燕
责任印制：冯冬青
封面设计：鲁　筱

图书在版编目（CIP）数据

彝人圣都主题旅游区开发研究 / 田里等著. --
北京：中国旅游出版社，2019.8
（云岭旅游规划丛书）
ISBN 978-7-5032-6233-3

Ⅰ. ①彝… Ⅱ. ①田… Ⅲ. ①彝族－旅游区
－旅游资源开发－研究－昆明 Ⅳ. ①F592.774.1

中国版本图书馆CIP数据核字(2019)第061120号

书　　名：彝人圣都主题旅游区开发研究

作　　者：田里，钟晖等著
出版发行：中国旅游出版社
　　　　　（北京建国门内大街甲 9 号　邮编：100005）
　　　　　http://www.cttp.net.cn　E-mail:cttp@mct.gov.cn
　　　　　营销中心电话：010-85166536
排　　版：北京旅教文化传播有限公司
经　　销：全国各地新华书店
印　　刷：北京盛华达印刷科技有限公司
版　　次：2019 年 8 月第 1 版　2019 年 8 月第 1 次印刷
开　　本：710 毫米 ×1000 毫米　1/16
印　　张：16.25
字　　数：280 千
定　　价：68.00 元
ISBN　　978-7-5032-6233-3

版权所有　翻印必究
如发现质量问题，请直接与营销中心联系调换